영단기 TOEFL
ACTUAL TEST
WRITING
직접 시험 보고 연구한 저자의 REAL 콘텐츠

해설집

영단기

영단기 TOEFL
ACTUAL TEST WRITING

저자	최종훈
기획 총괄	김도훈
기획·편집	한미선 정유상
마케팅·영업	양광열 김정현 양윤화 김보경 김보연
표지 디자인	김보라
내지 디자인	장용주

펴낸날	2판 2쇄 2022년 3월 1일
펴낸이	김정택
펴낸곳	㈜에스티유니타스
등록번호	제2015-000186호

홈페이지	eng.conects.com
고객센터	카카오톡 플러스 친구 [공부서점] / 영단기 1:1 게시판
주소	서울시 강남구 영동대로 417 오토웨이타워 3층
ISBN	979-11-6371-654-9 13740

잘못 만들어진 책은 구입처에서 바꿔 드립니다.
가격은 뒤표지에 있습니다.
이 책에 실린 모든 글과 사진, 일러스트를 포함한 디자인 및 편집 형태, 배포에 대한 권리는 ㈜에
스티유니타스에 있으므로 무단으로 전재하거나 복제, 배포, 전송할 수 없습니다.

저자의 한마디

2019년 8월 새롭게 변경된 토플을 반영한 〈영단기 TOEFL Actual Test Writing〉 개정판을 출간하며…

10여 년간 효과적으로 토플 라이팅을 준비할 방법을 연구해 왔습니다. 최근 5년간 출제된 문제 및 New TOFEL을 직접 시험 보고 정리한 데이터를 바탕으로 앞으로 출제될 수 있는 예상 주제들을 추가했고, 샘플 답안도 변화된 채점 기준에 대응할 수 있도록 개선했습니다.

그동안 축적된 경험과 노하우를 바탕으로 **최고의 토플 마무리 실전 교재 〈영단기 TOEFL Actual Test Writing〉** 개정판을 출간하게 되었습니다.

1. 토플 라이팅 시험 전 마무리를 위한 최적화된 콘텐츠
실제 시험 난이도에 맞춘 라이팅 통합형 및 독립형 주제들을 제공합니다. 주제별로 샘플 답안, 해석, 고득점을 위한 Tip을 제공함으로써 보다 체계적이고 효과적으로 대비할 수 있습니다.

2. 〈영단기 TOEFL Actual Test Writing〉 개정판으로 학습 가능한 동영상 강의 제공
본 교재를 이용해 더 완벽하고 철저하게 실전 시험에 대비할 수 있도록 도움을 주는 인터넷 강의가 영단기 사이트(eng.conects.com)에 준비되어 있습니다. 인터넷 강의에서는 교재 내용을 충실하게 설명할 뿐만 아니라 비슷한 주제들에 대응하기 위한 추가 전략도 제공하니 꼭 수강해 주시기 바랍니다.

3. 저자와 직접 소통 가능
교재 및 수업 내용에 관해 궁금한 점이 있으면 영단기 사이트에서 저자에게 직접 질문하실 수 있습니다.

마지막으로 〈영단기 TOEFL Actual Test Writing〉 개정판이 여러분의 꿈을 이루는 데 발판이 되는 믿음직한 교재가 되기를 희망합니다.

저자 최종훈

목차

저자의 한마디	001	TOEFL iBT Writing 소개	008
이 책의 구성 및 특징	004	TOEFL iBT Writing 화면 구성	010
TOEFL iBT 소개	006	WRITING STRATEGIES	012

해설집

Actual Test 01 024
Integrated Task
Independent Task

Actual Test 02 032
Integrated Task
Independent Task

Actual Test 03 040
Integrated Task
Independent Task

Actual Test 04 048
Integrated Task
Independent Task

Actual Test 05 056
Integrated Task
Independent Task

Actual Test 06 064
Integrated Task
Independent Task

Actual Test 07 072
Integrated Task
Independent Task

Actual Test 08 080
Integrated Task
Independent Task

Actual Test 09 088
Integrated Task
Independent Task

Actual Test 10 096
Integrated Task
Independent Task

Actual Test 11	104	**Actual Test 16**	144
Integrated Task		Integrated Task	
Independent Task		Independent Task	
Actual Test 12	112	**Actual Test 17**	152
Integrated Task		Integrated Task	
Independent Task		Independent Task	
Actual Test 13	120	**Actual Test 18**	160
Integrated Task		Integrated Task	
Independent Task		Independent Task	
Actual Test 14	128	**Actual Test 19**	168
Integrated Task		Integrated Task	
Independent Task		Independent Task	
Actual Test 15	136	**Actual Test 20**	176
Integrated Task		Integrated Task	
Independent Task		Independent Task	

문제집 (책속의 책)

Actual Test 01~20

독립형 예상 주제 리스트

이 책의 구성 및 특징

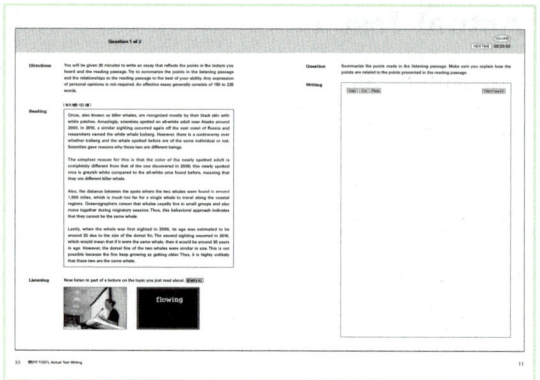

최신 경향 반영 20회분의 문제

최신 TOEFL iBT 출제 경향을 반영한 문제를 실제 iBT 시험 화면과 가장 유사한 형태로 제시하였으며, 학생들이 실전에 앞서 충분히 준비할 수 있도록 총 20회분의 모의고사를 수록하였습니다.

고득점을 위한 WRITING STRATEGIES

TOEFL iBT Writing에 출제되는 문제 유형을 분석하고, 고득점을 받기 위한 유형별 전략을 단계적으로 제시하였습니다.

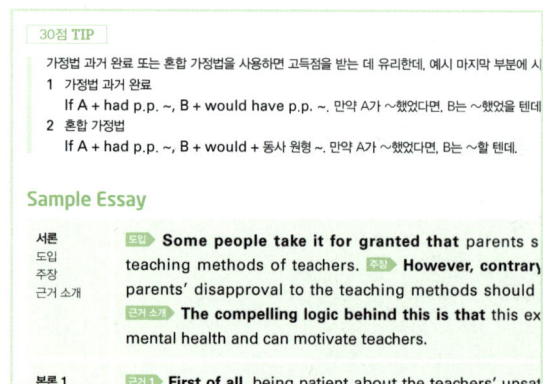

30점 TIP

실전을 대비하기 위해 훈련하는 학생들이 Writing 영역에서 고득점을 받는 데 도움이 될 Tip을 제시하였습니다.

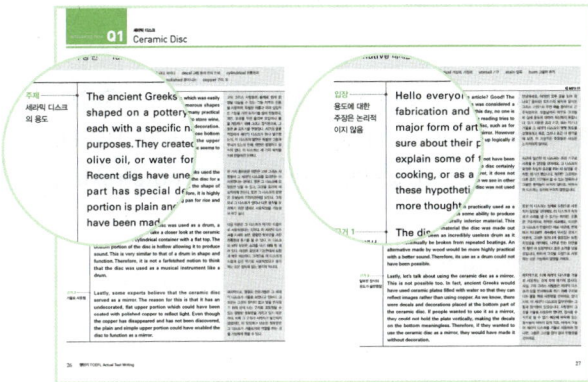

읽기 지문과 듣기 스크립트의 구조 분석

읽기 지문과 듣기 스크립트의 내용을 분석하고 요약하여 내용을 이해하기 쉽게 표시하였습니다.

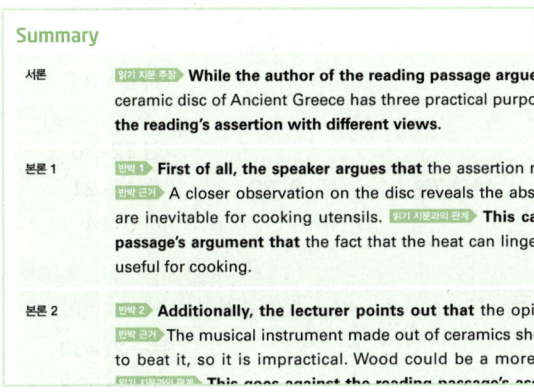

모범 답안 구조 분석 및
Template Expression 시각화

- 답변의 구조와 관련된 아이콘을 두어, 모범적인 답안이 어떻게 구성되는지 한눈에 알 수 있게 시각화하였습니다.
- 해당 유형에서 사용할 수 있는 template expressions 에 볼드 표시하여, Sample Response를 읽어 보면서 익숙해질 수 있게 하였습니다.

TOEFL iBT 소개

TOEFL iBT란?

TOEFL(Test of English as a Foreign Language) iBT(Internet-Based Test)는 인터넷을 기반으로 하는 시험으로, 영어가 모국어가 아닌 학생들이 대학 수업에서 읽고, 쓰고, 듣고, 말할 때 영어를 사용하고 이해하는 능력을 평가합니다. TOEFL 시험은 Reading, Listening, Speaking, Writing 총 4개의 영역으로 이루어져 있으며, 4개의 영역 모두 note-taking이 허용됩니다.

TOEFL iBT의 구성

영역	문항 수	시험 소요시간	배점 점수 범위	배점 수준
Reading	3~4개의 지문 각 지문당 10문항	54~72분	0~30	상 22~30 중 15~21 하 0~14
Listening	Lecture: 3~4개의 강의 　　　　　각 강의당 6문항 Conversation: 2~3개의 대화 　　　　　각 대화당 5문항	41~57분	0~30	상 22~30 중 15~21 하 0~14
휴식: 10분				
Speaking	Independent: 1문항 Integrated: 3문항	17분	0~30	우수 26~30 양호 18~25 부족 10~17 취약 0~9
Writing	Integrated: 1문항 Independent: 1문항	50분	0~30	우수 24~30 양호 17~23 부족 1~16
		총 소요시간: 약 3시간	총점: 0~120점	

TOEFL iBT 응시 정보

STEP 1 시험 전! – 시험 접수

접수 방법	www.ets.org 또는 www.ets.org/ko/toefl에서 온라인 등록
시험 응시료	US $200 (2019년 9월 기준)
정규 등록 마감일	시험 응시일 7일 전 (시험 응시일이 8월 13일이면 8월 6일까지 등록)
추가 등록 마감일	• 시험 응시일 4일 전 (시험 응시일이 8월 13일이면 마지막 등록 기회는 8월 9일까지) • 수수료 US $40 발생
시험 일정 조정 마감일	• 시험 응시일 4일 전 • 수수료 US $60 발생
응시료 지불 방식	• 신용/직불카드 • 미국 또는 미국령 내에 본인의 은행 계좌가 있으면, PayPal 계좌 또는 전자수표 (e-check) 가능

STEP 2 시험 당일! – 시험 응시

준비물	• 공인된 신분증 (여권, 주민등록증, 운전면허증 중 택 1) • 등록 번호
입실	시험 시작 30분 전까지 시험장에 도착 (늦으면 시험에 응시할 수 없음)
입실 절차	• 체크인: 신분 확인 후 기밀 서약서 작성, 해당 고사실 입실 전 사진 촬영 및 신분 확인 • 노트 필기를 위한 용지와 필기구 제공 (시험 종료 후 반환) • 시험 관리자가 지정해 주는 자리에 착석
반입물	• 신분증만 가지고 들어갈 수 있음 • 휴대 전화와 기타 전자 기기는 허용되지 않음 • 따로 물품 보관 장소가 없는 시험장의 경우는 각 수험생의 의자 아래에 준비된 비닐 가방에 개인 용품을 보관할 수 있음

STEP 3 시험 이후! – 시험 결과 확인

성적 확인	시험 응시일로부터 대략 10일 후에 온라인상에서 확인 가능
성적표 수령	• 우편 수령: 등록 시에 성적표 수령지를 선택하면 우편으로 성적표를 받아 볼 수 있으며, 시험 응시일 전에 선택한 최대 4개 기관으로 무료로 발송 • 성적표 다운로드: 시험 응시일로부터 대략 13일 후에 수험생의 계정에서 PDF 성적표를 다운로드할 수 있음
성적 유효 기간	시험 응시일로부터 2년간 유효 * 2019년 8월부로, 최근 2년간의 시험 성적 중 영역별 최고 점수를 합산한 성적을 인정하는 MyBest Scores 제도 시행

TOEFL iBT Writing 소개

TOEFL iBT Writing 영역은 크게 통합형 문제(Integrated Task)와 독립형 문제(Independent Task)의 두 가지 유형으로 이루어져 있습니다. 통합형은 학술적인 주제의 읽기 지문과 듣기 지문(강의)의 내용을 요약해서 쓰는 과제이고, 독립형은 주어진 문제에 대한 수험자의 생각을 설득력 있게 서술하는 과제입니다.

TOEFL iBT Writing 문제 유형

문제 유형	진행 방식	답안 작성
Integrated Task (통합형)	지문 읽기 [제한 시간: 3분] ⬇ 강의 듣기 [소요 시간: 2분 내외] ⬇ 요약문 쓰기	• 작성 시간: 20분 • 권장 단어 수: 150~225단어
Independent Task (독립형)	자신의 입장 정하여 에세이 쓰기	• 작성 시간: 30분 • 권장 단어 수: 최소 300단어

TOEFL iBT Writing 점수 평가

Integrated Task

수험자가 요약한 내용이 읽은 지문과 들은 강의 내용에 얼마나 정확하게 부합되는지를 평가하여 채점합니다. 각 점수대별 채점 기준은 다음과 같습니다.

[통합형 문제 채점 기준]

점수	기준
5점	A. 강의의 중요한 내용을 잘 듣고 정리해서 읽기 지문의 내용과 잘 연결되었다. B. 주제에 대해 일관되고 정확하게 정리했다. C. 약간의 문법적 실수 또는 어색한 단어의 사용이 있지만 답안을 이해하는 데는 전혀 영향이 없다.
4점	A. 강의의 대부분의 내용을 잡아냈고 읽기 지문의 내용과 연결시켜 정리했다. B. 강의의 일부 내용을 놓쳤거나 정확하지 않게 표현했지만 심각하지는 않다. C. 사소한 문법적 실수 또는 어색한 단어의 사용이 조금 있지만 전체 내용을 명확하게 보여 준다.
3점	A. 강의의 중요한 내용 몇 가지만 읽기 지문의 내용과 연결하여 정리했다. B. 전체적으로 답안이 깔끔해 보이지만 강의의 중요한 점과 읽기 지문의 중요한 점들 간의 관계가 명확하게 보이지 않는다. C. 강의의 중요한 세 개의 내용 중 하나가 빠져 있다. D. 문법적 실수 및 어색한 단어의 사용이 자주 보인다.

2점	A. 강의의 일부 내용만 포함하고 있고 많은 부분이 잘못되었다. B. 문법 및 단어 사용에 있어서 중대한 오류가 종종 보여 내용을 이해하는 데 어려움이 있다. C. 강의와 읽기 지문의 연결 관계를 잘 표현하지 못했고 누락된 내용이 많다.
1점	A. 강의의 중요한 내용들을 거의 전달하지 못한다. B. 읽기 지문의 내용도 거의 이해하지 못했다. C. 사용하는 단어의 수준이 너무 낮아서 채점자가 이해하기 힘들다.
0점	A. 단순히 읽기 지문의 내용을 베꼈거나 주제를 전혀 파악하지 못했다. B. 답란이 공백이다.

Independent Task

전반적인 글의 전개와 구성, 적절한 어휘의 선택과 명확한 문법 사용 여부가 채점의 기준이 됩니다. 각 점수대별 채점 기준은 다음과 같습니다.

[독립형 문제 채점 기준]

점수	기준
5점	A. 주제를 정확하게 파악했다. B. 분명하고 적절한 설명, 예시 및 세부 사항을 체계적이고 구체적으로 나타냈다. C. 일관성 및 통일성을 갖췄다. D. 약간의 문법적 실수가 있지만 다양한 구문, 단어 및 관용 표현을 적절히 사용했다. 글 전체를 이해하는 데 문제가 전혀 없다.
4점	A. 약간의 혹은 부분적으로 설명이 불충분하지만 주제 및 문제 출제 의도는 정확하게 파악했다. B. 분명하고 적절한 설명, 예시 및 세부 사실을 체계적으로 나타냈다. C. 약간 불필요한 내용이 있거나 논리가 부족하긴 하지만 글의 통일성 및 일관성 있다. D. 문법적 실수 및 어색한 표현 사용 등과 같은 작은 실수들이 있지만 이해하는 데에는 문제가 없다.
3점	A. 무난하게 설명, 예시 또는 세부 사항을 사용하려 노력했고 주제는 잘 파악했다. B. 내용 연결성이 좀 부족하지만 글의 통일성과 일관성은 있다. C. 의미가 애매한 표현들이 보이고 문장 구성 및 단어 선택이 조금 부족하다. D. 정확한 어법 및 어휘를 사용하려는 노력이 보이지만 실수가 약간 있다.
2점	A. 글 전체를 전개하는 데 짜임새가 떨어진다. B. 아이디어가 체계적이지 못하고 문장 간 연결성이 떨어진다. C. 주장을 뒷받침하는 예시, 설명, 세부 사항이 적절하지 못하거나 매우 부족하다. D. 어색한 단어 및 표현 사용이 많다. E. 문법 오류가 많다.
1점	A. 문제를 제대로 이해하지 못했고 글이 전혀 논리적이지 못하다. B. 세부 사항 및 예시가 거의 없거나 주제와 무관하고, 문제를 제대로 이해하지 못했다. C. 문법적 실수나 단어 사용에 있어서 너무 자주 오류가 발생해서 해석이 힘들다.
0점	A. 단순히 베낀 글이거나 주제를 전혀 이해하지 못했다. B. 주제와 상관없는 글이다. C. 답란이 공백이다.

TOEFL iBT Writing 화면 구성

Integrated Task 통합형

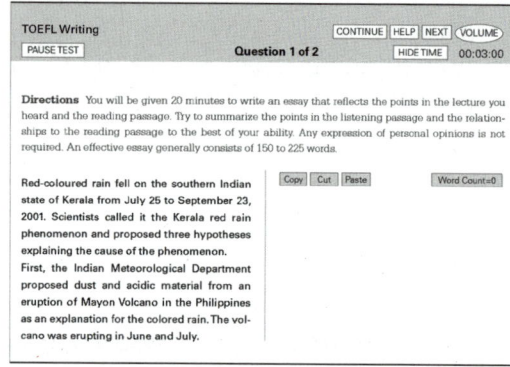

읽기 지문이 제시되는 화면

화면 왼쪽에 읽기 지문이 제시되고, 화면 상단에 3분이 카운트다운됩니다. 이때는 답안 작성하는 곳이 비활성화되어 사용할 수 없습니다.

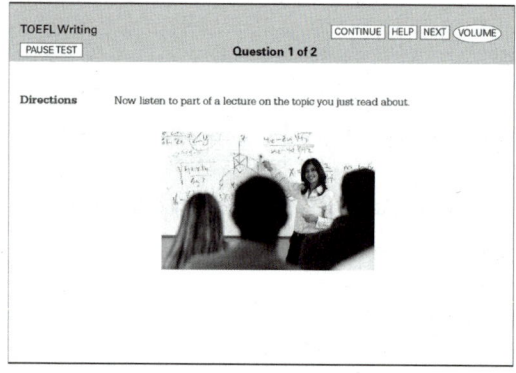

강의 들을 때 화면

강의를 들려주는 동안에는 화면에 교수가 강의를 하는 사진이 나옵니다. 강의가 끝나면 다음 화면으로 넘어갑니다.

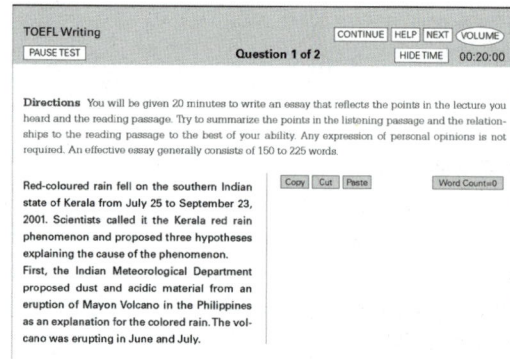

답안 작성 화면

왼쪽에는 앞서 읽은 읽기 지문이 다시 제시되고 오른쪽에 답안을 작성할 수 있는 칸이 활성화됩니다. COPY, CUT, PASTE 버튼을 활용할 수 있고 답안의 단어 수를 확인해 가며 쓸 수 있습니다.

Independent Task 독립형

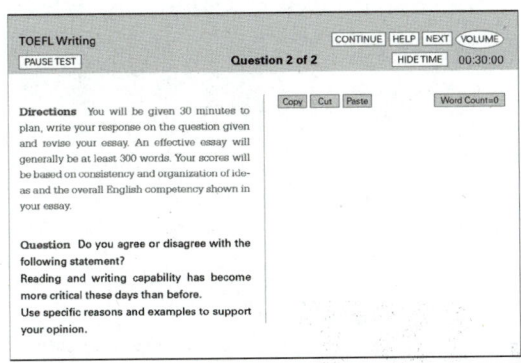

답안 작성 화면

왼쪽에 문제가 주어지고 오른쪽에 답안을 작성할 수 있는 칸이 제시됩니다. COPY, CUT, PASTE 버튼을 활용할 수 있고 답안의 단어 수를 확인해 가며 쓸 수 있습니다.

화면 상단 버튼 안내

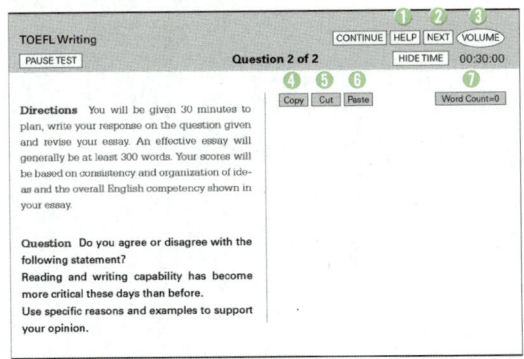

① 시험 진행에 대한 정보를 알 수 있습니다.

② 정해진 시간 내에 답안 작성을 마치고 다음으로 넘어가기를 원할 때 Next 버튼을 눌러 넘어갈 수 있습니다.

③ 버튼을 누르면 나타나는 아이콘을 움직여 사운드의 음량을 조절할 수 있습니다.

④ 답안 작성 시 복사 기능을 사용할 수 있습니다.

⑤ 답안 작성 시 잘라내기 기능을 사용할 수 있습니다.

⑥ 답안 작성 시 붙여 넣기 기능을 사용할 수 있습니다.

⑦ 작성 중인 답안의 단어 수를 확인할 수 있습니다.

TOEFL iBT
WRITING

WRITING STRATEGIES

INTEGRATED TASK Q1

1 유형 소개

Integrated Task(통합형 문제)는 읽고 들은 내용을 글로 요약하는 유형의 문제입니다. 응시자는 특정 주제에 대한 읽기 지문을 읽은 후, 관련된 강의를 듣습니다. 이 두 내용을 관련시켜 요약문을 작성하는 것이 이 문제의 특징입니다. 질문의 형식 및 기본적인 요구 사항은 다음과 같습니다.

2 전략

(1) 읽기 지문 (제한 시간 3분)

읽기 지문은 주로 약 300자 내외의 논설문으로, 글쓴이의 주장과 그 주장을 뒷받침하는 세 가지 근거, 그리고 각 근거에 대한 세부 사항으로 이루어져 있습니다.

읽기 지문은 강의가 끝난 뒤, 답안을 작성할 때 다시 볼 수 있으므로, 외우거나 필요 이상으로 노트테이킹을 할 필요는 없습니다. 다만, 세 가지 근거의 요점을 찾아 노트에 정리하는 것이 좋습니다. 이 내용은 강의에서도 다시 듣게 될 것이기 때문입니다.

Tip 고유 명사, 전문 용어 등 어려운 단어가 나오면, 어떻게 발음될지 예상해 보는 것이 좋습니다. 익숙하지 않은 발음의 단어는 강의에서 잘 들리지 않을 수 있기 때문입니다.

(2) 강의 (재생 시간 약 2분)

강의는 주로 읽기 지문에서 나왔던 세 가지 근거를 하나씩 반박합니다. 앞서 읽은 내용의 반대이기 때문에 어느 정도 예상이 가능합니다. 따라서 그 이유와 세부 사항을 놓치지 않고 노트테이킹 하는 것이 중요합니다.

(3) 요약문 작성 (제한 시간 20분)

정리한 읽기 노트와 듣기 노트를 바탕으로 150~225자 길이의 요약문을 작성합니다. 하지만 225자를 넘긴다고 해서 감점이 되지는 않습니다. 통합형 문제는 정형화되어 있기 때문에, 템플릿을 사용하면 답안 작성이 용이합니다.

요약문의 서론에는 읽기 지문과 강의의 중심 내용을 소개합니다. 본론에서는 강의의 반론과 읽기 지문과의 관계를 설명하는데, 이때 강의 반론당 한 단락씩 작성합니다.

[요약문 구조 및 기본 표현]

서론	읽기 지문 주장 While the author of the reading passage argues that 읽기 지문의 주장, 반박 the lecturer opposes the reading's assertion with different views.
본론 1	반박 1 First of all, the speaker argues that 강의의 첫 번째 반박 반박 근거 세부 사항 읽기 지문과의 관계 This calls into question the reading passage's argument that 읽기 지문의 첫 번째 주장
본론 2	반박 2 Additionally, the lecturer points out that 강의의 두 번째 반박 반박 근거 세부 사항 읽기 지문과의 관계 This goes against the reading passage's assertion that 읽기 지문의 두 번째 주장
본론 3	반박 3 Finally, the professor contends that 강의의 세 번째 반박 반박 근거 세부 사항 읽기 지문과의 관계 This contradicts the idea presented in the reading passage that 읽기 지문의 세 번째 주장

Tip 요약문에서 바꾸어 쓸 수 있는 표현

[읽기 지문을 반박할 때]
- This counters the author's claim that
- This goes against the writer's view that
- This is in direct opposition to the author's argument that

[읽기 지문, 읽기 지문의 저자를 가리킬 때]
- the reading passage, the article
- the writer, the author

[강연자를 가리킬 때]
- the lecturer, the speaker, the professor, the presenter, the debater

[기타]
- 주장하다: argue, assert, claim, mention, maintain
- 반대/반박하다: object, refute, challenge, rebut, oppose, disprove
- 의견/생각: idea, point, fact, concept, opinion

3 전략 적용

STEP 1 읽고 들으며 노트테이킹 하기

Reading Passage

주제 congestion pricing → good	Congestion pricing is a method used to reduce traffic by charging a fee to road users during rush hours. The aim of this policy to improve travel time, to influence the environment in a positive way, and to gain funds from this policy.
근거 1 reducing driving time - traffic jam ↓	Congestion pricing is a method used to reduce traffic by charging a fee to road users during rush hours. The aim of this policy to improve travel time, to influence the environment in a positive way, and to gain funds from this policy.
근거 2 the environment ↑ - cars ↓ → air pollution ↓	This policy has the advantage of influencing the environment in a positive way. It makes fewer cars drive into the zones, preventing things such as air pollution, noise, environmental and urban deterioration.
근거 3 other benefits - improve public transportation - better roads for ppl.	Great funding gained from putting this policy may also be available to make improvements in public transportation and roads for pedestrians leading people to shorter travel times in a city.

Listening Script

주제 congestion pricing → × effective	Today, I'm going to explain congestion pricing. As introduced, this policy has many advantages to save time and protect the environment. However, there are some challenges and disadvantages regarding this plan.
근거 1 × all people save time - some → avoid toll fees	Firstly, not all people will find it time-saving. Some drivers will go around the pricing zone in order to avoid congestion surcharges. For example, delivery and truck drivers will take a longer route to avoid this additional cost, so the delivery time will be increased.
근거 2 charging zones → OK, but - surrounding areas → worse	Secondly, the environmental benefit may be true for areas within the charging zone because there is less traffic, but in the surrounding areas, pollution and noise may become worse as a result of the increased level of traffic that moves to those areas to save money.
근거 3 more ppl. → subway, bus - maintenance > $ from congestion pricing	Finally, this policy will lead some people to switch from driving to using public transportation such as the subway. This will require additional expenditure for the subway maintenance, which may even exceed the revenue from congestion pricing.

STEP 2 요약문 쓰기

서론	**읽기 지문 주장** **While the author of the reading passage argues that** congestion pricing in big cities has three advantages, **반박** **the lecturer opposes the reading's assertion with different views**.
본론 1	**반박 1** **First of all, the speaker argues that** the argument about driving times is untrue. **반박 근거** Congestion pricing is not as beneficial as it sounds when it comes to saving time. Some drivers such as truck drivers detour to avoid paying congestion fees. **읽기 지문과의 관계** **This calls into question the reading passage's argument that** charging congestion fees can ease traffic jam, so drivers can reach their destination more quickly.
본론 2	**반박 2** **Additionally, the lecturer points out that** the claim regarding the environment is wrong. **반박 근거** A congestion fee is not a solution to the problem regarding air pollution. Although the environment of the charging area will be improved, that of the nearby areas will be worsened due to increased traffic. **읽기 지문과의 관계** **This goes against the reading passage's assertion that** the policy can lead to the clean environment by preventing air pollution.
본론 3	**반박 3** **Finally, the professor contends that** the opinion concerning other benefits is mistaken. **반박 근거** The negative consequences of the policy outweigh its advantages. More people use the subway, so more taxes should be spent on the public transportation. The cost for the maintenance is higher than revenues from congestion pricing. **읽기 지문과의 관계** **This contradicts the idea presented in the reading passage that** congestion fees can used for improvements in roads for pedestrians and bicycles, or in highways.

INDEPENDENT TASK Q2

1 유형 소개

Independent Task(독립형 문제)는 주어진 질문에 대한 자신의 의견을 글로 표현하는 유형의 문제입니다. 응시자는 주어진 질문에 대한 자신의 의견을 분명히 밝히고, 이러한 의견을 가지는 이유를 논리적으로 제시해야 합니다. 질문의 형식 및 기본 요구 사항은 다음과 같습니다.

(1) 찬반형

> **Question**   Do you agree or disagree with the following statement?
> **Scientists should be responsible for negative impacts of their discoveries.**
> Use specific reasons and examples to support your opinion.

(2) 선호형

> **Question**   Some people think it is the best approach for students to learn if a school starts the day at an early time in the morning. But others think the school should start the day at late time.
> Which one do you prefer? Use specific reasons and detailed examples to support your answer.

(3) 삼지선다형

> **Question**   What is the most important action for the government to take for the protection of the environment?
> • fund research on new energy sources such as solar and wind power
> • protect forests and wildlife species
> • pass and enforce laws to reduce pollution
> Use specific reasons and details to support your opinion.

2 전략

답안 작성에 주어진 시간은 30분입니다. 이 시간 안에 300자 이상의 에세이를 씁니다. 400자든 500자든 길게 쓰는 것은 상관이 없지만, 주제에 벗어난 이야기를 길게 쓰면 좋은 점수를 받을 수 없습니다. 양보다는 질이 중요합니다.

(1) 의견 정하기

문제로 주어진 명제를 확인한 후, 자신의 의견이 찬성인지 반대인지, 어떤 의견을 선호하는지, 또는 여러 의견 중 어느 것을 선택할지 생각해 봅니다. 선택을 할 때, 아이디어가 더 많이 생각 나거나 설득력이 있는 쪽의 입장을 선택합니다.

(2) 개요 짜기

앞서 생각한 아이디어를 정리하여 에세이의 개요(outline)를 작성합니다. 이때 2가지 방법으로 개요를 작성할 수 있습니다.

A type 먼저 주어진 문제에 대한 나의 의견을 정리하고, 이를 뒷받침할 두 가지 이상의 근거와, 그 근거에 대한 설명 및 구체적인 예시를 정리합니다.

B type 나의 의견을 정리한 후, 상대 주장의 근거와 나의 근거를 섞어서 사용하는 방법도 있습니다. 물론 각 근거에 대한 설명 및 구체적인 예시는 A type과 같은 방식으로 정리합니다.

A type outline	B type outline
나의 주장(찬성/반대/선택)	나의 주장(찬성/반대/선택)

근거1 – (근거를 뒷받침하는) 설명
      – (구체적) 예시
	근거1(상대 근거) – (근거를 뒷받침하는) 설명
	      – (구체적) 예시

근거2 – (근거를 뒷받침하는) 설명
      – (구체적) 예시
	근거2(내 근거) – (근거를 뒷받침하는) 설명
	      – (구체적) 예시

** 근거를 뒷받침하는 '설명'이 길어 구체적인 경우 '예시'는 생략해도 됩니다.

(3) 에세이 쓰기

서론: 도입부에서는 나의 주장과 반대되거나 포괄적인 내용으로 글을 시작합니다. 그 후, 구체적인 나의 주장을 밝히고, 개요에서 정리한 두 근거를 소개합니다. 단, B type일 경우 근거 소개를 하지 않아도 됩니다.

본론: 나의 주장에 대한 근거를 제시하는 부분으로, 근거의 핵심 문장(Topic Sentence)을 먼저 작성합니다. 그 근거를 뒷받침하는 설명(Supporting Sentence)을 추가하고, 구체적인 예(Examples)를 들어 본론을 전개합니다.

결론: 글을 마무리 하는 부분으로, 자신의 의견을 요약하여 재주장하고, 근거를 요약하여 에세이를 마무리합니다. 이때, 재주장을 하는 부분에 상대의 주장이나 근거를 가볍게 보여 주고 마무리해도 좋습니다.

[에세이 구조 및 기본 표현]

Type A

서론	도입 **Some people take it for granted that** 나의 주장과 반대되는 의견
	주장 **However, contrary to this idea, it is clear that** 나의 주장
	근거 소개 **The rationale behind this is that** 근거 1, 2
본론 1	근거 1 **First of all,** 근거 1
	설명 근거 1을 뒷받침할 설명
	예시 **For example,** 구체적인 예시
본론 2	근거 2 **Moreover,** 근거 2
	설명 근거 2를 뒷받침할 설명
	예시 **For instance,** 구체적인 예시
결론	재주장 **In conclusion,** 의견 재주장
	근거 요약 **The reason is that** 근거 1, 2

Type B

서론	도입 **Some people take it for granted that** 나의 주장과 반대되는 의견
	주장 **However, contrary to this idea, it is clear that** 나의 주장
본론 1	상대 근거 1 **Admittedly,** 상대 근거
	설명 근거를 뒷받침할 설명
	예시 **For example,** 구체적인 예시
본론 2	내 근거 1 **However,** 내 근거
	설명 근거를 뒷받침할 설명
	예시 **For instance,** 구체적인 예시
결론	재주장 **On balance, although** 상대 주장, 내 의견 재주장
	근거 요약 **The reason is that** 내 근거 요약

Tip 에세이에서 바꾸어 쓸 수 있는 표현

[서론에 사용 가능한 표현]

도입: Some (people) argue/believe that / It is often said/believed that

주장: contrary to this idea/opinion / it is obvious/evident that

근거 소개: The compelling logic/fundamental reason behind this is that

[본론에 사용 가능한 표현]

근거 1: To begin with / First(ly)   근거 2: In addition / Additionally

설명: This is mainly because / An important reason is that / The fundamental reason is that / To be (more) specific

예시: From my experience / Take 명사 for example / Take 명사 as an example / As a case in point / 명사's case can be a striking example / According to 실험이나 연구 결과 / This point can be proven by 실험이나 연구 결과, 특정 상황

[결론에 사용 가능한 표현]

재주장: To sum up / All things considered   근거 요약: This is because

3 Storyline

모든 주제에 아이디어를 일일이 생각하려면 시간이 부족할 뿐더러, 30분이란 짧은 시간 내에 글을 논리적으로 작성하는 것은 쉽지 않습니다. 라이팅 독립형 문제에서 자주 사용되는 스토리라인을 숙지하고 시험에 임하면 시간을 절약하면서 많은 주제들에 대한 글을 논리적으로 쓸 수 있습니다.

아래는 라이팅 독립형 문제에서 가장 빈번히 사용될 수 있는 5개의 스토리라인입니다. 다양한 주제들에 적용하는 연습을 하면 시험장에서 큰 무기가 될 것입니다.

** **주의할 점**: 스토리라인으로 구성된 몇 개의 에세이를 기계적으로 외워 가 주제와의 관련 없는 글을 쓸 경우 매우 낮은 점수가 나온다는 점을 꼭 기억해야 합니다.

(1) 시야(Perspective)

여행이나 휴가, 사람들과의 교류, 미디어와 관련된 주제

근거	[Topic]을 해 시야가 넓어진다.
설명	[Topic] 관련 활동을 통해서 다양한 상황에 노출된다. 또한 현대 사회에 필요한 다양성을 배울 수 있게 된다.
예시	한 개인이 [Topic]과 관련된 특정 활동을 한다. 그 활동을 통해 어떠한 지식 또는 정보를 접하게 되어 몰랐던 것을 알게 된 상황을 예시로 든다.

(2) 스트레스(Stress)

스포츠, 예술, 인터넷과 관련된 주제

근거	[Topic]과 관련된 활동을 한다.
설명	[Topic] 관련 활동을 하면서 힘든 현실에서 잠시 벗어나 휴식을 취할 수 있다.
예시	한 개인이 학교나 직장에서 너무 바쁘고 스트레스를 받는다. 구체적으로 [Topic]과 관련된 특정 활동을 하며 스트레스를 해소하는 상황을 예시로 든다.

(3) 동기 부여(Motivation)

공부나 일을 열심히 또는 집중할 수 있게 하는 것과 관련된 주제

근거	[Topic] 때문에 동기가 부여된다.
설명	[Topic] 관련 활동 또는 [Topic] 때문에 가지게 되는 마음가짐이 촉진제 역할을 한다. 이를 통해 사람들은 무엇인가를 더 열심히 하고 스스로를 발전시킬 수 있다. 그래서 학교나 직장에서 더 좋은 결과를 이끈다.
예시	태만하고 게으른 한 개인이 [Topic] 관련 활동을 한 후 공부 또는 일을 열심히 하게 된 상황을 예시로 든다.

(4) 건강(Health)
스트레스를 야기하거나 환경 오염과 관련된 주제

근거	[Topic]이 건강에 도움이 된다. / 건강에 나쁘다.
설명	A [Topic] 때문에 스트레스를 많이 받게 되고, 스트레스는 다양한 질병을 야기할 수 있다. B [Topic] 때문에 환경 오염이 악화될 수 있고, 오염은 다양한 질병을 야기할 수 있다.
예시	A 의사가 스트레스 관련 질환으로 고생하는 환자들을 진료하는 상황을 예시로 든다. B 의사가 환경 오염과 관련된 질환으로 고생하는 환자들을 진료하는 상황을 예시로 든다.

(5) 취업(Job)
취업에 도움이 되는 활동이나 능력을 키우는 것과 관련된 주제

근거	[Topic]은 취업에 도움이 된다.
설명	[Topic] 관련 활동을 통해서 많은 회사에서 요구하는 어떤 능력이나 기술을 익히게 된다.
예시	기업이 인재를 채용할 때, 위에서 언급한 능력이나 기술을 중요하게 생각한다는 것을 증명하는 경험이나 연구 결과를 예시로 든다.

4 전략 적용

STEP 1 의견 정하고 개요 짜기

Question Do you agree or disagree with the following statement? **Scientists should be responsible for negative impacts of their discoveries.** Use specific reasons and details to support your opinion.

Outline

반대	
1 과학적 발견은 더 많은 여가 활동을 즐길 수 있게 함 **Storyline: Stress** – 새로운 기술들이 나쁜 영향을 줄 수도 있지만 많은 기분 전환용 장비들이 나타남 – 덕분에 스트레스 풀고 기분 전환을 할 수 있음 예) 스마트폰으로 스트레스를 해소한 친구의 예	2 과학적 발견을 통해 경제 발전에 도움이 됨 – 과학에서 출발한 많은 기술적 장비가 있음 – 더 많은 사업들, 일자리 창출 → 세계 경제 발전 예) 인터넷의 보급으로 인해 세계 경제가 발전한 예

STEP 2 에세이 쓰기

서론 도입 주장 근거 소개	**도입** It is often believed that scientists should take responsibility for adverse effects of their work. **주장** However, contrary to this idea, it is evident that the effort of scientists have more positive effects than negative ones. **근거 소개** The fundamental reason behind this is that their discoveries have improved quality of life and the economy.
본론 1 근거 1 설명 예시	**근거1** First of all, scientific finds help people to enjoy more leisure activities. **설명** New gadgets invented by scientists might have some negative effects inevitably. However, the invention of various technologies, especially entertainment devices such as HDTVs, smart phones, and DVD players, helps us to relieve stress and escape from the harsh realities of work or school. **예시** For example, a friend of mine once lived a dull and monotonous life. However, after he bought a brand-new smart phone, he was able to spend an exciting time and blew his worries away whenever he wanted to do. This was because he was able to listen to his favorite music, freely talk with his friends through the phone, and enjoy smart-phone games.
본론 2 근거 2 설명 예시	**근거2** In addition, scientific discoveries have improved the economy. **설명** Numerous technological devices originating from scientific research and inventions have strongly inspired the creation of more types of businesses, such as car-related, Internet-related, and mobile-related businesses. Therefore, this aspect has boosted the world economy. **예시** For instance, since the spread of the Internet in the 1990s, the world economy has greatly developed. The reason was that the new form of network has led to the appearance of more sorts of enterprises ranging from online shopping malls to online advertising agencies all around the world. In addition, investors now still consider the businesses economically promising.
결론 상대 근거 재주장 근거 요약	**상대 근거** Admittedly, significant improvement of scientific knowledge combined with reckless organization might have brought about dreadful weapons of massive destruction that nobody would have thought before. **재주장** Nevertheless, I strongly believe that scientists should not be blamed for negative aspects of their discoveries. **근거 요약** The reason is that they have benefited our lives in terms of relieving stress and improved the world economy.

TOEFL iBT
WRITING

영단기 TOEFL

ACTUAL TEST

TEST 01

Integrated Task   Question 1
Independent Task Question 2

INTEGRATED TASK Q1
세라믹 디스크
Ceramic Disc

Reading Passage

[**Vocabulary**] vessel 그릇, 용기　　unearth 발굴해 내다, 파내다　　decal 그림 등의 전사 인쇄　　cylindrical 원통형의
hollow 속이 텅 빈　　farfetched 믿기지 않는, 설득력 없는　　polished 광이 나는　　copper 구리, 동

주제
세라믹 디스크의 용도

The ancient Greeks used their native clay, which was easily shaped on a pottery wheel, to create numerous shapes each with a specific name and function for many practical purposes. They created clay vessels in order to store wine, olive oil, or water for cooking, and also for decoration. Recent digs have unearthed a ceramic disc whose bottom part has special decals and patterns while the upper portion is plain and without decorations. The disc seems to have been made for three purposes.

고대 그리스 사람들은 물레로 쉽게 모양을 다듬을 수 있는 그들 지역의 진흙을 사용하여, 특별한 이름과 여러 실질적인 기능을 가진 도자기를 많이 만들었다. 와인, 요리를 위한 올리브 오일이나 물을 저장하기 위해 그리고 장식용으로, 그들은 흙 도자기를 만들었다. 최근의 발굴 작업에서 세라믹 디스크가 하나 발견됐는데, 이 디스크의 밑면은 특별한 그림과 무늬가 있는데 반해, 윗면은 평평하고 장식이 없다. 이 디스크는 세 가지 목적을 위해 만들어진 듯하다.

근거 1
조리 도구로 사용됨

One interesting theory is that the ancient Greeks used the ceramic disc for cooking. Heat can remain in the disc for a long time, making it ideal for cooking. Also, the shape of the disc looks like a fry pan of today. Therefore, it is highly likely that the disc was used as a cooking pan for rice and other foods.

한 가지 흥미로운 이론은 고대 그리스 사람들이 그 세라믹 디스크를 요리하는 데 사용했다는 것이다. 열은 그 디스크에 오랫동안 남을 수 있고, 그것을 요리에 이상적이게 만든다. 또한 그 디스크의 모양은 오늘날의 프라이팬처럼 보인다. 그러므로 그 디스크가 쌀이나 다른 음식을 요리하기 위한 냄비로 사용되었을 가능성이 매우 높다.

근거 2
드럼으로 사용됨

The next theory is that the disc was used as a drum, a musical instrument. If we take a closer look at the ceramic disc, we can see a cylindrical container with a flat top. The bottom portion of the disc is hollow allowing it to produce sound. This is very similar to that of a drum in shape and function. Therefore, it is not a farfetched notion to think that the disc was used as a musical instrument like a drum.

다음 이론은 그 디스크가 악기인 드럼으로 사용되었다는 것이다. 이 세라믹 디스크를 자세히 보면, 평평한 윗부분을 가진 원통형의 용기를 볼 수 있다. 이 디스크의 바닥 부분은 소리를 내기 위해 텅 비어 있다. 이것은 모양과 기능면에서 드럼과 매우 비슷하다. 그러므로 이 디스크가 드럼과 같은 악기로 사용되었다고 생각하는 것은 설득력 없는 생각이 아니다.

근거 3
거울로 사용됨

Lastly, some experts believe that the ceramic disc served as a mirror. The reason for this is that it has an undecorated, flat upper portion which could have been coated with polished copper to reflect light. Even though the copper has disappeared and has not been discovered, the plain and simple upper portion could have enabled the disc to function as a mirror.

마지막으로, 몇몇의 전문가들은 그 세라믹 디스크가 거울로 쓰였다고 믿는다. 그 이유는 그것이 장식이 없고 빛을 반사하기 위해 윤이 나는 구리로 코팅됐을 수 있는 평평한 윗부분을 가지고 있기 때문이다. 비록 그 구리가 사라지고 발견되지 않았지만, 이 밋밋하고 단순한 윗부분은 그 디스크가 거울로서의 역할을 하는 것을 가능하게 했을 수 있다.

Listening Script

[**Vocabulary**] fabrication 제작   hypothetical 가설의, 가정의   utensil 기구   stain 얼룩   burn 그을린 흔적
alternative 대체물, 대안   vertically 수직으로

MP3 01

입장
용도에 대한 주장은 논리적이지 않음

Hello everyone! Have you read the article? Good! The fabrication and decoration of ceramics was considered a major form of art in Classical Greece. To this day, no one is sure about their practical applications. The reading tries to explain some of the uses of the ceramic disc, such as for cooking, or as a musical instrument or a mirror. However these hypothetical claims do not really hold up logically if more thought is applied.

안녕하세요, 여러분! 모두 글을 읽어 왔나요? 좋아요! 도자기의 제작과 장식은 그리스 고전기의 주된 예술 형식으로 간주되었어요. 오늘까지 아무도 그것들의 실제 용도에 대하여 확신하지 못합니다. 읽기 지문은 조리 기구, 또는 악기나 거울로 그 세라믹 디스크의 몇몇 용도를 설명하려고 해요. 그러나 조금 더 생각을 해 보면, 이 가설적인 주장들은 사실은 논리적이지 않아요.

근거 1
조리 기구에서 보이는 그을린 흔적이 없음

The disc that was discovered recently could not have been used as a cooking utensil. The shape of the disc certainly looks as if it is used for cooking. However, it does not show any stains or burns left behind which we see in other utensils used for cooking. Therefore, the disc was not used for cooking.

최근에 발견된 이 디스크는 조리 기구로 사용될 수 없었을 것이에요. 그 디스크의 모양은 확실히 요리를 하는 데 쓰였을 것처럼 생기긴 했습니다. 하지만 그것에는 다른 조리 기구에서 볼 수 있는 얼룩이나 그을린 흔적들이 보이지 않아요. 따라서 이 디스크는 요리에 쓰이지 않았습니다.

근거 2
디스크의 재질은 드럼으로 부적합함

Also, the disc could not have been practically used as a drum. The disc is hollow and has some ability to produce sound, yet clay is a structurally inferior material. This means that due to the material the disc was made out of, it would have been an incredibly useless drum as it would continually be broken from repeated beatings. An alternative made by wood would be more highly practical with a better sound. Therefore, its use as a drum could not have been possible.

또한 이 디스크는 실제로 드럼으로 사용되지 않았을 것이에요. 이 디스크가 속이 비고 소리를 낼 수 있기는 하지만, 진흙은 구조적으로 취약한 재료예요. 이것은 그 디스크가 만들어진 재료 때문에, 반복해서 치다보면 계속해서 부서질 것이기 때문에, 그것은 엄청나게 쓸모없는 드럼이었음을 의미해요. 나무로 만든 대안물이 훨씬 더 실용적이고 좋은 소리를 냈을 것입니다. 따라서 그것을 드럼으로 사용하는 것은 가능하지 않았을 거예요.

근거 3
밑부분 장식의 용도가 불분명함

Lastly, let's talk about using the ceramic disc as a mirror. This is not possible too. In fact, ancient Greeks would have used ceramic plates filled with water so that they can reflect images rather than using copper. As we know, there were decals and decorations placed at the bottom part of the ceramic disc. If people wanted to use it as a mirror, they could not hold the plate vertically, making the decals on the bottom meaningless. Therefore, if they wanted to use the ceramic disc as a mirror, they would have made it without decoration.

마지막으로, 이제 세라믹 디스크를 거울로 사용하는 것에 대해 얘기해 봅시다. 사실, 고대 그리스 사람들은 세라믹 디스크가 상을 반사하도록 하기 위해 구리보다는 물을 채워 사용했을 것이에요. 알다시피, 이 세라믹 디스크의 밑부분에는 그림과 장식들이 있었습니다. 사람들이 그것을 거울로 사용하려 했다면, 접시를 수직으로 들 수 없기 때문에 바닥에 있는 장식들이 의미가 없게 되죠. 따라서 그들이 세라믹 디스크를 거울로 사용하려 했다면, 그들은 그것을 장식 없이 만들었을 것이에요.

Note-taking

Reading	Listening
ceramic disc: 3 purposes	the purposes: × logical
1 cooking utensil - heat remains long T. - looks: hollow → retain water/oil	1 × cooking utensil - × stains or burns found
2 drum - flat top + hollow bottom → sound	2 × drum - clay: inferior - repeated beating → break - wood: better
3 mirror - flat & undecorated top - polished copper → reflect	3 × mirror - Greek: use water to reflect images - disc → × hold up vertically → bottom: decal & deco → meaningless

Reading Paraphrasing

1 making it ideal for cooking
  → makes it useful for cooking

2 the bottom portion of the disc is hollow
  → the hollow part of the disc

3 undecorated, flat upper portion
  → flat and simple upper part

Summary

서론 — 읽기 지문 주장 ▶ **While the author of the reading passage argues that** the recently discovered ceramic disc of Ancient Greece has three practical purposes, 반박 ▶ **the lecturer opposes the reading's assertion with different views.**

본론 1 — 반박 1 ▶ **First of all, the speaker argues that** the assertion related to cooking is mistaken. 반박 근거 ▶ A closer observation on the disc reveals the absence of stains or burns which are inevitable for cooking utensils. 읽기 지문과의 관계 ▶ **This calls into question the reading passage's argument that** the fact that the heat can linger in the ceramic disc makes it useful for cooking.

본론 2 — 반박 2 ▶ **Additionally, the lecturer points out that** the opinion about a drum is wrong. 반박 근거 ▶ The musical instrument made out of ceramics should be very fragile for people to beat it, so it is impractical. Wood could be a more proper material for a drum. 읽기 지문과의 관계 ▶ **This goes against the reading passage's assertion that** the hollow part of the disc makes it possible for Greeks to use the disc as a drum.

본론 3 — 반박 3 ▶ **Finally, the professor contends that** the argument regarding a mirror is flawed. 반박 근거 ▶ Greeks would have filled the ceramic disc with water in order to make reflections of images. Therefore, people were never able to appreciate decorations on the bottom while using the disc as a mirror. Accordingly, there should have been no decorations on the disc to be used as a mirror. 읽기 지문과의 관계 ▶ **This contradicts the idea presented in the reading passage that** the flat and simple upper part of the disc could have been made out of copper, indicating the use as a mirror.

읽기 지문 주장 ▶ 읽기 지문의 저자는 최근에 발굴된 고대 그리스의 세라믹 디스크가 세 가지 용도를 가지고 있다고 주장하지만, 반박 ▶ 강연자는 다른 시각들로 그 주장에 반대한다.

반박 1 ▶ 먼저 강연자는 요리에 관한 주장은 잘못된 것이라고 주장한다. 반박 근거 ▶ 디스크에 대한 면밀한 관찰은 조리 기구에 불가피한 얼룩이나 그을린 흔적이 없다는 것을 보여 준다. 읽기 지문과의 관계 ▶ 이것은 세라믹 디스크에서 열이 오래 머문다는 사실이 그것을 요리에 적합하도록 만든다는 읽기 지문의 주장에 의구심을 던진다.

반박 2 ▶ 추가적으로 강연자는 드럼에 관한 의견은 잘못된 것이라고 지적한다. 반박 근거 ▶ 사람들이 그것을 때리기 때문에 도자기로 만들어진 그 악기는 매우 깨지기 쉬울 수밖에 없고, 그래서 그것은 실용적이지 않다. 드럼으로는 나무가 더 적합한 재료일 수 있다. 읽기 지문과의 관계 ▶ 이것은 디스크의 텅 빈 공간이 그리스 사람들이 그 디스크를 드럼으로 사용할 수 있게 해 준다는 읽기 지문의 주장을 반박한다.

반박 3 ▶ 마지막으로 교수는 거울에 관한 주장에 결함이 있다고 주장한다. 반박 근거 ▶ 그리스 사람들은 반사된 상을 만들기 위해 세라믹 디스크에 물을 채워 사용했을 것이다. 그러므로 사람들이 그 디스크를 거울로 사용하는 동안에는 밑부분의 장식을 절대 감상할 수 없었을 것이다. 그래서 그 디스크가 거울로 사용되려면, 그 디스크 위에는 어떠한 장식도 없었어야 한다. 읽기 지문과의 관계 ▶ 이것은 디스크의 평평하고 단순한 윗부분이 구리로 만들어졌을지도 모르며, 그래서 거울로써의 사용을 나타낸다는 읽기 지문에 제시된 생각을 반박한다.

INDEPENDENT TASK Q2

교사에 대한 학부모의 불만

Parents' Disapproval to Teacher

Question Do you agree or disagree with the following statement? **Parents should express their disapproval towards the teachers of their children when the parents do not agree with the way the teachers are teaching.** Use specific reasons and details to support your opinion. 다음 진술에 동의하는가, 그렇지 않은가? 교사가 가르치는 방식에 학부모가 동의하지 않을 때, 학부모는 그들의 아이의 교사에 대한 그들의 불만을 표현해야 한다. 의견을 뒷받침하는 세부 사항과 구체적인 근거를 이용하시오.

Outline

찬성

1 학부모의 건강을 위해 필요함 `Storyline: Health`
- 교사의 교수법에 동의 × + 표현하지 않음
  → 교수법에 대한 입장 설명 및 의견 조율 불가
  → 스트레스를 받음
  → 스트레스는 질병을 야기할 수 있음
  예) 스트레스가 질병을 야기하는 예

2 학부모의 비평이 교사에게 동기를 부여함 `Storyline: Motivation`
- 학부모들의 의견을 수렴하면 자신의 수업 방식을 재평가
  → 이것이 자극이 되어 더 나은 교사가 되기 위해 노력함
  예) 학부모의 피드백을 통해 문제점을 깨닫고 발전하게 된 교사 경험

`30점 TIP`

가정법 과거 완료 또는 혼합 가정법을 사용하면 고득점을 받는 데 유리한데, 예시 마지막 부분에 사용하면 효과적이다.
1 가정법 과거 완료
  If A + had p.p. ~, B + would have p.p. ~. 만약 A가 ~했었다면, B는 ~했었을 텐데.
2 혼합 가정법
  If A + had p.p. ~, B + would + 동사 원형 ~. 만약 A가 ~했었다면, B는 ~할 텐데.

Sample Essay

서론
도입
주장
근거 소개

도입 **Some people take it for granted that** parents should not interfere with the teaching methods of teachers. **주장** **However, contrary to this idea, it is clear that** parents' disapproval to the teaching methods should be appealed to the teachers. **근거 소개** **The compelling logic behind this is that** this expression is good for parents' mental health and can motivate teachers.

본론 1
근거 1
설명
예시

근거1 **First of all,** being patient about the teachers' unsatisfactory teaching ways is too stressful for parents. **설명** **To explain,** when parents are just patient, there is no way for teachers to recognize their problems and their teaching method into parents' favorable ways. Parents will be unhappy with the education of their children. This situation will stress them out. In fact, stress is one of the main causes of diseases because it weakens the ability of the immune system in fighting diseases. **예시** **For example,** my uncle, a doctor at a general hospital in a city, sometimes tells me that many of his patients suffer adverse health effects from stress. In particular, parents who are not satisfied with their children's education come to him for stress-related ailments and disorders. They generally have headaches, high blood pressure, or insomnia. In this sense, it is unhealthful for parents to be patient when they have disapproval of

	teachers' teaching ways.
본론 2 근거 2 설명 예시	**근거 2** In addition, listening to feedback from parents can increase teachers' motivation. **설명** This is due to the fact that, once parents express their own thoughts on teaching methods, teachers can reevaluate their teaching styles. This aspect can be a facilitator which motivates them to improve themselves. They will make more effort, concentrate more, and feel more responsible for what they do. Therefore, this can lead to better education at school. **예시** For instance, my brother, a high school teacher, used to be very negligent and lost interest in his job. However, since he listened to parents' feedback on his lectures, he has changed little by little. He started to spend more time working and had enthusiasm for teaching. The reason was that my brother realized problems in his way of teaching such as the amount of homework he gave to his students and the quality of teaching materials. If he had not listened to the parents' criticism, he would still be irresponsible in school.
결론 재주장 근거 요약	**재주장** In conclusion, without any doubt, I firmly believe that parents should express their disagreement with the teaching styles of teachers. **근거 요약** The reason is that this expression prevents parents from getting stressed and encourages teachers to make more effort.

도입 몇몇의 사람들은 학부모들이 교사들의 교수법에 간섭해서는 안 된다는 것을 당연시한다. **주장** 하지만 이런 생각과는 반대로, 학부모들이 교수법에 대한 불만을 교사들에게 호소해야 하는 것은 분명하다. **근거 소개** 이에 대한 설득력 있는 논리는 이러한 표현이 학부모의 정신 건강에 좋고 교사들에게 동기를 부여할 수 있다는 것이다.
근거 1 우선, 교사들의 불만족스러운 교수법에 대해 참는 것은 학부모들에게 너무 스트레스를 준다. **설명** 설명하자면, 학부모들이 그저 참는다면 교사들이 그들의 문제와 교수법을 학부모들의 호의적인 방법으로 인식할 수 있는 방법은 없다. 학부모들은 자식들의 교육에 만족하지 않을 것이다. 이 상황은 그들에게 스트레스를 줄 것이다. 사실 스트레스는 질병과 싸우는 면역 체계의 능력을 약화시키기 때문에 질병의 주요 원인 중 하나이다. **예시** 예를 들어, 한 도시의 종합 병원에서 의사로 일하는 나의 삼촌은 가끔 내게 많은 환자들이 스트레스로 인해 건강상 부정적인 영향을 받는다고 말한다. 특히 자녀 교육에 만족하지 못하는 학부모들이 스트레스 관련 질병과 장애로 그를 찾아온다. 그들은 일반적으로 두통, 고혈압, 또는 불면증을 가지고 있다. 이런 점에서 볼 때, 학부모들이 교사들의 교수법에 대해 불만이 있을 때 참는 것은 건강에 좋지 않다.
근거 2 또한, 학부모들의 의견을 듣는 것은 교사들의 동기를 증가시킬 수 있다. **설명** 이는 일단 학부모들이 교수법에 대한 자기 생각을 표현하면 교사들이 그들의 교수 방식을 재평가할 수 있기 때문이다. 이러한 측면은 그들이 스스로를 향상하도록 동기를 부여하는 촉진제가 될 수 있다. 그들은 더 많은 노력을 하고 더 집중하며, 그들이 하는 것에 대해 더 많은 책임을 느낄 것이다. 그러므로 이것은 학교에서 더 나은 교육을 이끌 수 있다. **예시** 예를 들어, 고등학교 교사인 나의 형은 매우 태만했고 그의 직업에 흥미를 잃었었다. 그러나 그의 강의에 대한 학부모의 의견을 들은 이후 그는 조금씩 달라졌다. 그는 일하는 데 더 많은 시간을 보내기 시작했고 가르치는 데 열정을 가지게 되었다. 그 이유는 형이 학생들에게 내준 숙제의 양과 교재의 질 등 자신의 교수법에서 문제를 깨달았기 때문이었다. 그가 학부모의 비평에 귀를 기울이지 않았다면 여전히 학교에서 무책임한 태도를 보일 것이다.
재주장 결론적으로, 의심의 여지 없이 나는 학부모들이 교사들의 교수 방식에 대해 그들의 반대를 표현해야 한다고 굳게 믿는다. **근거 요약** 이런 표현이 학부모들이 스트레스를 받는 것을 막고 교사들에게 더 많은 노력을 하도록 독려하기 때문이다.

[**Vocabulary**] disapproval 반감, 못마땅함　interfere 개입하다　complaint 불평, 질환　favorable 호의적인
ailment 질병　insomnia 불면증　reevaluate 재평가하다　facilitator 촉진제　negligent 태만한

TOEFL iBT
WRITING

영단기 TOEFL
ACTUAL TEST

TEST 02

Integrated Task   Question 1
Independent Task   Question 2

INTEGRATED TASK Q1 — 범고래 Orca Whale

Reading Passage

[**Vocabulary**]   sighting 목격   greyish 회색빛의   migratory 이주하는   estimate 추정하다   dorsal fin 등지느러미

주제
발견된 두 범고래는 다른 개체임

Orcas, also known as killer whales, are recognized mostly by their black skin with white patches. Amazingly, scientists spotted an all-white adult near Alaska around 2000. In 2010, a similar sighting occurred again off the east coast of Russia and researchers named the white whale Iceberg. However, there is a controversy over whether Iceberg and the whale spotted before are of the same individual or not. Scientists gave reasons why those two are different beings.

흰줄박이물돼지라고도 알려진 범고래는 대개 흰 반점이 있는 그들의 검은 피부로 알려져 있다. 놀랍게도 과학자들은 2000년도 쯤에 알래스카 근처에서 몸 전체가 하얀 성체를 발견했다. 비슷한 목격이 2010년에 러시아의 동쪽 해안에서 다시 이루어졌고, 연구자들은 이때 발견된 흰 고래를 아이스버그라고 명명했다. 그러나 아이스버그와 그 전에 발견된 고래가 같은 개체인지에 대해서는 이견이 분분하다. 과학자들은 이 두 고래가 왜 서로 다른 존재인지에 대한 이유를 내놓았다.

근거 1
몸 색이 서로 다름

The simplest reason for this is that the color of the newly spotted adult is completely different from that of the one discovered in 2000; this newly spotted orca is greyish white compared to the all-white orca found before, meaning that they are different killer whale.

이것의 가장 단순한 이유는 새롭게 발견된 성체의 색이 2000년에 발견된 것의 색과 완전히 다르다는 것이다. 이 새롭게 발견된 범고래는 이전에 발견된 온통 흰 범고래와 비교했을 때 회색을 띈 흰색인데, 그것은 그들이 서로 다른 흰줄박이물돼지임을 의미한다.

근거 2
범고래가 이동하기에 너무 먼 거리임

Also, the distance between the spots where the two whales were found is around 1,500 miles, which is much too far for a single whale to travel along the coastal regions. Oceanographers concur that whales usually live in small groups and also move together during migratory seasons. Thus, this behavioral approach indicates that they cannot be the same whale.

또한 그 두 고래들이 발견된 지점들 사이의 거리는 약 1,500마일로, 이 거리는 한 고래가 해안 지역을 따라 이동하기에는 너무 멀다. 해양 학자들은 고래들이 대개 소규모의 무리로 살고 이주기 동안 같이 이동한다는 점에 동의한다. 따라서 이 행동에 기반한 접근은 그들이 같은 고래일 수 없음을 의미한다.

근거 3
등지느러미의 크기로 추정한 나이대가 맞지 않음

Lastly, when the whale was first sighted in 2000, its age was estimated to be around 20 due to the size of the dorsal fin. The second sighting occurred in 2010, which would mean that if it were the same whale, then it would be around 30 years in age. However, the dorsal fins of the two whales were similar in size. This is not possible because the fins keep growing as getting older. Thus, it is highly unlikely that these two are the same whale.

마지막으로, 2000년에 그 고래가 처음 발견되었을 때, 등지느러미의 크기 때문에 그 고래의 나이는 약 20살로 추정되었다. 2010년에 일어난 두 번째 목격은, 만약 그것이 같은 고래라면 약 30살이어야 한다는 것을 의미한다. 하지만 목격된 두 고래의 등지느러미의 크기는 비슷했다. 지느러미는 나이가 듦에 따라 계속 자라기 때문에 이것은 불가능하다. 따라서 그 둘이 같은 고래일 가능성은 매우 적다.

Listening Script

[**Vocabulary**] abundant 풍부한   algae 조류   shade 색조   mammal 포유동물   factual 사실에 기반에 둔, 사실을 담은

🔊 MP3 02

입장
발견된 두 범고래는 같은 개체임

Have you all read the article for this class? The reading suggests that two different individuals of orca whales have been spotted by scientists. However, contrary to what you have read, these two sightings are actually of the same all-white orca whale.

여러분 모두 이번 수업을 위한 글을 읽어 오셨죠? 읽기 지문은 서로 다른 두 개체의 범고래가 과학자들에 의해서 발견되었다고 제시합니다. 하지만 여러분이 읽은 것과는 달리 이 두 번의 목격은 실제로는 몸이 전부 흰색인 같은 범고래입니다.

근거 1
조류의 영향으로 피부색이 다르게 보임

First of all, the feeding areas of Iceberg, the one found later, are usually abundant in algae. The color of the algae on the whale's skin varies widely due to certain factors such as the amount of sunshine and water temperature, and this can have an effect on the skin color of the whale. Therefore, the scientists spotted the same one in fact. Due to the algae's growth occurring in different conditions, Iceberg's skin color is seen as different shades, yet is actually unchanged underneath.

먼저, 나중에 발견된 고래인 아이스버그의 먹이 지역은 조류가 풍부한 지역입니다. 고래의 피부에 있는 조류의 색은 일조량이나 물의 온도와 같은 특정 요소 때문에 다양하며, 이것은 고래의 피부 색에 영향을 미칠 수 있죠. 그러므로 사실 과학자들은 같은 것을 발견한 것이에요. 조건이 다른 곳에서 일어나는 조류의 성장 때문에 아이스버그의 피부 색이 다른 색으로 보였지만, 실제로 그 아래에서는 변하지 않은 것이죠.

근거 2
낚시 범고래의 경우 멀리 이동할 수 있음

Secondly, orcas can be divided into two types. One is called the hunting type, which hunts down mammals, and the other is called the fishing type, which uses a technique called "flowing" (shown on the screen) to fish. These fishing whales sometimes move up to almost 2,000 miles with drifting icebergs. Therefore, the distance of 1,500 miles between the two documented sightings is not a difficult distance for the spotted orca whale to cover, considering it to be one of the fishing whales.

두 번째, 범고래는 두 가지 종류로 나눌 수 있어요. 하나는 포유류를 사냥하는 사냥 범고래로 불리고, 다른 하나는 flowing(화면에 표시됨)이라고 불리는 기술을 사용하는 낚시 범고래로 불려요. 이 낚시 범고래들은 때로는 표류하는 빙하들과 함께 거의 2,000마일 이상 이동합니다. 그러므로 발견된 범고래가 이 낚시 고래 중 하나라면, 기록된 두 발견 지점 사이의 1,500마일은 발견된 범고래가 이동하기에 어렵지 않은 거리죠.

근거 3
20살 이후 등지느러미는 성장을 멈춤

Lastly, it is true that scientists are able to tell the ages of the whales by measuring the size of the fins. However, you have to keep in mind that we cannot accurately tell the difference in ages for whales ranging from 20 to 30 years of age because their dorsal fins stop growing after the age of 20. This is why the suggestion based on the ages of the whales is not completely factual. Thus, the two orca whales are the same.

마지막으로, 과학자들이 지느러미의 크기를 측정함으로써 고래의 나이를 알 수 있다는 것은 사실입니다. 그러나 범고래의 등지느러미는 20살 이후에 자라는 것을 멈추기 때문에, 여러분은 우리가 20~30살 범위에 있는 고래의 나이 차이를 정확하게 구별할 수 없다는 점을 명심해야 합니다. 이것은 왜 고래의 나이에 기반을 둔 이 제안이 완전히 사실에 근거를 둔 것이 아닌지에 대한 이유입니다. 따라서 그 두 범고래는 같습니다.

Note-taking

Reading	Listening
orca whale spotted in 2000 ≠ spotted in 2010 (Iceberg)	orca whale spotted in 2000 = spotted in 2010

1 skin color
  - newly discovered (greyish) ≠ all-white orca in 2000
	1 skin color affected by algae
	  - algae: sunshine, water T.
	    → affect skin color
	    → seen as different shades

2 1,500 miles: too far to travel
  - live in small groups
  - only move as groups in migratory season
	2 2 types of orca whale: hunting/fishing
	  - hunting: smaller area
	  - fishing: up to 2,000 miles
	    → 1,500 miles can be covered

3 age estimated by dorsal fins
  - in 2000: size of 20 yrs old = in 2010: size of 30 yrs old
  : impossible
    → two × the same
	3 after 20 yrs: fins × grow
	  - × distinguish 20~30 yrs old

Reading Paraphrasing

1. they are different killer whale
   → they are not the same individual

2. too far for a single whale to travel
   → too far for a whale to swim

3. the dorsal fins of the two whales were similar in size
   → the similar size of dorsal fins

Summary

서론 · 읽기 지문 주장 **While the author of the reading passage argues that** the all-white orca whale spotted in 2000 and the one named Iceberg found in 2010 are different ones for three reasons, 반박 **the lecturer opposes the reading's assertion with different views.**

본론 1 · 반박 1 **First of all, the speaker argues that** the opinion about the color is mistaken. 반박 근거 The observed skin colors do not indicate the whales' real skin colors. Since all-white orcas usually feed where algae are abundant, the color of the algae can affect the visible skin color of the whales. 읽기 지문과의 관계 **This calls into question the reading passage's argument that** the different colors of the two whales discovered in 2000 and 2010 indicate that they are not of the same individual.

본론 2 · 반박 2 **Additionally, the lecturer points out that** the argument regarding distance is flawed. 반박 근거 Orca whales, in general, split into two kinds of whales on hunting techniques and each kind shows a different life style. Fishing orca whales can cover nearly 2,000 miles while hunting orca whales reside in smaller area. Therefore, the distance of 1,500 miles cannot be the evidence of two different whales. 읽기 지문과의 관계 **This goes against the reading passage's assertion that** the two spotting sites are too far for the whales to swim along.

본론 3 · 반박 3 **Finally, the professor contends that** the idea concerning dorsal fins is wrong. 반박 근거 Estimating the age of a whale by measuring its fin can be inaccurate, especially for whales from 20 to 30 years of age. This is because orca whales' dorsal fins stop growing after the age of 20. 읽기 지문과의 관계 **This contradicts the idea presented in the reading passage that** the similar size of dorsal fins observed in a period of 10 years proves that the two whales are different beings.

읽기 지문 주장 읽기 지문의 저자는 2000년에 발견된 몸이 전부 흰 범고래와 2010년에 발견된 아이스버그라 불리는 범고래가 서로 다른 것이라고 주장하지만, 반박 강연자는 다른 시각들로 그 주장에 반대한다.

반박 1 먼저 강연자는 색에 관한 의견은 잘못된 것이라고 주장한다. 반박 근거 관찰된 피부 색이 그들의 진짜 피부 색을 나타내지 않는다. 흰 범고래는 조류가 풍부한 곳에서 먹이를 먹기 때문에, 이 조류들이 범고래의 보이는 피부 색에 영향을 미칠 수 있다. 읽기 지문과의 관계 이것은 2000년과 2010년에 발견된 두 범고래의 색이 다르다는 사실이 두 범고래가 같은 개체가 아니라는 것을 나타낸다는 읽기 지문의 주장에 의구심을 던진다.

반박 2 추가적으로 강연자는 거리에 관한 주장에 결함이 있다고 지적한다. 반박 근거 범고래는 일반적으로 사냥 방식에 의해 두 종류로 나뉘고 각각은 다른 생활 방식을 보여 준다. 사냥 범고래는 더 좁은 지역에 머무르는데 반해 낚시 범고래는 2,000마일 가까이 이동한다. 읽기 지문과의 관계 이것은 발견된 두 지점이 한 마리의 고래가 헤엄쳐 오기에는 너무 먼 거리라는 읽기 지문의 주장을 반박한다.

반박 3 마지막으로 교수는 등지느러미에 관한 생각은 잘못된 것이라고 주장한다. 반박 근거 특히 나이가 20~30살인 범고래의 나이를 그것의 등지느러미를 측정하는 방법으로 나이를 추정하는 것은 부정확할 수 있다. 이것은 범고래의 등지느러미가 20살 이후로는 성장을 멈추기 때문이다. 읽기 지문과의 관계 이것은 10년이라는 기간에 관측된 두 고래의 등지느러미의 크기가 비슷하다는 것이 두 고래가 서로 다른 존재라는 것을 증명한다는 읽기 지문에 제시된 생각을 반박한다.

INDEPENDENT TASK Q2 — Taking Compulsory Course
필수 수업을 듣는 것

Question Do you agree or disagree with the following statement? **College students should be required to take basic economics courses, even though their majors are not economics.** Use specific reasons and details to support your opinion. 다음 진술에 동의하는가, 그렇지 않은가? 전공이 경제학이 아닐지라도 대학생들은 기초 경제학 수업을 들어야만 한다. 의견을 뒷받침하는 세부 사항과 구체적인 근거를 이용하시오.

Outline

반대

1. 의무적으로 수업을 들으면 건강에 좋지 않음 [Storyline: Health]
   – 관심 없는 경제학 수업을 의무적으로 듣게 함
     → 학생들이 스트레스를 받음
     → 스트레스는 질병을 야기할 수 있음
       예) 스트레스가 질병을 야기하는 예

2. 전공에 집중하면 취업에 도움이 됨 [Storyline: Job]
   – 필요 없는 경제학 수업보다 전공에 집중함
     → 전문성을 키울 수 있음
   – 요즘 회사들은 전문성을 매우 중시함
     예) 아버지 회사의 채용 기준

30점 TIP

고득점 표현: 스트레스를 주다/받다

- ~에게 스트레스를 주다(~가 스트레스를 받게 하다): stress + 명사 + out / make+명사 + stressed (out)
  예) Driving in rush hour **stresses** me **out**. 혼잡 시간대에 운전하는 것은 나에게 스트레스를 준다.
      Driving in rush hour **makes** me **stressed (out)**. 혼잡 시간대에 운전하는 것은 내가 스트레스를 받게 만든다.
- ~가 스트레스를 받다: 주어 + be/feel/get stressed (out)
  예) When you **are stressed out**, sharing your feelings with a trusted friend can be a great way of relief.
  당신이 스트레스를 받았을 때, 믿을 수 있는 친구와 당신의 기분을 공유하는 것은 훌륭한 경감 방법이 될 수 있다.

Sample Essay

서론
도입
주장
근거 소개

[도입] Some people argue that all college students should take basic economics classes. **[주장]** However, contrary to this idea, it is clear that taking economics courses as required classes is unnecessary. **[근거 소개]** The concepts of stress and a job support my argument.

본론 1
근거 1
설명
예시

[근거1] First of all, taking a required economics class is too stressful for the students. **[설명]** To explain, college students are always busily occupied with their own chores ranging from studying their majors to preparing for their future jobs. If they are forced to do something they are not interested in, this situation will stress them out. In fact, stress is one of the main causes of diseases because it weakens the ability of the immune system in fighting diseases. **[예시]** For example, my uncle, a doctor at a general hospital in a city, sometimes tells me that many of his patients suffer adverse health effects from stress. In particular, students who are required to do something that they do not have interest in come to him for stress-related ailments and disorders. They generally have headaches, high blood pressure, or insomnia. In this sense, it is unhealthful for college students to take economics classes if they do not major in the subject.

본론 2 근거 2 설명 예시	근거2	**In addition,** focusing on a major rather than studying economics will be helpful for the students' future career. 설명 **This is due to the fact that,** if students spend more time studying their field, they will develop expertise to get ahead of the curve. As modern society has become increasingly specialized and competitive, today's companies are looking for employees having such qualities. Therefore, these are important to fight for jobs in highly competitive labor markets. 예시 **For instance,** my father, the CEO of a company in Korea often tells me that a job interview is the most important component in employing people. He and other interviewers at the interview mainly look at the applicants' passion and expert knowledge. This means that concentrating on one's major instead of taking a required economics class is a sure way for people, especially college students, to prepare for the future.
결론 상대 입장 근거 요약 및 재주장	상대 입장	**Admittedly, some might argue that** it is necessary for college students to learn basic economics. 근거 요약 및 재주장 **However,** based on the ideas related to health and employment, **we can conclude that** not every student needs to take the economics classes.

도입 몇몇의 사람들은 모든 대학생들이 기초 경제학 수업을 들어야 한다고 주장한다. 주장 하지만 이런 생각과는 반대로, 필수 과목으로 경제학 강의를 듣는 것이 불필요하다는 것은 분명하다. 근거 소개 스트레스와 직업의 개념이 나의 주장을 뒷받침한다.
근거1 우선, 필수 경제학 수업을 듣는 것은 학생들에게 너무 스트레스를 준다. 설명 설명하자면, 대학생들은 항상 전공 공부부터 미래의 직업 준비까지 자신의 일을 하기에 바쁘다. 만약 그들이 관심이 없는 일을 하도록 강요받는다면, 이 상황은 그들에게 스트레스를 줄 것이다. 사실 스트레스는 질병과 싸우는 면역 체계의 능력을 약화시키기 때문에 질병의 주요 원인 중 하나이다. 예시 예를 들어, 한 도시의 종합 병원에서 의사로 근무하는 나의 삼촌은 가끔 내게 많은 환자들이 스트레스로 인해 건강상 부정적인 영향을 받는다고 말한다. 특히 관심 없는 것을 해야 하는 학생들이 스트레스와 관련된 질병과 장애로 그를 찾아온다. 그들은 일반적으로 두통, 고혈압, 또는 불면증을 가지고 있다. 이런 점에서 볼 때, 대학생들이 경제학 과목을 전공하지 않는다면 이 수업을 듣는 것은 건강에 좋지 않다.
근거2 게다가, 경제학을 공부하는 것보다 전공에 집중하는 것이 학생들의 미래 직업에 도움이 될 것이다. 설명 이는 학생들이 자신의 분야를 공부하는 데 더 많은 시간을 쓴다면, 경쟁자를 앞지를 수 있는 전문 지식을 개발할 것이기 때문이다. 현대 사회가 점점 전문화되고 경쟁적이 되면서, 오늘날의 기업들은 그러한 자질을 갖춘 직원들을 찾고 있다. 그러므로 이것들은 경쟁이 치열한 노동 시장에서 일자리를 얻기 위해 싸우는 데 중요하다. 예시 예를 들어, 한 한국 회사의 사장인 나의 아버지는 종종 나에게 면접이 사람을 고용하는 데 가장 중요한 요소라고 말한다. 면접에서 나의 아버지와 다른 면접관들은 주로 지원자들의 열정과 전문적인 지식을 살펴본다. 이것은 필수 경제학 수업을 듣는 대신에 전공에 집중하는 것이 사람들, 특히 대학생들에게 미래에 대비하는 확실한 방법이라는 것을 의미한다.
상대 입장 물론, 어떤 사람들은 대학생들이 기초 경제학을 배우는 것이 필요하다고 주장할 수도 있다. 근거 요약 및 재주장 그러나 건강 및 고용과 관련된 생각을 바탕으로, 우리는 모든 학생들이 경제학 수업을 들을 필요는 없다고 결론 내릴 수 있다.

[**Vocabulary**] economics 경제학　　be interested in ~에 관심이 있다　　get ahead of ~을 앞지르다, 능가하다
specialized 전문적인　　competitive 경쟁을 하는

TOEFL iBT
WRITING

영단기 TOEFL

ACTUAL TEST

TEST 03

Integrated Task   Question 1
Independent Task   Question 2

INTEGRATED TASK Q1 — 나방 Moth

Reading Passage

[**Vocabulary**] Lepidoptera 나비목   entomologist 곤충 학자   attract 끌어들이다   interfere 간섭하다
artificial 인공적인   nectar 꿀   altitude 고도

주제
나방이 인공 빛을 향해 달려드는 이유

Moths are a species of insects that are related to the butterflies and belong to the Lepidoptera order. Entomologists believe that the reason why moths are attracted towards unnatural bright lights is because these lights interfere with their internal navigation systems. Initially, they did not evolve around unnatural bright lights as electricity and manmade illumination were invented recently. Therefore, the only lights they were exposed to were those of the stars, moon, and also the sun. Here are some of the reasons why moths are attracted towards artificial light.

나방은 나비와 관련되어 있고 나비목에 속하는 곤충의 한 종이다. 곤충 학자들은 나방이 자연적이지 않은 밝은 불빛에 끌리는 이유가, 이 불빛들이 그들 내부의 방향 시스템을 방해하기 때문이라고 믿는다. 전기나 인공조명 등은 최근에 발명되었기 때문에, 처음에 그들은 자연적이지 않은 밝은 불빛 주위에서 진화하지 않았다. 그러므로 그들이 노출됐던 불빛은 별, 달, 그리고 태양의 빛뿐이었다. 여기에 왜 나방이 인공 빛을 향해 달려드는지에 대한 몇 가지 이유가 있다.

근거 1
인공 빛을 달빛으로 착각함

Firstly, this attraction towards artificial light can be explained by observing the relationship between the moth and the moon. Moths use the moon's light as a navigational tool when confronted with predators. When attacked, they look to the moon and fly towards it to escape. This tendency to fly towards artificial light therefore, could be explained by this natural reaction towards danger and a search for safety.

먼저, 인공 빛에 대한 이 끌림은 나방과 달의 관계를 관찰함으로써 설명될 수 있다. 나방은 포식자와 마주쳤을 때 방향 탐지 도구로써 달빛을 이용한다. 그들이 공격 받았을 때, 그들은 달이 있는 쪽을 보고 도망가기 위해 그것을 향해 날아간다. 그러므로 인공 빛을 향해 날아가는 이러한 경향은 위험과 안전을 찾는 것에 대한 자연적인 반응으로 설명될 수 있다.

근거 2
인공 빛을 꽃에서 반사되는 빛으로 착각함

Also, in the dark of night, flowers may be able to reflect some light off from the moon, making them brighter than their surroundings. Moths see this glowing effect and fly towards them to feed from the nectar of the flowers. This is done so by hovering over the flowers while they sip on the nectar present inside, thus making this another reason why they are attracted to artificial light.

또한, 어두운 밤에 꽃은 달빛의 일부를 반사할 수 있을지도 모르는데, 이것은 그들을 그들의 환경보다 더 밝게 만든다. 나방은 이 빛나는 효과를 보고 꽃의 꿀을 먹기 위해 그들에게 날아간다. 이것은 그들이 안에 있는 꿀을 조금씩 마시는 동안에 꽃 위를 맴돌면서 행해지고, 그러므로 이것은 그들이 왜 인공 빛에 매료되는지에 대한 또 다른 이유가 된다.

근거 3
체온을 통제하기 위함

Lastly, moths fly to artificial light because they need to heat themselves. Moths are able to regulate their body temperatures during the day time. However, during the night, the temperature drop can sometimes be too much, especially in places of higher altitudes. Therefore, in order to find another source of heat, the moths then fly towards artificial light in the hope of being able to warm them.

마지막으로, 나방은 그들 스스로를 따뜻하게 만들기 위해 인공 빛을 향해 날아간다. 나방은 낮 동안에는 그들의 체온을 통제할 수 있다. 그러나 밤 동안에, 특히 고도가 높은 곳에 있을 경우에는 때때로 체온 저하가 너무 클 수 있다. 그러므로 열의 또 다른 원천을 찾기 위해, 나방은 그들을 따뜻하게 할 수 있을 것이라는 희망을 가지고 인공 빛을 향해 날아간다.

Listening Script

[**Vocabulary**] -seeking ~을 찾는 refute 반박하다 adequate 충분한, 적절한 occasionally 가끔
disprove 틀렸음을 입증하다 aforementioned 앞서 언급한

 MP3 03

입장
제시된 이유들은 반박될 수 있음

The reading assignment given to you last time tells you some interesting things about moths and their attraction to light. Several theories are proposed to explain why they engage in light-seeking behavior. While some of these theories can explain some aspects of the moth's behavior, they can all be refuted with adequate evidence.

지난번에 여러분에게 준 읽기 과제는 여러분들에게 나방과 빛에 대한 그들의 이끌림에 관한 흥미로운 사실을 알려 주죠. 왜 그들이 빛을 쫓는 행동을 하는지 설명하기 위해 몇몇 이론들이 제안되었어요. 이 이론들 중 일부는 나방 행동의 일부 측면을 설명할 수 있지만, 그것들은 모두 적절한 증거로 반박될 수 있습니다.

근거 1
필요 이상으로 멀리 날아감

To start with, it is true that moths are attracted towards light and occasionally collide with it or even each other. This might be done to avoid predators, but the moths keep flying much longer than necessary and long after the predator has gone away. Therefore, this somewhat disproves the explanation provided that moths use light as a navigational tool to escape predators.

먼저, 나방이 불빛에 매료되고 가끔 빛과 혹은 그들끼리 충돌하는 것은 사실이에요. 이것이 포식자를 피하기 위한 것일지 모르지만, 나방은 필요 이상으로 길게 날아가고 포식자가 사라지고 난 한참 후에도 길게 날아갑니다. 그러므로 이것은 나방이 포식자를 피하기 위한 방향 탐지 도구로 빛을 사용한다는 설명이 다소 틀렸음을 입증하는 것이죠.

근거 2
꽃이 방출하는 이산화탄소를 감지할 수 있음

Secondly, as for flying to glowing flowers, many researchers have conducted studies on moths' behavior. They have found that moths are able to detect flowers with their ability to sense the carbon dioxide being released by the flowers. This shows that moths do not use light to get nectar from flowers. Besides, the moths can even detect how much nectar the plant may have through these CO_2 levels. This also disproves the theory that states moths use light to detect flowers.

둘째로, 반짝이는 꽃을 향해 날아가는 것에 대해 말하자면, 많은 학자들이 나방의 습성에 대해 연구를 했습니다. 그들은 나방이 꽃에서 방출되는 이산화탄소를 감지하는 그들의 능력으로 꽃을 탐지할 수 있다는 것을 발견했어요. 이것은 나방이 꽃에서 꿀을 얻기 위해 빛을 이용하는 것이 아니라는 점을 보여 주죠. 게다가, 이러한 이산화탄소의 양을 통해서 나방은 꽃이 얼마나 많은 꿀을 가지고 있는지 탐지할 수도 있어요. 이것 또한 나방이 꽃을 찾는 데 빛을 사용한다는 이론이 틀렸음을 입증합니다.

근거 3
열을 적게 발생하는 형광등을 향해서도 날아감

Lastly, the heat theory provided is definitely not true due to the fact that not all types of light emit heat, yet moths still fly into any light, regardless of its ability to create heat. Fluorescent lights are really bright, yet they produce very little heat; therefore, if the heat theory were true then moths would be flying into these much less than other forms of light. However, the opposite is actually true, thereby disproving the aforementioned theory.

마지막으로, 모든 종류의 빛이 열을 방출하는 것은 아니지만 그럼에도 나방은 어떤 빛을 향해서든, 그 빛이 열을 만들든 아니든, 나방이 빛을 향해 날아간다는 사실 때문에, 제시된 '열 이론'은 명백히 사실이 아니에요. 형광등은 매우 밝지만 그들은 매우 적은 열을 만들어 내죠. 그러므로 '열 이론'이 사실이라면, 나방은 다른 형태의 빛보다 형광등을 향해서 훨씬 덜 날아가야 할 것이에요. 하지만 이 반대의 경우가 실제로 사실이며, 그렇게 함으로써 앞서 언급한 이론이 틀렸음을 입증합니다.

Note-taking

Reading	Listening
moths attracted to artificial light: 3 reasons	the reasons: flawed

1 the relationship with the moon
  - use moon light → avoid predators
  - fly towards the moon
	1 attracted to light: OK, but!
	  - fly after predators are gone
	  - navigation tool ×

2 flowers reflecting light
  - feed from nectar
	2 sensing CO_2 / × light
	  - proven by research
	  - detect the amount of nectar

3 heat themselves
  - regulate body temp. at night
	3 not all lights: heat
	  - still fly to light (× heat)
	     e.g. fluorescent lights

Reading Paraphrasing

1 when confronted with predators
   → to avoid and escape from their predators

2 to feed from the nectar of the flowers
   → in order to get nectar

3 in the hope of being able to warm them
   → to increase their body temperature

Summary

서론	읽기 지문 주장	**While the author of the reading passage argues that** there are three reasons why moths are attracted to artificial light, 반박 **the lecturer opposes the reading's assertion with different views.**
본론 1	반박 1	**First of all, the speaker argues that** the claim about the relationship with the moon light is wrong. 반박 근거 Although moths are likely to fly towards artificial light for the purpose of escape from their predators, there is proof to verify an opposing view. Moths still fly after their predators are gone away. 읽기 지문과의 관계 **This calls into question the reading passage's argument that** being drawn to artificial light can be explained by the fact that moths fly to the moon light to avoid and escape from their predators.
본론 2	반박 2	**Additionally, the lecturer points out that** the assertion regarding the flowers is mistaken. 반박 근거 The results from research related to moths' behavior prove otherwise. Moths find flowers not by detecting light but by sensing CO_2. Moreover, they use CO_2 to measure the amount of nectar the plants have. 읽기 지문과의 관계 **This goes against the reading passage's assertion that** moths fly towards glowing flowers in order to get nectar, and this can prove why they are attracted to artificial light.
본론 3	반박 3	**Finally, the professor contends that** the opinion concerning the heat is flawed. 반박 근거 It is hasty to conclude just by looking at the heat produced by light. Some bright lights do not emit much heat, but moths still fly towards them. 읽기 지문과의 관계 **This contradicts the idea presented in the reading passage that** the final reason why moths fly to light is that they want to increase their body temperature.

읽기 지문 주장 ▶ 읽기 지문의 저자는 나방이 인공 빛에 이끌리는 이유 세 가지가 있다고 주장하지만, 반박 강연자는 다른 시각들로 그 주장에 반대한다.
반박 1 ▶ 먼저 강연자는 달빛과의 관계에 관한 주장은 잘못된 것이라고 주장한다. 반박 근거 비록 나방이 그들의 포식자로부터 도망치기 위해 인공 빛을 향해 날아가는 것 같지만, 반대 시각을 입증하는 증거가 있다. 나방은 포식자가 사라지고 난 후에도 여전히 날아간다. 읽기 지문과의 관계 이것은 나방이 포식자를 피하고 도망가기 위해 달빛을 향해 날아간다는 사실로 나방이 인공 빛에 이끌리는 이유를 설명할 수 있다는 읽기 지문의 주장에 의구심을 던진다.
반박 2 ▶ 추가적으로 강연자는 꽃에 관한 주장은 잘못된 것이라고 지적한다. 반박 근거 나방의 행동에 관한 연구 결과는 다른 것을 보여 준다. 나방은 빛을 탐지해서가 아니라 이산화탄소를 감지해서 꽃을 찾는다. 더구나 그들은 식물이 가지고 있는 꿀의 양을 측정하기 위해 이산화탄소를 사용한다. 읽기 지문과의 관계 이것은 나방이 꿀을 얻기 위해 반짝이는 꽃을 향해 날아가며, 이 사실이 그들이 왜 인공조명에 이끌리는지를 증명한다는 읽기 지문의 주장을 반박한다.
반박 3 ▶ 마지막으로 교수는 열에 관한 읽기 지문의 의견에 결함이 있다고 주장한다. 반박 근거 단지 빛에 의해 발생하는 열만 보고 결론을 내리는 것은 성급하다. 어떤 밝은 빛은 많은 열을 발하지 않지만, 나방은 여전히 그 빛을 향해 날아간다. 읽기 지문과의 관계 이는 나방이 빛을 향해 날아가는 마지막 이유가 그들의 체온을 높이기 위해서라는 읽기 지문에 제시된 생각을 반박한다.

INDEPENDENT TASK Q2

기업의 투자
Investment of Company

Question Do you agree or disagree with the following statement? **The most important investment of a company is to improve the skills of its employees.** Use specific reasons and details to support your opinion. 다음 진술에 동의하는가, 그렇지 않은가? **기업의 가장 중요한 투자는 직원들의 기량을 향상시키는 것이다.** 의견을 뒷받침하는 세부 사항과 구체적인 근거를 이용하시오.

Outline

찬성

1. 직원들 스스로 기량을 개발하는 것은 스트레스 유발
Storyline: Health
- 회사의 도움이 없으면 업무 효율을 높이기 위한 정보 및 노하우 찾기 힘듦
  → 직원들이 스트레스를 받음
  → 스트레스는 질병을 야기할 수 있음
  예) 스트레스가 질병을 야기하는 예

2. 직무 기술 개발 투자가 직원들에게 동기를 부여함
Storyline: Motivation
- 더 효과적으로 일하는 방법을 배움
  → 일의 효율성이 높아짐
  → 이것이 촉진제가 되어 자신을 발전시키고 열심히 하는 데 동기 부여가 됨
  예) 일에 흥미를 잃었던 형이 회사 교육 프로그램에 참여한 이후로 변하게 된 경험

30점 TIP

진술에 최상급 표현이 있을 경우
- 찬성: 가장 ~한 이유 2가지 아이디어
- 반대: 다른 대안을 제시해도 됨. 단, 원래 진술에 비해 더 ~한 이유를 논리에 넣어야 함
  예) 진술에 반대하여 기업의 가장 중요한 투자는 '생산 시설 확충이다'라고 할 경우 직원 교육에 비해 생산 시설 확충이 더 중요한 이유를 제시해야 함

Sample Essay

서론
도입
주장
근거 소개

[도입] Some people believe that investing in educating employees is not the most important. **[주장]** However, contrary to this idea, it is clear that a company should first spend money improving its workers' skills. **[근거 소개]** The concepts of health and motivation support my argument.

본론 1
근거 1
설명
예시

[근거 1] First of all, improving skills without a firm's support is too stressful for its employees. **[설명]** To explain, it is very difficult and time-consuming for employees to find out knowhow to increase work efficiency by themselves, so they would feel exhausted and unhappy at work unless they find the way to develop job skills. This situation will stress them out. In fact, stress is one of the main causes of diseases because it weakens the ability of the immune system in fighting diseases. **[예시]** For instance, my uncle, a doctor at a general hospital in a city, sometimes tells me that many of his patients suffer adverse health effects from stress. In particular, workers who have difficulty improving job ability come to him for stress-related ailments and disorders. They generally have headaches, high blood pressure, or insomnia. In this sense, it is healthful for employees to be trained by their company having more information about developing the skills.

본론 2
근거 2
설명
예시

근거 2 **In addition,** investing in job skill development can increase employees' motivation in the workplace. **설명** **This is due to the fact that** they can learn new and innovative ways to work more efficiently and productively. This aspect can be a facilitator which motivates them to improve themselves. They will make more effort, concentrate more, and feel more responsible for what they do. Therefore, this can lead to better outcomes at work. **예시** **For example,** my brother, an office worker, used to be very lazy and lost interest in his job. However, since he attended in-house vocational training programs held by his company, he has changed little by little. He started to spend more time working and had enthusiasm for his job. The reason was that my brother obtained useful knowledge about how to work efficiently and how to communicate with co-workers well through the training.

결론
상대 입장
근거 요약 및 재주장

상대 입장 **Admittedly, some might argue that** investing in employee welfare or working environments is more important. **근거 요약 및 재주장** **However,** based on the ideas related to health and motivation, **we can conclude that** a company should use a lot of money to improve its workers' ability.

도입 몇몇의 사람들은 직원들 교육에 투자하는 것이 가장 중요하다고 생각하지 않는다. **주장** 하지만 이런 생각과는 반대로, 기업은 직원들의 기량을 향상시키는 데 먼저 돈을 써야 한다는 것은 분명하다. **근거 소개** 건강과 동기 부여의 개념이 나의 주장을 뒷받침한다.

근거 1 우선, 기업의 지원 없이 기량을 향상시키는 것은 직원들에게 너무 스트레스를 준다. **설명** 설명하자면, 직원들이 스스로 업무 효율을 높일 수 있는 노하우를 알아내는 것은 매우 어렵고 시간이 많이 소요되기 때문에, 그들이 직업 기술을 개발하는 방법을 찾지 않는 한 직장에서 지치고 불만족을 느낄 것이다. 이 상황은 그들에게 스트레스를 줄 것이다. 사실 스트레스는 질병과 싸우는 면역 체계의 능력을 약화시키기 때문에 질병의 주요 원인 중 하나이다. **예시** 예를 들어, 한 도시의 종합 병원에서 의사로 일하는 나의 삼촌은 가끔 내게 많은 환자들이 스트레스로 인해 건강상 부정적인 영향을 받는다고 말한다. 특히, 직업 능력 향상에 어려움을 겪는 근로자들이 스트레스 관련 질병과 장애로 그를 찾아온다. 그들은 일반적으로 두통, 고혈압, 또는 불면증을 가지고 있다. 이런 점에서, 직원들이 기량 개발에 관한 정보를 더 많이 가지고 있는 그들의 회사에서 훈련을 받는 것이 건강에 좋다.

근거 2 또한, 직무 기술 개발에 투자하면 직장에서 직원들의 동기를 높일 수 있다. **설명** 이는 더 효율적이고 생산적으로 일할 수 있는 새롭고 혁신적인 방법을 배울 수 있기 때문이다. 이러한 측면은 그들이 스스로를 향상하도록 동기를 부여하는 촉진제가 될 수 있다. 그들은 더 많은 노력을 하고 더 집중하며, 그들이 하는 것에 대해 더 많은 책임을 느낄 것이다. 그러므로 이것은 직장에서 더 나은 결과를 이끌 수 있다. **예시** 예를 들어, 회사원인 나의 형은 매우 게으르고 그의 직업에 흥미를 잃었었다. 그러나 회사에서 실시하는 사내 직업훈련 프로그램에 참여한 이후 그는 조금씩 달라졌다. 그는 일하는 데 더 많은 시간을 보내기 시작했고 그의 직업에 대한 열정을 가지게 되었다. 그 이유는 형이 그 훈련을 통해 효율적으로 일하는 방법과 동료들과 의사소통을 잘 할 수 있는 방법에 관한 유용한 지식을 얻었기 때문이었다.

상대 입장 물론, 어떤 사람들은 직원 복지나 근무 환경에 투자하는 것이 더 중요하다고 주장할 수도 있다. **근거 요약 및 재주장** 그러나 건강 및 동기 부여와 관련된 생각을 바탕으로, 우리는 기업이 근로자들의 능력을 향상시키기 위해 많은 돈을 써야 한다고 결론 내릴 수 있다.

[**Vocabulary**] should first 우선 ~하다　time-consuming 시간이 걸리는　knowhow 노하우　work efficiency 업무 효율　exhausted 지친　job skills 직업 기술　innovative 혁신적인　productively 생산적으로　in-house (회사·조직) 사내의　vocational 직업과 관련된　welfare 복지　working environment 근무 환경

TOEFL iBT
WRITING

영단기 TOEFL

ACTUAL TEST

TEST 04

Integrated Task Question 1
Independent Task Question 2

INTEGRATED TASK Q1 — 노란발 개구리 / Yellow-legged Mountain Frog

Reading Passage

[**Vocabulary**] amphibian 양서류   reproduce 번식하다   pesticide 살충제   fungal 곰팡이의   trout 송어   tadpole 올챙이   permeable 투과성의   organ 장기, 기관   Chytridiomycosis 카이트리디오마이코시스(호상균류에 의한 전염병)   keratin 케라틴(단백질 종류)   infect 감염시키다   immune system 면역 체계

주제
노란발 개구리 감소 원인

Amphibians are important to an ecosystem due to their nature as prey for many predators both on land and in water. Usually such prey needs to finds way to avoid their predators or find areas where there are less of them in order to reproduce and survive. This balance could be completely ruined if humans place a new predator into the ecosystem. On top of this, wildlife such as the yellowed-legged mountain frogs can decrease by the use of pesticides and fungal diseases in their habitat.

양서류는 육지와 물에서 많은 맹수들의 먹잇감으로서 그들의 본성 때문에 생태계에 중요하다. 보통 그러한 먹잇감은 번식하고 살아남기 위해 포식자를 피할 방법을 찾거나 포식자가 적은 지역을 찾아야 한다. 인간이 새로운 포식자를 생태계에 투입한다면 이 균형은 완전히 파괴될 수 있다. 여기에 노란발 개구리 같은 야생 동물은 서식지에서 살충제와 곰팡이성 질병을 사용함으로써 감소할 수 있다.

근거 1
송어 때문

First, some experts believe that the introduction of trout caused the decline of frogs. In the late 1800s, trout were introduced to the bodies of water throughout Sierra Nevada in order to increase recreational fishing. These fish feed on the tadpoles of the frogs as the main source of food. Therefore, this introduction has changed the distribution of many species including the yellow-legged frogs in the local ecosystems.

첫째, 일부 전문가들은 송어 도입으로 개구리가 쇠퇴했다고 보고 있다. 1800년대 후반에, 송어는 레크리에이션 낚시를 늘리기 위해 시에라 네바다 전역의 수역에 도입되었다. 이 물고기들은 개구리의 올챙이를 주된 먹이로 삼는다. 따라서 이 도입은 지역 생태계의 노란발 개구리를 포함한 많은 종의 분포를 변화시켰다.

근거 2
살충제 사용

Also, environmental pollutants such as pesticides are considered to be hugely responsible for the decline in the amphibians. These amphibians have permeable skin meaning that their skin allows gasses and chemicals to quickly move through and into their internal organs. Also, they lay their eggs with a soft, jelly-like covering that has very little and sometimes no protection at all to external environments. Therefore, frogs that have been placed into lakes or rivers are unable to survive due to the wide use of pesticides. Authorities are now considering the use of pesticides is a greater threat to the frog than the trout population.

또한, 살충제와 같은 환경 오염 물질은 양서류 감소의 큰 원인으로 간주되고 있다. 이 양서류들은 투과성 피부를 가지고 있는데, 이는 그들의 피부가 가스와 화학 물질이 그들의 내부 장기를 통해 빠르게 움직이게 한다는 것을 의미한다. 또한, 그들은 외부 환경에 대한 보호 기능이 거의 없고 때로는 전혀 없는 부드럽고 젤리 같은 덮개로 알을 낳는다. 따라서 호수나 강에 위치한 개구리는 농약 사용이 많아 생존이 어렵다. 당국은 현재 송어 개체 수보다 살충제 사용이 개구리에 더 큰 위협이 될 것으로 보고 있다.

근거 3
균에 의한 질병

Finally, the yellow-legged mountain frogs can be damaged by a fungal disease like Chytridiomycosis. This fungal disease attacks keratinized parts of the frog's body and is especially worse for adult frogs that have keratin-rich skin. Studies have shown that it takes about two weeks for a healthy adult frog to be infected by being with an infected frog. It takes longer in tadpoles, which is about seven weeks. Also, these frogs can develop the disease even more quickly if their immune system has been weakened by some other factors such as pesticides.

마지막으로, 노란발 개구리는 카이트리디오마이코시스 같은 곰팡이성 질환에 피해를 받을 수 있다. 이 균에 의한 질병은 개구리 몸의 케라틴화된 부분을 공격하며 특히 케라틴이 풍부한 피부를 가진 성인 개구리의 경우 더 나쁘다. 건강한 성인 개구리가 감염된 개구리에 감염되기까지는 약 2주가 걸린다는 연구 결과가 나왔다. 올챙이에서는 더 오래 걸리는데, 약 7주 정도 걸린다. 또한, 이 개구리들은 살충제와 같은 다른 요소들에 의해 면역 체계가 약화되었다면 그 병에 훨씬 더 빨리 걸릴 수 있다.

Listening Script

[**Vocabulary**] inform 알려 주다　　feature 특징　　attribute A to B A를 B의 탓으로 돌리다　　propose 제안하다
verify 확인하다, 입증하다　　sweep 휩쓸다　　downwards 아래쪽으로　　damp 축축한　　fungus 균류, 곰팡이류(*pl.* fungi)
resistance 저항력　　microorganism 미생물

🔊 MP3 04

입장
제시된 이론은 잘못되었음

After reading the textbook material, you have probably been informed about the declining population of the yellow-legged mountain frogs as well as some features and characteristics of amphibians. The text has shown you three reasons for this population decline; however, all three of these reasons are not at all possible.

교과서 자료를 읽고 나면, 여러분은 아마도 양서류의 특성과 특징뿐만 아니라 노란발 개구리 개체 수가 감소하고 있다는 것을 알게 될 거예요. 본문에서는 여러분에게 이 개체 수 감소에 대한 세 가지 이유를 보여 주었지만, 이 세 가지 이유는 모두 전혀 가능하지 않습니다.

근거 1
송어 유입과 개구리 감소 시기가 다름

To begin with, this serious problem of population decline is attributed to the introduction of the trout fish into the ecosystem. However, the introduction of the fish population occurred around a hundred years ago, yet the earliest time we noticed the declining population was around 40 or 50 years ago. Therefore, it is quite clear that the cause of the decline is not the trout, but something more recent.

우선, 개체 수 감소라는 심각한 문제는 송어 어류의 생태계 유입에 기인합니다. 그러나 어류 개체 수의 도입은 약 100년 전에 일어났지만, 우리가 개체 수가 감소하고 있다는 것을 알아차린 가장 이른 시기는 약 40년 혹은 50년 전이었어요. 따라서 쇠퇴의 원인은 송어가 아니라 좀 더 최근의 것이라는 것은 꽤 분명합니다.

근거 2
살충제 영향이 없는 곳에서도 개구리 감소

Secondly, another proposed factor has been the use of pesticides. In order to verify this, we must track the location of these pesticides. Therefore, pesticides near rivers or streams should be swept downwards along the flow of the stream which means that the frog population present downstream should be mostly affected than those present in the upstream or higher lands. However, this is not the case because the frogs living in the upper lands that the polluted water from the pesticides cannot reach are also still declining. Thus, we can say that the pesticides are not responsible for this decline.

둘째로, 또 다른 제안 요인은 살충제 사용입니다. 이것을 확인하기 위해서는 이 살충제의 위치를 추적해야 해요. 따라서 강이나 하천 주변의 살충제는 하천 흐름을 따라 아래쪽으로 쓸려 내려가야 하는데, 이는 하류에 존재하는 개구리 개체 수가 상류나 높은 땅에 있는 개체 수보다 주로 영향을 받아야 한다는 것을 의미합니다. 그러나 살충제에서 나오는 오염된 물이 닿지 않는 상류에 사는 개구리들도 여전히 쇠퇴하고 있기 때문에 이는 아니죠. 따라서 우리는 살충제가 이러한 감소의 원인이 아니라고 말할 수 있습니다.

근거 3
균에 대한 내성을 가지고 있음

Lastly, amphibians usually live in dark and damp environments that are filled with bacteria as well as numerous different types of fungi. So, they have naturally developed a resistance to these microorganisms. One of these natural defenses is their ability to produce chemicals from their skin to protect them from fungal infections. Therefore, their skin is not hurt by fungus at all.

마지막으로, 양서류는 보통 여러 종류의 균들뿐 아니라 박테리아로 가득 찬 어둡고 축축한 환경에서 살아요. 그래서 그들은 자연적으로 이러한 미생물에 대한 내성을 발달시켰습니다. 이러한 자연 방어력 중 하나는 균의 감염으로부터 보호하기 위해 그들의 피부로부터 화학 물질을 생산하는 능력이죠. 따라서 그들의 피부는 곰팡이에 의해 전혀 피해를 입지 않습니다.

Note-taking

Reading	Listening

3 reasons: Yellow-legged mountain frogs ↓
 	
1 trout
  - feed on tadpoles → decrease the frogs
 	
2 pesticides
  - permeable skin
 	
3 fungal disease
  - keratin-rich skin → weak to fungal disease
	Reading: flawed
	
	1 trout x
	  - introduced 100 yrs ago
	  - frogs: decline 40-50 yrs ago
	
	2 pesticides x
	  - if pesticide affect → frog in downstream ↓
	  - But, frogs in highland ↓
	
	3 fungi x
	  - frogs live in damp, dark area
	  - resistant to the disease w/ chemicals

Reading Paraphrasing

1. the introduction of trout caused the decline of frogs
   → the introduction of trout led to the drastic decline of the yellow-legged frogs

2. pesticides are considered to be hugely responsible for the decline in the amphibians
   → pesticides must be the main culprit of the decline

3. the yellow-legged mountain frogs can be damaged by a fungal disease
   → they are easily attacked by fungal diseases

Summary

서론	읽기 지문 주장	**The author of the reading passage argues that** the population of the yellowed-legged mountain frogs has decreased due to the introduction of a new predator, pesticides, and fungal disease. 반박 **However, the lecturer opposes the reading's assertion with different views.**
본론 1	반박 1	**First of all, the speaker argues that** the idea about trout is wrong. 반박 근거 The fish had been actually introduced to the region where the frogs live far earlier than the decline of the population happened. Therefore, there are no correlation between the introduction of trout and the decrease of the frogs. 읽기 지문과의 관계 **This calls into question the reading passage's argument that** the introduction of trout led to the drastic decline of the yellow-legged frogs because trout generally feed on tadpoles as their main source of nutrition.
본론 2	반박 2	**Second, the lecturer points out that** the argument regarding pesticides is mistaken. 반박 근거 If the use of pesticides were really responsible for the decline of the frogs, those living in downstream would be mainly affected. However, researchers found that the frogs living in higher places that pesticides cannot affect are decreasing as well. 읽기 지문과의 관계 **This goes against the reading passage's assertion that** pesticides must be the main culprit of the decline because the yellow-legged mountain frogs have so permeable skin that they are vulnerable to chemicals and pollutants.
본론 3	반박 3	**Finally, the professor contends that** the opinion related to a fungal disease is mistaken. 반박 근거 Fungi cannot do any harm to the frogs which have evolved to be resistant to fungal attacks while living in dark and damp places. 읽기 지문과의 관계 **This contradicts the idea presented in the reading passage that,** due to the keratin-rich skin of the frogs, they are easily attacked by fungal diseases.

읽기 지문 주장 읽기 지문의 저자는 새로운 포식자, 살충제, 곰팡이성 질환으로 노란발 개구리의 개체 수가 줄었다고 주장한다. 반박 그러나 강연자는 다른 시각으로 그 주장에 반대한다.

반박 1 우선, 강연자는 송어에 대한 생각이 틀렸다고 주장한다. 반박 근거 이 물고기는 실제로 그 개체 수의 감소보다 훨씬 더 일찍 그 개구리가 사는 지역에 도입되었다. 따라서 송어 도입과 개구리 감소 사이에는 상관관계가 없다. 읽기 지문과의 관계 이것은 일반적으로 송어가 올챙이를 그들의 주요 영양원으로 먹기 때문에 송어의 도입이 노란발 개구리를 급격히 감소시켰다는 읽기 지문의 주장에 의문을 제기한다.

반박 2 둘째, 강연자는 살충제에 관한 주장이 잘못되었다고 지적한다. 반박 근거 만약 살충제의 사용이 개구리 감소의 진정한 원인이라면, 하류에 사는 것들이 주로 영향을 받을 것이다. 하지만 연구원들은 살충제가 영향을 줄 수 없는 높은 곳에 사는 개구리들도 감소하고 있다는 것을 발견했다. 읽기 지문과의 관계 이것은 노란발 개구리가 투과성이 강한 피부를 갖고 있어 화학 물질과 오염 물질에 취약하기 때문에 살충제가 감소의 주범임이 틀림없다는 읽기 지문의 주장을 반박한다.

반박 3 마지막으로, 교수는 곰팡이성 질환과 관련된 의견이 잘못되었다고 주장한다. 반박 근거 균은 어둡고 습한 곳에 사는 동안 곰팡이 공격에 저항하도록 진화해 온 개구리들에게 해를 끼칠 수 없다. 읽기 지문과의 관계 이것은 개구리들의 케라틴이 풍부한 피부 때문에 곰팡이성 질환으로부터 쉽게 공격받는다는 읽기 지문에 제시된 생각을 반박한다.

INDEPENDENT TASK Q2

아티스트 vs 정치인
Artist vs Politician

Question Do you agree or disagree with the following statement? **Great artists are more influential on and beneficial to society than politicians.** Use specific reasons and details to support your opinion.

다음 진술에 동의하는가, 그렇지 않은가? 훌륭한 아티스트들은 정치인들보다 사회에 더 영향력 있고 유익하다. 의견을 뒷받침하는 세부 사항과 구체적인 근거를 이용하시오.

Outline

찬성

1 정치인들이 사람들의 동기를 유발시키는 점은 인정 - 교육이나 복지, 건강과 관련된 법에 큰 영향을 줌 - 정치인들의 노력은 사회 안정을 이끌 수 있음 → 시민들이 자신의 일 또는 공부에 집중할 수 있음	2 하지만 훌륭한 아티스트들은 대중의 스트레스 해소에 도움이 됨 **Storyline: Stress** - 정치인들의 잦은 대립은 국민들의 스트레스↑ - 아티스트들의 작품을 감상하며 스트레스↓ 　예) 한국의 유명 가수인 싸이(PSY)의 콘서트를 즐기며 스트레스 풀었던 경험

30점 TIP

1. 의견에 대한 근거가 하나씩 밖에 생각이 나지 않을 때, 찬반 근거를 각각 하나씩만 제시해도 만점을 받을 수 있다.
이때, 본론 1은 Admittedly로 시작해 상대 근거를 쓰고, 본론 2는 However로 시작해 자신의 의견에 대한 근거를 쓴다. 물론 본론 2를 더 길게 써야 자신의 의견에 무게를 실을 수 있다.
2. 미국인 채점자가 모를 수 있는 고유 명사를 쓸 때는 반드시 설명을 넣어 준다.
예) PSY, a famous Korean musician 한국의 유명한 뮤지션인 싸이

Sample Essay

서론
도입
주장

[도입] Some people take it for granted that politicians have a stronger effect on society than artists do. **[주장]** There are obviously many opinions regarding this topic, but it is clear that great artists are more influential on the public than lawmakers.

본론 1
상대 근거
설명

[상대 근거] Admittedly, politicians can increase people's motivation in life. **[설명]** To explain, unlike artists, political leaders have a strong effect on laws about welfare, public health, and education, which can allow citizens to live a stable life. This life can be a facilitator which motivates them to improve themselves. They will make more effort, concentrate more, and feel more responsible for what they do. Therefore, this can lead to better outcomes at work or school.

본론 2
내 근거
설명
예시

[내 근거] However, enjoying artists' works allows people to alleviate stress. **[설명]** This is due to the fact that, as opposed to political leaders who often quarrel with each other for self-interest, which imposes stress on citizens, the great works of painters, film makers, and musicians can help them to relax and clear their mind. This brings a new solution to perplexing and stressful problems at work or school. Therefore, appreciating artworks is one of the best and most effective ways to escape from the harsh reality which is full of piles of work and relationship problems. **[예시]** For instance, my sister was extremely exhausted and stressed due to demanding college assignments last month. However, after she went to a music concert of PSY, a famous Korean musician, she had a brief moment of relief from her stressful schoolwork. Specifically speaking, she sang along with his songs, danced to the rhythm, and cheered the singer for his performances. If she had not enjoyed the artist's concert, she would have been depressed.

결론
상대 입장
근거 요약 및 재주장

〔상대 입장〕 **On balance, some might argue that** politicians can be more influential on society in terms of rules and laws. 〔근거 요약 및 재주장〕 **However,** based on the idea related to stress, **we can conclude that** artists have a greater impact on people and society.

〔도입〕 몇몇의 사람들은 정치인들이 아티스트들보다 사회에 더 강력한 영향을 미친다는 것을 당연시한다. 〔주장〕 이 주제에 대해서는 분명 많은 의견이 있지만, 훌륭한 아티스트들은 국회의원들보다 대중에게 더 영향력이 있다는 것은 분명하다.
〔상대 근거〕 물론 정치인들은 사람들의 삶의 동기를 증가시킬 수 있다. 〔설명〕 설명하자면, 아티스트들과는 달리 정치 지도자들은 복지와 공중 보건, 그리고 교육 등에 관한 법률에 강력한 영향을 미치는데, 이는 시민들이 안정된 생활을 할 수 있게 한다. 이러한 삶은 그들이 스스로를 향상하도록 동기를 부여하는 촉진제가 될 수 있다. 그들은 더 많은 노력을 하고 더 집중하며, 그들이 하는 것에 대해 더 많은 책임을 느낄 것이다. 그러므로 이것은 직장이나 학교에서 더 나은 결과를 이끌 수 있다.
〔내 근거〕 하지만 아티스트들의 작품을 즐기는 것은 사람들이 스트레스를 덜게 한다. 〔설명〕 이는 시민들에게 스트레스를 주는 사리사욕을 위해 자주 다투는 정치 지도자들과는 달리, 화가나 영화 제작자, 음악가의 훌륭한 작품들이 마음을 안정시키고 맑게 하는 데 도움을 줄 수 있기 때문이다. 이것은 직장이나 학교에서 복잡하고 스트레스를 많이 받는 문제에 새로운 해결책을 가져다준다. 그러므로 예술 작품을 감상하는 것은 업무와 관계 문제로 가득 찬 가혹한 현실에서 벗어날 수 있는 가장 좋고 효과적인 방법 중 하나이다. 〔예시〕 예를 들어, 내 여동생은 지난달 부담이 큰 대학 과제 때문에 극도로 지치고 스트레스를 받았다. 하지만 그녀는 유명한 한국 음악가 싸이의 콘서트에 간 후, 스트레스를 받는 학교 공부에서 잠시 벗어나는 시간을 가졌다. 구체적으로 말하면, 그녀는 그의 노래를 따라 부르고 리듬에 맞춰 춤을 추며 가수의 공연을 응원했다. 만약 그녀가 그 아티스트의 콘서트를 즐기지 않았다면, 그녀는 우울했을 것이다.
〔상대 입장〕 모든 것을 감안할 때, 어떤 사람들은 정치인들이 규칙과 법 면에서 사회에 더 영향을 미칠 수 있다고 주장할 수도 있다. 〔근거 요약 및 재주장〕 그러나 스트레스와 관련된 생각을 바탕으로, 우리는 아티스트들이 사람들과 사회에 더 큰 영향을 미친다고 결론 내릴 수 있다.

[**Vocabulary**] quarrel 다투다　perplexing 착잡한, 복잡한　harsh 가혹한, 혹독한　demanding 부담이 큰

TOEFL iBT
WRITING

영단기 TOEFL

ACTUAL TEST

TEST 05

Integrated Task   Question 1
Independent Task   Question 2

INTEGRATED TASK Q1 우주선
Spaceship

Reading Passage

[**Vocabulary**] observation 관찰   exploration 탐사   boundaries 경계   debris 잔해   withstand 견뎌 내다   astronaut 우주 비행사   prototype 원형

주제
우주선 사고를 예방할 방법

A spaceship has a vast number of uses including observation and exploration. Yet, these very beneficial uses are sometimes overshadowed by the risks involved. As travelling in space is still a new concept and we push the boundaries of science and technology to further enhance our understanding of the universe, sometimes accidents do occur. Here are three ways to prevent such accidents.

근거 1
잔해들의 경로 추적함

One of the most efficient methods to avoid collisions with asteroids or space debris is for the scientists to track these potentially harmful objects. Currently, they are tracking more than 500 pieces of debris in space that are large enough to pose a risk to a spaceship. The scientists will be able to steer the spaceship away from them by creating a route that does not intersect with the path of the debris.

근거 2
우주선에 보호막 설치함

Another way to ensure the safety of crew members as well as the safety of a spaceship is to build a superior outer shield on the spaceship that can endure collisions with debris. The outer shell should be made out of a special metallic material that can withstand both extremes of temperature and huge amounts of physical assault. Placing this on the exterior portion of the ship would definitely make itself a safe vessel in which astronauts can travel through space without the risk of a crash.

근거 3
지면 기반 레이저 시스템을 시행함

Lastly, one more method of ensuring safety of both vessel and crew would be the implementation of a ground-based laser system. This system would propel lasers that are strong enough to blast away debris out of the path of the spaceship. The US military already have prototype lasers that can do this on a smaller scale. Therefore, it is a very practical and efficient method.

Listening Script

[**Vocabulary**] asteroid 소행성　　meteorite 운석　　address 다루다　　eliminate 제거하다　　controversial 논란이 많은
diplomatic 외교의

🔊 MP3 05

입장
제시된 방법들은 논리적이지 않음

From the last reading assignment I assume you have some idea of what the topic is. There is a wide range of damage that asteroids, meteorites, and space debris can have on a spaceship, going from small surface scratches to critical damage caused by particles larger than one centimeter. Although some experts suggest three ways to prevent such accidents, none of these points are sound in logic.

근거 1
추적하지 못하는 작은 잔해들이 있음

The first to address is the tracking of space debris for the protection of the spaceship. Scientists can only trace and catalogue objects. This means that only these tracked objects can be avoided through planning or even evasive maneuvers. However, although big objects can be tracked, in space, there are objects that are too small to track, meaning that this method of protection does not eliminate a huge amount of risk.

근거 2
우주선의 무게가 늘어나 실용적이지 않음

The second method proposed is to construct an exterior metal case that can withstand high temperatures and hard impacts. This would be very impractical as the amount of metal needed to fully and also adequately cover and protect the spaceship would be huge. Also, that much metal would weigh the spaceship down incredibly, hindering the performance of the spacecraft. To make this practical, we would need to construct more powerful rockets that can lift the weight of the newly reinforced spaceship. This would be an even harder challenge which would consume more time and energy than solving the problem in another way.

근거 3
외교 문제를 유발할 수 있음

Lastly, the space laser used to clear the path of the spaceship is a highly controversial issue. In order to protect the path of the spaceship, the laser would have to be shot through international space and thus might create some diplomatic issues as some might see the laser as a potential threat to their respective nations.

지난 읽기 과제를 통해서 여러분들이 주제에 대해 어느 정도 알고 있다고 볼게요. 소행성들, 운석들, 그리고 우주 잔해들이 우주선에 미칠 수 있는 광범위한 피해는 작은 표면의 스크래치부터 1cm보다 더 큰 입자에 의해서 야기된 치명적인 피해까지가 있습니다. 몇몇의 전문가들이 그러한 사고를 막을 수 있는 세 가지 방법을 제시했지만, 그들 중 어느 것도 논리적으로 타당하지 않아요.

첫 번째로 다룰 것은 우주선의 보호를 위해 우주 잔해의 경로를 쫓는 것이에요. 과학자들은 연구 대상물을 추적하고 그 목록을 만들 수 있을 뿐이에요. 이것은 이 추적된 대상물만을 계획이나 지속적인 회피 비행을 통해 피해갈 수 있다는 점을 의미하죠. 그러나 큰 물체는 추적될 수 있지만, 우주에는 너무 작아서 추적하기 힘든 잔해가 있는데, 이는 이 보호 수단이 엄청난 양의 위험을 제거하지 못한다는 것을 의미합니다.

제안된 두 번째 방법은 높은 온도와 매서운 충격을 견딜 수 있는 외부의 금속 덮개를 건설하는 것입니다. 완전히 또 충분히 덮어서, 우주선을 보호하는 데 필요한 금속의 양은 엄청나기 때문에 이 방법은 매우 실용적이지 못해요. 또한 그렇게 많은 금속은 우주선을 엄청나게 무겁게 누를 것이고, 우주선의 수행 능력을 저해할 것이에요. 이것을 실용적으로 만들기 위해서 우리는 새롭게 강화된 우주선의 무게를 들어 올릴 수 있는 더 강력한 로켓을 만들어야 합니다. 이것은 다른 방식으로 이 문제를 해결하는 것보다 더 많은 시간과 에너지가 소비되는 훨씬 더 힘든 도전이 될 거에요.

마지막으로 우주선의 경로를 정리하기 위해 사용되는 우주 레이저는 매우 논란이 많은 이슈예요. 우주선의 경로를 보호하기 위해서 레이저는 국제 우주 공간을 관통해 발사돼야 하는데, 일부 국가들은 그 레이저를 그들 각자의 국가에 대한 잠재적인 위험으로 보기 때문에 외교적인 이슈를 만들어 낼지도 모릅니다.

Note-taking

Reading	Listening
3 ways to protect a spaceship from space debris	the ways: not effective

1 tracking harmful objects in space
   - creating a route → × intersect with debris
	1 × avoid very small ones
	   - a huge amount of risk

2 build a shield
   - using metallic material
	2 too much metal needed: impractical
	   - weigh spaceship down
	     → need more powerful rockets
	     → consume more time and energy

3 implement a ground-based laser system
   - blast away debris
	3 controversial
	   - create diplomatic issues

Reading Paraphrasing

1 track these potentially harmful objects
    → by tracking dangerous matters in space

2 to build a superior outer shield on the spaceship
    → installing outer shield on a spacecraft

3 to blast away debris out of the path of the spaceship
    → to destroy space debris dangerous to a spaceship

Summary

서론	**읽기 지문 주장** While the author of the reading passage argues that there are three effective ways to protect a spaceship from debris in space, **반박** **the lecturer opposes the reading's assertion with different views.**
본론 1	**반박 1** **First of all, the speaker argues that** the claim about tracking objects is wrong. **반박 근거** This way is not a solution to the problem related to the collisions with space debris. Very small objects are unlikely to be tracked, and a spaceship cannot avoid them. Thus, such space debris poses a serious threat to the spacecraft. **읽기 지문과의 관계** **This calls into question the reading passage's argument that** a space vehicle can avoid the collisions by tracking dangerous matters in space.
본론 2	**반박 2** **Additionally, the lecturer points out that** the assertion regarding a superior outer shield is flawed. **반박 근거** This shield is not as beneficial as it sounds. A great amount of metal needed for the plan adds weight to a spaceship greatly. Therefore, more powerful rockets are necessary, which takes more time and energy. **읽기 지문과의 관계** **This goes against the reading passage's assertion that** installing an outer shield on a spacecraft can protect the crews from harmful matters in the universe.
본론 3	**반박 3** **Finally, the professor contends that** the opinion concerning laser is impractical. **반박 근거** The negative results of using laser outweigh the benefits. Since it should be shot through international space, this can cause diplomatic conflicts among some nations. **읽기 지문과의 관계** **This contradicts the idea presented in the reading passage that** shooting laser from the ground is a good way to destroy the debris dangerous to a spaceship.

읽기 지문 주장 읽기 지문의 저자는 우주 잔해로부터 우주선을 보호할 세 가지 방법이 있다고 주장하지만, **반박** 강연자는 다른 시각들로 그 주장에 반대한다.
반박 1 먼저 강연자는 물체를 추적하는 것에 관한 주장은 잘못된 것이라고 주장한다. **반박 근거** 이 방법은 우주 잔해와의 충돌 문제에 대한 해결책이 아니다. 매우 작은 물체는 추적될 가능성이 낮아 우주선은 그것들을 피할 수 없다. 그래서 그러한 우주 잔해는 우주선에 심각한 위협을 가한다. **읽기 지문과의 관계** 이것은 우주에 있는 위험한 물체를 추적함으로써 우주선과의 충돌을 피할 수 있다는 읽기 지문의 주장에 의구심을 던진다.
반박 2 추가적으로 강연자는 우수한 외부 보호막에 관한 주장에 결함이 있다고 지적한다. **반박 근거** 이 보호막은 들리는 것만큼 유용하지 않다. 이 계획을 위해 필요한 많은 양의 금속은 우주선의 무게를 대단히 증가시킨다. 그러므로 더 강력한 로켓이 필요하며, 이것에는 더 많은 시간과 비용이 든다. **읽기 지문과의 관계** 이것은 우주선에 외부 보호막을 설치하는 것이 우주의 위험한 물질로부터 우주선이 스스로를 보호할 수 있게 한다는 읽기 지문의 주장을 반박한다.
반박 3 마지막으로 교수는 레이저에 관한 의견은 비현실적이라고 주장한다. **반박 근거** 레이저 사용의 부정적 결과는 이점을 압도한다. 그것은 국제적인 공간을 통해 발사되어야 하기 때문에, 이 방법은 일부 국가들 사이에서 외교적인 문제를 야기할 수 있다. **읽기 지문과의 관계** 이것은 지면에서 레이저를 발사하는 것이 우주선에 위험한 잔해를 파괴할 수 있다는 읽기 지문에 제시된 생각을 반박한다.

INDEPENDENT TASK **Q2** 대체 에너지원
Alternative Energy Source

Question Do you agree or disagree with the following statement? **We should use alternative energy sources (solar, wind), even though they are more expensive than fossil fuels.** Use specific reasons and details to support your opinion. 다음 진술에 동의하는가, 그렇지 않은가? 대체 에너지 자원(태양열, 풍력)이 화석 연료보다 비쌀지라도 우리는 그것들을 사용해야 한다. 의견을 뒷받침하는 세부 사항과 구체적인 근거를 이용하시오.

Outline

찬성

1. 대체 에너지에도 문제가 있는 점은 인정
   - 태양열 발전: 넓은 면적 차지, 태양 전지 패널 생산 시 유독 물질 발생
   - 풍력 발전: 풍화 작용 촉진, 경관 파괴

2. 하지만 에너지 위기를 극복하는 데 도움이 됨
   - 화석 연료는 고갈되어 감
   - 대체 에너지 사용
     → 화석 연료의 사용 감소
     예) 태양열 온수기를 설치한 경험

3. 대체 에너지는 건강에 좋음 `Storyline: Health`
   - 오염 물질 발생 ✕
   - 석탄이나 석유의 오염 물질 → 건강을 위협
     예) 공기 오염이 유발한 질환으로 고통 받는 환자들

30점 TIP

글의 세부 사항을 살려 다양한 어휘를 사용하면 고득점을 받을 수 있다.
1. fossil fuels를 coal, oil, petroleum 등으로 바꿔 가며 사용한다.
2. clean energy를 solar, wind power 등으로 바꿔 가며 사용한다.

Sample Essay

서론
도입
주장

도입 Some people believe that it is better to use fossil fuel energy than expensive alternative energy. **주장** However, contrary to this idea, it is clear that utilizing alternative energy is much more beneficial for us.

본론 1
상대 근거
설명

상대 근거 Admittedly, the alternative energy sources have problematic aspects. **설명** To be more specific, solar energy, the most common alternative energy source, requires large tracts of land for collection sites. This can destroy the natural habitat of the plants and animals that live there. The production of solar cells uses the same technologies as the production of silicon chips for computers. The manufacturing process uses toxic chemicals. Besides, wind power development has its downsides too. Most often, winds farms negatively affect the natural view because they tend to be located on or just below ridgelines.

본론 2
내 근거 1
설명
예시

내 근거 1 However, utilizing alternative energy helps to overcome the energy crisis. **설명** This is because it is an undeniable fact that petroleum-based fuels are running out at a considerable speed, although the current price of using fossil fuels is lower than that of using renewable energy. Therefore, if people enthusiastically increase the use of alternative energy, we will no longer depend on fossil fuels which are disappearing and slow the exploitation of natural resources. **For example,** three years ago, my family started to use solar energy to heat water. As a result, we became less dependent on gas and were able to take some monetary advantages as well. The reason was that although there were installation costs, the government partly subsidized the costs, and we were able to save money that would have been wasted on when purchasing gas.

Last but not least, taking advantage of alternative energy enables people to maintain their health. **An important reason is that** alternative energy sources ranging from solar to wind rarely generate harmful pollutants. However, traditional sources of energy such as coal and oil are notorious for their detrimental by-products like sulfur oxides. Thus, they can lead to air pollution which causes health problems. **For instance,** my uncle, a doctor at a general hospital in a city, sometimes tells me that many of his patients suffer from air pollution. They come to him for pollution-related ailments and complaints. He has found a relationship between the polluted environment and human diseases such as headaches, asthma, and lung cancer.

On balance, some might argue that fossil fuels are still more desirable in terms of price. **However,** based on the ideas related to the energy crisis and health, **we can conclude that** using alternative energy helps us to resolve the energy crisis and to maintain our health.

도입 몇몇의 사람들은 값비싼 대체 에너지를 사용하는 것보다 화석 에너지를 사용하는 것이 더 낫다고 믿는다. 주장 하지만 이런 생각과는 반대로, 대체 에너지를 사용하는 것이 우리에게 더 유리하다는 것은 명백하다.

상대 근거 대체 에너지 자원이 많은 문제적인 측면을 가지고 있다는 점은 인정한다. 설명 좀 더 구체적으로 말하자면, 가장 대중적인 대체 에너지 자원인 태양 에너지는 수집 장소로 넓은 면적을 필요로 한다. 이것은 그곳에서 살고 있는 식물과 동물의 자연 서식지를 파괴할 수 있다. 태양 전지의 생산은 컴퓨터의 실리콘 칩의 생산과 같은 기술을 사용한다. 이 생산 과정은 유독성의 화학 물질을 사용한다. 뿐만 아니라 풍력 발전도 불리한 면을 가지고 있다. 대개 풍력 발전 지역은 자연 경관에 부정적으로 영향을 미치는데 왜냐하면 그것들이 능선에 위치하거나 바로 아래에 위치하기 때문이다.

내 근거 1 그러나 대체 에너지를 사용하는 것은 에너지 위기를 극복하는 데 도움이 된다. 설명 이것은 현재의 화석 연료 사용 가격이 재생 가능 에너지 사용 가격보다 저렴할지라도, 석유를 기반으로 하는 연료들은 상당한 속도로 소진되고 있다는 것은 부인할 수 없는 사실이기 때문이다. 그러므로 만약 사람들이 열정적으로 대체 에너지 사용을 늘린다면, 우리는 더 이상 사라지는 화석 연료에 의존하지 않고 천연자원의 착취 속도를 둔화시킬 것이다. 예시 예를 들면, 3년 전에 우리 가족은 물을 데우는 데 태양열을 사용하기 시작했다. 결과적으로 물을 데우기 위한 가스에 대한 의존도가 낮아졌고, 경제적인 이점도 누릴 수 있었다. 그 이유는 비록 설치 비용이 있었지만 정부가 부분적으로 비용을 보조해 주었고 우리는 가스 구입에 소비됐을 비용을 절약했다는 것이다.

내 근거 2 마지막으로 말하기는 하지만 중요한 점은, 대체 에너지를 사용하는 것은 사람들이 건강을 유지하도록 해 준다는 것이다. 설명 중요한 이유가 무엇이냐 하면, 태양열에서 풍력에 이르는 대체 에너지 자원들은 해로운 오염 물질을 거의 생산하지 않는다는 것이다. 그러나 석탄과 석유 같은 전통적인 에너지원은 황산화물과 같은 해로운 부산물로 악명이 높다. 그래서 그것들은 건강 문제를 야기하는 대기 오염을 초래할 수 있다. 예시 예를 들어, 한 도시의 종합 병원에서 의사로 일하는 나의 삼촌은 가끔 내게 말하길, 많은 그의 환자들이 대기 오염으로 고생한다고 한다. 그들은 오염과 관련된 질병과 질환으로 그를 찾아온다. 그는 오염된 환경과 두통, 천식, 폐암과 같은 인간의 질병 간의 상관관계를 발견했다.

상대 입장 모든 것을 감안할 때, 어떤 사람들은 화석 연료가 여전히 가격 면에서 더 바람직하다고 주장할 수도 있다. 근거 요약 및 재주장 그러나 에너지 위기 및 건강과 관련된 생각을 바탕으로, 우리는 대체 에너지를 사용하면 에너지 위기를 해결하고 건강을 유지하는 데 도움이 된다고 결론 내릴 수 있다.

[**Vocabulary**] tract (넓은) 지역   downside 불리한 면   ridgeline (산의) 능선   exploitation 착취
subsidize 보조금을 주다   detrimental 해로운

TOEFL iBT
WRITING

영단기 TOEFL
ACTUAL TEST
TEST 06

Integrated Task   Question 1
Independent Task Question 2

INTEGRATED TASK Q1 — 아시안 카프 / Asian Carp

Reading Passage

[**Vocabulary**] carp 잉어   aquaculture 수경, 양식   detrimental 해로운   reintroduce 재도입하다   ecosystem 생태계

주제
아시안 카프 퇴치법

The Asian carp have been cultivated in aquaculture in China for over a thousand years and recently have been introduced to the North American Great Lakes. In the USA, the Asian carp are considered to be an invasive species as they are highly detrimental to the local environment in which they live. Thus, many US departments have declared the Asian carp as harmful and have started programs to get rid of them. There are three main measures taken.

아시안 카프는 중국에서 수천 년 동안 양식되었고, 최근에 북미의 오대호에 유입되었다. 미국에서 아시안 카프는 그들이 살고 있는 지역 환경에 아주 해롭기 때문에 침입 종으로 여겨진다. 따라서 미국의 많은 기관들은 아시안 카프를 유해하다고 선언했고, 그들을 없애기 위한 프로그램을 시작했다. 실행된 세 가지 주요 방법이 있다.

근거 1
수중 벽을 설치함

The first strategy that the US government used in preventing the further invasion of the Asian carp is by building an underwater wall. By building the wall, the Asian carp are not able to cross over to the other side and thus cannot negatively affect the environment there. Since the carp are not able to jump very high or get around the walls, they cannot cross over to the other side.

미국이 아시안 카프의 추가적인 침입을 막기 위해 쓴 첫 번째 전략은 수중에 벽을 만드는 것이다. 수중에 벽을 만듦으로써, 아시안 카프가 다른 편으로 넘어갈 수 없고 따라서 그쪽 환경에 부정적인 영향을 끼칠 수 없게 된다. 카프는 굉장히 높게 뛰거나 벽을 돌아갈 수 없기 때문에, 그들은 다른 쪽으로 넘어갈 수 없다.

근거 2
전기 장벽을 설치함

Another strategy is to use an electric barrier in order to prevent the carp from damaging the ecosystem of the Great Lakes. This method is similar to the wall above, but is also able to help bring down the population of the carp. This electric barrier is like an underwater electric fence which can potentially kill carp that try to get through. This not only prevents the carp from entering the Great Lakes but also reduces the number of the carp.

또 다른 전략은 아시안 카프가 오대호의 생태계를 훼손하는 것을 막기 위해 전기 장벽을 이용하는 것이다. 이 방법은 위의 벽과 비슷하지만 카프의 개체 수를 줄이는 데도 도움이 된다. 이 전기 장벽은 카프를 죽이려는 수중 전기 울타리와 같다. 이렇게 되면 카프의 오대호 진입을 막을 뿐만 아니라 카프의 수를 줄일 수 있다.

근거 3
아시안 카프를 독살시킨 후 현지 종을 재유입함

Finally, the last strategy is to use a two-step method where first all the carp are killed, and second, local species are reintroduced. Poison is used to get rid of them. After the carp are removed, the original local species of the Great Lakes are reintroduced. This keeps the ecosystem of the Great Lakes intact and healthy.

끝으로, 마지막 전략은 먼저 모든 카프를 죽이고, 다음으로 현지 종들을 다시 유입시키는 2단계 방법을 이용하는 것이다. 카프를 제거하기 위해, 독이 사용된다. 카프가 제거되면, 오대호의 현지 종들이 재유입된다. 이것은 오대호의 생태계를 원래 대로 그리고 건강하게 유지시킨다.

Listening Script

[**Vocabulary**] struggle 어려움을 겪다   pollute 오염시키다   awfully 정말

🔊 MP3 06

입장
제시된 방법은 효과적이지 않음

Hello class. Today is a beautiful day, isn't it? I absolutely love nature. Well, today we will be learning about the nature of the Great Lakes! As you have all read in the article, the USA is struggling with an invasive species called the Asian carp that are destroying the ecosystem of the Great Lakes. While the reading mentions several methods to get rid of the carp, I don't think that they will work.

여러분, 안녕하세요. 오늘은 날이 참 좋네요, 그렇지 않나요? 저는 자연을 굉장히 사랑해요. 음, 오늘 우리는 오대호의 자연에 대해 배울 거예요! 글에서 모두 읽었듯, 오대호의 생태계를 파괴하는 아시안 카프라고 불리는 침입 종 때문에 미국은 어려움을 겪고 있어요. 읽기 자료에서 아시안 카프를 제거하기 위한 몇몇 수단을 제시하고 있지만, 저는 이 방법들이 효과가 있을 것이라고 생각하지 않아요.

근거 1
화물선을 따라 아시안 카프들이 이동할 수 있음

The first method of building a wall may seem to work at first, but in reality it will probably fail. The reason for this is that there are various fishing factories near the lake that often use ships to move cargo. When the ships move across the wall, the carp can also cross the wall along with the ships. In other words, when the gate of the wall is opened for the cargo ships, the carp can move to the other side.

첫 번째 방법인 벽을 만드는 것은 처음에는 효과가 있는 것처럼 보일 수 있겠지만, 실제로는 아마 실패할 거예요. 그 이유는 화물을 이동하기 위해 종종 배를 이용하는 다양한 어업 공장들이 호수 근처에 있기 때문이에요. 이 배가 벽을 가로질러 다닐 때, 카프도 배를 따라 벽을 가로질러 다닐 수 있습니다. 즉, 화물선을 위해 그 벽의 문이 열릴 때, 카프가 다른 쪽으로 이동할 수 있겠죠.

근거 2
작은 물고기들은 전기 장벽의 구멍을 통과할 수 있음

Second, the strategy of using an electric fence to prevent the carp from entering the Great Lakes will also probably fail. This is because small fish can swim through the holes in the fence and then later grow up to reproduce. So, the baby carp will end up being able to go through the fence and reproduce in the Great Lakes. I don't think the electric fence will work well.

둘째, 카프의 오대호 진입을 막기 위해 전기 울타리를 이용하는 전략도 아마 실패할 거예요. 작은 물고기는 울타리의 구멍을 통해 헤엄쳐 나갔다가 나중에 자라서 번식할 수 있기 때문이죠. 그래서 새끼 카프는 결국 울타리를 지나 오대호에서 번식할 수 있게 될 거예요. 저는 전기 울타리가 잘 기능하지 않을 것 같아요.

근거 3
독극물 사용은 위험함

Lastly, the two-step method of using poison to kill the carp and reintroducing the local species sounds awfully dangerous to me. This is quite a drastic measure in which no one can predict the outcome. Who knows what the poison will do to the other fish? Also, the poison might end up polluting the lakes and hurting them more in the long run.

마지막으로, 독을 이용해서 카프를 죽이고 현지 종들을 재유입시키는 2단계 방법은 저에게는 엄청나게 위험하게 들리네요. 이는 아무도 결과를 예측할 수 없는 무척이나 극단적인 방법이에요. 그 독이 다른 물고기들에게 어떤 결과를 가져올지 누가 아나요? 또한 그 독은 결국 오대호를 오염시키고, 장기적으로는 더 피해를 보게 될 거예요.

Note-taking

Reading	Listening
3 ways to remove Asian carp	the ways: not effective
1 an underwater wall 　- × move to the other side 　- × affect environment there	1 effective at first: OK, but will fail 　- fishing factories' ships move to the other side 　- carp can move
2 electrical barrier 　- × go to the Great Lakes 　- population ↓	2 small carp: pass holes of the fence 　- (babies) grow up and reproduce
3 two-step method 　- using poison: killing carp 　　→ reintroducing local species	3 dangerous: the environment 　- poison → other fish 　- polluting & hurting lake more

Reading Paraphrasing

1. cannot negatively affect the environment
   → protect the ecosystem

2. bring down the population of the carp
   → reduce the number of Asian carp

3. poison is used to get rid of them
   → to remove the Asian carp is to use poison

Summary

서론 　 **읽기 지문 주장** **While the author of the reading passage argues that** there are three effective ways to eliminate the Asian carp in the Great Lakes, **반박** **the lecturer opposes the reading's assertion with different views.**

본론 1 　 **반박 1** **First of all, the speaker argues that** the claim about building a wall is wrong. **반박 근거** The constructing the underwater wall would be of no actual use. The fish can go to the other side along with cargo ships as the lock gate of the wall is frequently opened for the ships. Therefore, this aspect will make the wall useless. **읽기 지문과의 관계** **This calls into question the reading passage's argument that** building a wall in the lakes can prevent the Asian carp's movement and protect the ecosystem.

본론 2 　 **반박 2** **Second, the lecturer points out that** the argument regarding an electric fence is mistaken. **반박 근거** It is not a solution to the problem related to Asian carp. The small carp can go through the holes of the barrier. Consequently, they can grow up and reproduce in the other side. **읽기 지문과의 관계** **This goes against the reading passage's assertion that** an electric fence will effectively reduce the number of Asian carp in the Great Lakes.

본론 3 　 **반박 3** **Finally, the professor contends that** the assertion concerning the two-step method is flawed. **반박 근거** Using poison to kill Asian carp is not as beneficial as it sounds. The toxicant is more likely to harm the other fish and the environment of the lakes. **읽기 지문과의 관계** **This contradicts the idea presented in the reading passage that** the third way to remove the Asian carp is to use poison and reintroduce native species.

읽기 지문 주장 읽기 지문의 저자는 오대호에 있는 아시안 카프를 제거하기 위한 세 가지 효과적인 방법이 있다고 주장하지만, **반박** 강연자는 다른 시각들로 그 주장에 반대한다.
반박 1 먼저 강연자는 벽을 만드는 것에 관한 주장은 잘못된 것이라고 주장한다. **반박 근거** 수중에 벽을 만드는 것은 실질적으로 아무 소용이 없다. 그 벽의 수문이 화물선을 위해 자주 열리기 때문에 물고기들은 그 배와 함께 반대쪽으로 갈 수 있다. 그래서 이러한 측면이 그 벽을 쓸모없게 만들 것이다. **읽기 지문과의 관계** 이것은 그 호수에 벽을 만드는 것이 아시안 카프의 이동을 막고 생태계를 보호할 수 있다는 읽기 지문의 주장에 의구심을 던진다.
반박 2 둘째, 강연자는 전기 장벽에 관한 의견은 잘못된 것이라고 지적한다. **반박 근거** 그것은 아시안 카프에 관한 문제 해결 방법이 될 수 없다. 작은 카프는 장벽의 구멍을 통과할 수 있다. 결과적으로 작은 카프는 반대쪽에서 자라고 번식할 수 있다. **읽기 지문과의 관계** 이것은 전기 장벽이 오대호에 있는 아시안 카프의 개체 수를 효율적으로 줄일 수 있다는 읽기 지문의 주장을 반박한다.
반박 3 마지막으로 교수는 그 2단계 방법에 관한 주장에 결함이 있다고 주장한다. **반박 근거** 아시안 카프를 죽이기 위해 독을 사용하는 것은 들리는 것만큼 이로운 방법이 아니다. 그 독성 물질이 다른 물고기와 그 호수의 환경에 피해를 줄 가능성이 높다. **읽기 지문과의 관계** 이것은 아시안 카프를 제거하기 위한 세 번째 방법이 독을 사용하고 현지 종을 재유입하는 것이라는 읽기 지문에 제시된 생각을 반박한다.

INDEPENDENT TASK Q2

유명인의 많은 수입
High Salary of Celebrity

Question Do you agree or disagree with the following statement? **It is reasonable for athletes and entertainers to earn millions of dollars every year.** Use specific reasons and details to support your opinion. 다음 진술에 동의하는가, 그렇지 않은가? 운동선수들과 연예인들이 매해 수백만 달러를 버는 것은 타당하다. 의견을 뒷받침하는 세부 사항과 구체적인 근거를 이용하시오.

Outline

찬성

1 많은 유명인들이 노력에 비해 많은 돈을 버는 점은 인정	2 하지만 유명인들이 가져다주는 경제적 이익이 큼
– 많은 유명인들이 장시간의 노동과 전문적인 지식으로라기보다 외모로 부를 축적하곤함 – 최소 임금을 받고 일하는 노동자들은 불공평하다 생각할 수 있음 예) 광고 세 시간을 찍고 수십만 달러를 번 배우	– 유명 운동선수나 영화배우는 수천, 수만의 사람에 영향을 줌 – 티켓 판매부터 광고 수입까지 큰 경제적 이익 창출 예) 김연아 선수로 인해 매출이 증가한 한 커피 브랜드

30점 TIP

부사를 적절히 사용하면 효과적이다. 아래와 같은 정도 부사를 알아 두면 다양한 상황에서 사용이 가능하다.

완전히	거의	아주, 매우	상당히
completely, absolutely, totally, utterly, perfectly	almost, virtually, nearly	extremely, highly, very, remarkably, markedly, noticeably	fairly, significantly, considerably
꽤	**다소, 비교적**	**약간**	**거의 ~ 아니다**
pretty(구어), quite	rather, somewhat, relatively, comparatively	slightly, a little, more or less	barely, rarely, scarcely, hardly *not과 함께 사용하지 않음

Sample Essay

서론
도입
주장

도입 Some believe that high salaries of famous athletes and entertainers are not justifiable. **주장** However, contrary to this idea, it is evident that they deserve multi-million-dollar salaries.

본론 1
상대 근거
설명
예시

상대 근거 Admittedly, celebrities' overwhelming salaries are incredibly higher than the amount of effort and hours that they put in. **설명** An important reason is that a majority of celebrities such as actors, rock stars, and sports stars gain their popularity and wealth with their captivating appearance rather than long labor or professional knowledge. Therefore, their extraordinary income is unfair to minimum-wage workers who spend backbreaking hours working day and night. **예시** Take Jiwoo for example, she is one of the most popular actresses in Korea. She earned hundreds of thousands of dollars after spending three hours filming a commercial last year. The easy money of the celebrity damaged the morale of hard-working people who bent over backward to earn their living day after day.

본론 2 내 근거 설명 예시		**내 근거** However, celebrities' economic contributions prove that they deserve extremely high salaries. **설명** This is due to the fact that, compared to ordinary careers, professional athletes and famous movie stars play a more important role in promoting the economy because they can attract hundreds of thousands of spectators or audiences, generating huge profits from economic activities ranging from selling tickets to advertising many products. **예시** According to research conducted by Seoul National University in Korea, three years ago, Yuna Kim, a famous figure skating player of Korea, became a commercial spokesperson for a coffee brand. Sales of the coffee which she promoted jumped up by 50 percent. This research proves that celebrities including professional athletes have a strong effect on business, so it is reasonable that they are paid far more than ordinary people.
결론 상대 입장 근거 요약 및 재주장		**상대 입장** On balance, some might argue that celebrities' effort to earn money is not comparable to their high income. **근거 요약 및 재주장** However, based on the idea related to a contribution to the economy, we can conclude that most athletes and entertainers do deserve their high earnings.

도입 몇몇의 사람들은 유명한 운동선수들과 연예인들의 높은 임금이 정당하지 않다고 믿는다. **주장** 하지만 이런 생각과는 반대로, 그들이 수백만 달러의 임금을 받을 자격이 있음은 명백하다.

상대 근거 유명인들의 압도적인 임금이 그들이 투입하는 노력과 시간보다 엄청나게 높다는 점은 인정한다. **설명** 중요한 이유가 무엇이냐 하면, 대다수의 유명인들, 특히 배우, 록 스타, 그리고 유명 운동선수들은 그들의 인기와 부를 장시간의 노동이나 전문적 지식으로 얻는 것이 아니라 매혹적인 외모로 얻는다는 것이다. 따라서 그들의 놀라운 수입은 밤낮으로 힘든 시간을 보내는 최소 임금 노동자들과 비교했을 때 불공평하다. **예시** 지우를 예로 들면, 그녀는 한국에서 가장 유명한 여배우들 중 한 명이다. 작년에 그녀는 세 시간 동안 광고 촬영을 하고 수십만 달러를 벌었다. 그 유명인이 쉽게 번 그 돈은 생계를 유지하기 위해 비상한 노력을 하는 근면한 사람들의 사기를 떨어뜨렸다.

내 근거 하지만 유명인들의 경제 기여는 그들이 엄청나게 높은 임금을 받을 자격이 있다는 점을 증명한다. **설명** 이것은 일반적인 직업들과 비교했을 때, 전문 운동선수들과 유명한 영화배우들은 경제를 촉진시키는 데 더 중요한 역할을 하는데, 왜냐하면 그들이 수십만 명의 관중들과 관객들을 유치할 수 있고 티켓 판매에서부터 많은 제품들을 광고하는 것에 이르는 다양한 경제 활동들로 엄청난 이익을 창출할 수 있다는 사실 때문이다. **예시** 한국에 있는 서울대학교의 연구에 따르면, 3년 전, 한국의 유명한 피겨 스케이팅 선수인 김연아가 한 커피 브랜드의 광고 대변인이 되었다. 그녀가 홍보한 커피의 매출이 50퍼센트 급증했다. 이 연구는 전문 운동선수들을 포함한 유명인들이 사업에 큰 영향력을 가지고 있기 때문에, 그들이 일반인들보다 더 많은 돈을 받는 것이 합리적이라는 것을 증명한다.

상대 입장 모든 것을 감안할 때, 어떤 사람들은 유명인들의 돈을 벌려는 노력이 고소득에 버금가는 것이 아니라고 주장할 수도 있다. **근거 요약 및 재주장** 그러나 경제에 기여하는 것과 관련된 생각을 바탕으로, 우리는 대부분 운동선수들과 연예인들이 그들의 고소득을 받을 자격이 있다고 결론 내릴 수 있다.

[Vocabulary] justifiable 정당한　captivating 매혹적　backbreaking 매우 힘든　morale 의욕, 사기　bend over backward 비상한 노력을 하다　commercial spokesperson 광고 대변인

TOEFL iBT
WRITING

영단기 TOEFL
ACTUAL TEST
TEST 07

Integrated Task — Question 1
Independent Task — Question 2

INTEGRATED TASK Q1 — Ashen Light
애쉔 광

Reading Passage

[**Vocabulary**] ashen light 애쉔 광   subtle 엷은   Venus 금성   hypothesis 가설   carbon dioxide 이산화탄소
lightning stroke 낙뢰   telescope 망원경   amateur 아마추어의

주제
애쉔 광을 야기하는 요인에 관한 가설

The ashen light is a subtle glow that can be viewed from the night side of the planet Venus. Some claim that this ashen light is similar to that of earthshine on the Moon, but not as bright. It was first discovered by the astronomer Giovanni Riccioli in 1643. Although no one is sure what exactly causes this light, there are three main hypotheses.

애쉔 광은 금성의 그늘 부분에서 보이는 미광이다. 몇몇은 이 애쉔 광이 그만큼 밝진 않아도 달에 비치는 지구의 반사광과 유사하다고 주장한다. 그것은 1643년 천문학자인 지오반니 리치올리에 의해 처음 관측되었다. 아무도 정확하게 무엇이 이 빛을 야기하는지 확신할 수 없지만, 세 가지 주요 가설들이 있다.

근거 1
대기 중의 이산화탄소에서 비롯됨

The first theory is that the glow came from carbon dioxide which is known to be of high concentration in the atmosphere. When the molecules from this carbon dioxide are split up by the ultraviolet rays from the Sun, they become carbon monoxide and oxygen which create a green light. Some scientists believe that this is what may cause the ashen light to be visible to humans on Earth.

첫 번째 이론은 그 빛은 대기에 고도로 집중되어 있다고 알려진 이산화탄소에서 비롯됐다는 것이다. 이산화탄소 분자들이 태양의 자외선에 의해 쪼개질 때, 그것들은 초록색 빛을 만드는 일산화탄소와 산소가 된다. 몇몇 과학자들은 이것이 지구에 있는 사람들에게 애쉔 광을 보이게 하는 것일지도 모른다고 믿는다.

근거 2
번개에서 비롯됨

Another hypothesis for what causes the ashen light is lightning. If lightning strikes many times on the night side of Venus in a short amount of time, the sequence of strikes may give off a glow in the skies. As lightning is a very powerful source of light, it would be able to travel all the way to Earth. Also, the combined lightning strokes would give off a similar glow effect as the ashen light.

무엇이 애쉔 광을 야기하는지에 관한 다른 가설은 번개이다. 만약 금성의 그늘 부분에 짧은 시간 동안 번개가 여러 번 친다면, 그 일련의 내리침이 하늘에 빛을 발할 수도 있을 것이다. 번개는 아주 강력한 빛의 원천이기 때문에, 지구에까지 닿을 수 있을 것이다. 또한 낙뢰가 모이면 애쉔 광과 같은 반짝이는 효과를 낼 수 있다.

근거 3
기상 상태 및 기타 요인이 오인하게 만듦

The weather conditions of different places on Earth may also cause people to claim to have seen the ashen light. Weather can highly affect what is seen in the telescope so some may think that they see the light when they really do not. Also, there may be problems with the telescopes or how amateur astronomers use the telescopes. This may also be a reason why people claim to see the ashen light.

지구의 여러 다른 지역의 기상 상태 역시 사람들이 애쉔 광을 봤다고 주장하게 할 수 있다. 날씨는 망원경에 보이는 것에 많은 영향을 주므로 몇몇 사람들은 실제로 빛을 보지 않았어도 봤다고 생각할 수 있다. 또한, 망원경 자체에 문제가 있거나 아마추어 천문학자들이 망원경을 사용한 방법에 문제가 있을 수 있다. 이 역시 사람들이 애쉔 광을 봤다고 주장하는 이유가 될 수 있다.

Listening Script

[**Vocabulary**] flaw 결함   high-frequency 고주파의   figment 허구

MP3 07

입장
제시된 가설에 결함이 있음

Hello class. Have any of you ever heard of the ashen light before? No? Well, it's a good thing we read about it in the article then. Today's topic will be about this ashen light and we will discuss why we are able to see such a thing. So the article gives a few possible explanations to this; however I think the reading is incorrect. There are many flaws in the explanations. Let me explain.

여러분, 안녕하세요. 여러분 모두 애센 광에 대해 들어본 적이 있나요? 없어요? 음, 그럼 이 글에서 그것에 관해 읽어 다행이네요. 오늘의 주제는 이 애센 광에 관한 것이고, 우리가 왜 이것을 볼 수 있는지에 대해 토론할 거예요. 이 글은 몇 개의 가능성 있는 설명을 하지만, 저는 이 읽기 자료가 맞지 않다고 생각해요. 그 설명에는 많은 오점들이 있어요. 설명할게요.

근거 1
애센 광은 녹색이 아님

The first theory the article talks about is how carbon dioxide particles are split by the sun's rays making a greenish light. Well, this cannot be a good explanation for the ashen light because the ashen light is supposed to be yellowish and not green. Also, if the carbon dioxide particles created this light, we would see ashen light everywhere in space and not just on Venus.

이 글에서 말하는 첫 번째 이론은 어떻게 이산화탄소 입자들이 태양 광선에 의해 쪼개지고 초록색 빛을 만드는지에 관해 이야기해요. 음, 이것은 애센 광에 관한 좋은 설명이 될 수 없는 게, 애센 광은 초록빛이 아니라 노르스름하기 때문이에요. 또한, 만약 이산화탄소 입자들이 이 빛을 만들었다면, 우리는 금성이 아니라 우주의 다른 어떤 곳에서도 애센 광을 볼 수 있을 거예요.

근거 2
번개 빛은 충분하지 않고 인공위성도 번개를 찾지 못함

Second, the idea that the cause of ashen light was lightning on Venus does not make any sense to me. According to a stimulation program designed by a researcher, the light emitted from the lightening is not enough to be transmitted through the atmosphere to be seen from Earth. Besides, a spacecraft travelling to Venus has not been able to spot high-frequency radio emissions from lightning, so the theory is just an enduring myth.

둘째, 애센 광의 원인이 금성의 번개였다는 생각은 저에게는 말이 되지 않는군요. 한 연구자가 고안한 시뮬레이션 프로그램에 따르면, 번갯불에서 방출되는 빛은 지구에서 볼 수 있는 대기를 통해 전달되기에는 충분하지 않아요. 게다가, 금성으로 이동했던 우주선은 번개로 인한 고주파 전파 방출을 발견하지 못했기 때문에, 그 이론은 단지 지속적인 신화에 불과합니다.

근거 3
여러 곳에서 동시에 관측됐으므로 오인된 것이 아님

The last thing, um... the article says that the ashen light may be just a result of different weather conditions and telescopes of different places causing people to see the light. But, different people saw the light at different places with different equipment at the same time, so I don't think that it is just a figment of their imagination. I think that the ashen light really exists.

마지막으로, 이 글은 애센 광이 사람들이 그 빛을 보게끔 만드는 각양각색의 기상 상태와 각기 다른 곳에 있는 망원경들에 의한 결과일 수도 있다고 말해요. 그러나 여러 사람들이 다른 장소에서 다른 장비로 같은 빛을 동시에 봤어요. 그래서 저는 그것이 단지 그들의 상상이 만들어낸 허구라고 생각하지 않아요. 저는 애센 광이 진짜로 존재한다고 믿어요.

Note-taking

Reading	Listening
3 theories of ashen light on Venus	Reading: flawed

1 carbon dioxide
  - create green light
	1 yellowish light: ✕ green
	  - should be seen in space (not just on Venus)

2 lightning strikes on Venus
  - give off a glow
	2 the light is ✕ enough to be seen
	  - satellites ✕ detect radio frequency from lighting

3 weather on Earth
  - problems with telescopes & users
	3 ashen light exists
	  - many ppl. in different areas observed it

Reading Paraphrasing

1. carbon dioxide which is known to be of high concentration in the atmosphere
   → carbon dioxide particles in the atmosphere

2. If lightning strikes many times on the night side of Venus in a short amount of time, the sequence of strikes may give off a glow in the skies.
   → multiple lightning strikes on Venus' skies may contribute to ashen light

3. may cause people to claim to have seen the ashen light
   → make people think they saw the light

Summary

서론	읽기 지문 주장	**While the author of the reading passage argues that** three theories can explain why light on Venus called ashen light can be seen on the earth, 반박 **the lecturer opposes the reading's assertion with different views.**
본론 1	반박 1	**First of all, the speaker argues that,** the claim about carbon dioxide is wrong. 반박 근거 The color of the light shows an opposing view. The color of ashen light is not green but yellowish. Besides, if carbon dioxide were responsible for the light, it would have to appear in many areas of the universe. 읽기 지문과의 관계 **This calls into question the reading passage's argument that** carbon dioxide particles in the atmosphere create green light which is known as the ashen light.
본론 2	반박 2	**Second, the lecturer points out that** the argument regarding lightening is mistaken. 반박 근거 According to research, light created by lightening on Venus is not likely to be seen on Earth. Also, a spacecraft flying to Venus could not observe strong radio emissions from lightning. 읽기 지문과의 관계 **This goes against the reading passage's assertion that** multiple lightning strikes on Venus' skies may contribute to ashen light.
본론 3	반박 3	**Finally, the professor contends that** the argument concerning weather conditions is flawed. 반박 근거 Ashen light is not an illusion but an actual phenomenon. The reason for this is that many people with varied devices surely watched the light in different locations. 읽기 지문과의 관계 **This contradicts the idea presented in the reading passage that** weather condition of the earth, problems with telescopes, and their users are the factors that make people think they saw the light.

읽기 지문 주장 읽기 지문의 저자는 세 가지 이론이 애센 광이라 불리는 금성에 나타나는 빛이 왜 지구에서 보이는지를 설명할 수 있다고 주장하지만, 반박 강연자는 다른 시각들로 그 주장에 반대한다.

반박 1 먼저 강연자는 이산화탄소에 관한 주장은 잘못된 것이라고 주장한다. 반박 근거 그 빛의 색깔은 반대의 입장을 보여 준다. 애센 광의 색깔은 녹색이 아니라 노르스름한 색이다. 게다가 이산화탄소가 그 빛의 원인이라면, 그것은 우주의 많은 공간들에서 나타나야 한다. 읽기 지문과의 관계 이것은 대기 중의 이산화탄소 입자들이 애센 광이라고 알려진 초록빛을 생성한다는 읽기 지문의 주장에 의구심을 던진다.

반박 2 둘째, 강연자는 번개에 관한 주장이 잘못되었다고 지적한다. 반박 근거 연구에 따르면, 금성에서 번개에 의해 생성된 빛은 지구에서 볼 수 없을 것 같다. 또한, 금성으로 날아간 우주선은 번개에 의한 강한 전파 방출을 관찰할 수 없었다. 읽기 지문과의 관계 이것은 금성 하늘에서의 많은 낙뢰가 애센 광을 발생시킬 수 있다는 읽기 지문의 주장을 반박한다.

반박 3 마지막으로 교수는 기상 상태에 관한 주장에 결함이 있다고 주장한다. 반박 근거 애센 광은 환상이 아닌 실제 현상이다. 그 이유는 다양한 장비들을 가진 많은 사람들이 각기 다른 장소들에서 확실하게 그 빛을 보았기 때문이다. 읽기 지문과의 관계 이것은 지구의 기상 상태, 망원경의 문제, 그리고 그것들을 사용한 사람들이 그 빛을 봤다고 생각하게끔 만드는 요인들이라는 읽기 지문에 제시된 생각을 반박한다.

성공: 외모 vs 아이디어

Success: Appearance vs Idea

Question Do you agree or disagree with the following statement? **Good looks are more important for success than good ideas.** Use specific reasons and details to support your opinion. 다음 진술에 동의하는가, 그렇지 않은가? 성공에 있어서 좋은 외모는 좋은 아이디어보다 더 중요하다. 의견을 뒷받침하는 세부 사항과 구체적인 근거를 이용하시오.

Outline

반대

1 좋은 외모가 성공에 영향을 미친다는 점은 인정 [Storyline: Job]
 – 사람들이 외모에 끌리는 것은 자연스러움
 – 후광 효과가 존재함
 – 기업에서 외모가 더 좋은 사람들을 선호함
  예) 입사 면접에서 외모를 중시하는 예
	2 하지만 좋은 아이디어는 성공을 위한 동기를 부여함 [Storyline: Motivation]
	 – 좋은 아이디어가 있으면 그것을 실현하려는 노력을 하게 됨
	 – 이것이 원동력이 되어 직장이나 학교 생활을 열심히 하게 함
	  예) 좋은 아이디어를 생각해 낸 이후 변화한 남동생의 예

30점 TIP

고득점 표현

- **put into practice**: 실행하다, 실행에 옮기다
  예) The plan must be **put into practice** without delay. 그 계획은 지연 없이 실행되어야 한다.
  Parts of the new strategy were **put into practice** three months ago. 그 새로운 전략의 일부가 3개월 전에 실행되었다.
- **put + 명사 + into practice**: ~을(를) 실행에 옮기다, ~을(를) 실현하다
  예) He decided to **put** his new ideas **into practice**. 그는 그의 새로운 아이디어를 실행에 옮기기로 결심했다.

Sample Essay

서론
 도입
 주장

[도입] **Some people take it for granted that** good looks have a strong effect on one's success. [주장] **However, contrary to this idea, it is clear that** having good ideas is more important to succeed.

본론 1
 상대 근거
 설명
 예시

[상대 근거] **Admittedly,** someone's looks can be closely related to career success. [설명] **To be more specific,** it is natural to be attracted to beautiful and handsome people. Also, people with good appearance are often considered more intelligent, more persuasive, and more trustworthy. This is called a halo effect and, because of this effect, many businesses today are looking for job candidates who look better. [예시] **For example,** my father, the boss of a company in Korea, tells me that the job interview is the most important component in making the final decision to employ people. My father and other interviewers mainly look at the applicants' knowledge and overall impression, mostly related to the physical appearance. The reason is that they believe that more attractive workers have the competitive advantage when client interactions are involved. Therefore, taking care of one's appearance is a sure way to prepare for the future.

본론 2 내 근거 설명 예시	**내 근거** However, having good ideas can increase one's motivation to succeed. **설명** This is mainly because, if people come up with great ideas, they will try to put the ideas into practice. This driving force can be a facilitator which motivates them to participate in their job or studies with great enthusiasm. Therefore, these highly motivated people make more effort and feel more responsible for their tasks, which can lead to better results at work or school. **예시** Take my younger brother as an example. He was not interested in his major, computer programing. However, since he came up with good ideas for a smartphone game, he has changed little by little. As a result, he has made a lot of effort to put his ideas into practice by searching for information and books related to creating the game application. What is more, he started to spend more hours studying his major, to submit assignments on time, and to participate in classroom discussions passionately.
결론 상대 입장 근거 요약 및 재주장	**상대 입장** On balance, some might argue that good looking people are more likely to succeed. **근거 요약 및 재주장** However, based on the idea related to motivation, **we can conclude that** having good ideas is more closely associated with one's success.

도입 몇몇의 사람들은 잘생긴 외모가 한 사람의 성공에 강력한 영향을 미친다는 것을 당연시한다. **주장** 하지만 이런 생각과는 반대로, 성공하기 위해서는 좋은 아이디어를 갖는 것이 더 중요하다는 것은 분명하다.

상대 근거 한 사람의 외모가 직장 생활의 성공과 밀접한 관계가 있을 수 있다는 점은 인정한다. **설명** 좀 더 구체적으로 말하자면, 아름답고 잘생긴 사람들에게 끌리는 것은 당연하다. 또한 보기 좋은 외모를 가진 사람들은 종종 더 똑똑하고, 더 설득력 있고, 더 신뢰가 간다고 여겨진다. 이것을 후광 효과라고 부르는데, 이런 효과 때문에 오늘날 많은 기업들이 외모가 더 나은 구직자들을 찾고 있다. **예시** 예를 들어, 한 한국 회사의 사장인 나의 아버지는 종종 나에게 말씀하시길, 사람을 뽑기 위한 최종 결정에 가장 중요한 요소는 면접이라고 하신다. 나의 아버지와 다른 면접관들은 지원자의 지식과 전체적인 인상을 중점적으로 보는데, 이는 대부분 신체적인 외모와 관련된 것이다. 그 이유는 그들은 고객과의 상호 작용이 연관되었을 때, 더 매력적인 직원들이 경쟁 우위를 가지고 있다고 믿기 때문이다. 그러므로 외모를 관리하는 것은 미래를 준비하는 확실한 방법이다.

내 근거 그렇지만 좋은 아이디어를 가지는 것은 성공을 위한 한 사람의 동기를 부여해 줄 수 있다. **설명** 이것은 주로, 사람들이 훌륭한 아이디어를 생각해 내면, 그들은 그 아이디어들을 실현하기 위해 노력할 것이기 때문이다. 이러한 원동력이 그들이 그들의 일이나 학업에 큰 열정을 가지고 참여하게끔 동기를 부여해 주는 촉진제가 될 수 있다. 그래서 이렇게 고도로 동기가 부여된 사람들은 더 많은 노력을 하고 자신의 일에 책임감을 느끼는데, 이는 직장이나 학교에서 더 나은 결과를 이끌 수 있다. **예시** 나의 남동생을 예로 들어 보자. 그는 그의 전공인 컴퓨터 프로그래밍에 관심이 없었다. 그러나 그가 스마트폰 게임을 위한 좋은 아이디어를 생각해 낸 이래로, 그는 조금씩 변했다. 그 결과 그는 그 게임 어플리케이션을 만드는 것과 관련된 정보나 책들을 찾으면서 그의 아이디어를 실현하기 위해 많은 노력을 했다. 게다가 그는 그의 전공 공부에 많은 시간을 쏟기 시작했고, 과제를 제시간에 제출했으며, 토론 수업에 열정적으로 참여하기 시작했다.

상대 입장 모든 것을 감안할 때, 어떤 사람들은 잘생긴 사람들이 성공할 가능성이 더 크다고 주장할 수도 있다. **근거 요약 및 재주장** 그러나 동기 부여와 관련된 생각을 바탕으로, 우리는 좋은 아이디어를 갖는 것이 한 사람의 성공과 더 밀접하게 연관되어 있다고 결론 내릴 수 있다.

[**Vocabulary**] trustworthy 신뢰할 수 있는   halo effect 후광 효과   competitive advantage 경쟁 우위
interaction 상호 작용   application 응용 프로그램

TOEFL iBT
WRITING

영단기 TOEFL

ACTUAL TEST

TEST 08

Integrated Task Question 1
Independent Task Question 2

INTEGRATED TASK Q1 Gopher Tortoise

땅거북

Reading Passage

[**Vocabulary**] tortoise 거북　repopulate 다시 번식하다　breed 사육하다　reintroduce 다시 들여오다　extinction 멸종

주제
왕솔나무 숲의 땅거북을 보호하고 재번식하게 만드는 방법

The gopher tortoise is native to the southeastern United States. The tortoise lives in the longleaf forest and digs burrows that provide shelter. Recently, large populations of the tortoises have been wiped out quickly so they must be protected. Also, the tortoise population must be allowed to grow back to healthy levels in order to help the environment. There are three ways to protect and repopulate the gopher tortoises.

땅거북은 미국의 남동쪽에서 자생한다. 그 거북은 왕솔나무 숲에서 서식하고 주거지인 땅굴을 판다. 최근 많은 수의 거북이 빠른 속도로 사라져 왔기 때문에, 거북은 보호 받아야만 한다. 또한, 거북의 개체 수는 환경에 도움이 될 만한 충분한 수준까지 증가되어야 한다. 땅거북을 보호하고 다시 번식하게 할 세 가지 방법이 있다.

근거 1
산불 방지

One of the main reasons for the decline in the tortoise population of the longleaf forest is wildfires. Because of this problem, the tortoises lose their natural habitats and consequently are not able to protect themselves and survive. Therefore, wildfires need to be prevented to save the gopher tortoises and their environment. This is the first thing that should be done to prevent more tortoises from dying.

왕솔나무 숲 거북의 개체 수 감소의 주요 원인 중 하나는 산불이다. 이 문제 때문에, 거북은 그들의 자연 서식지를 잃었고, 결과적으로 그들 자신을 지키고 생존할 수 없게 되었다. 그러므로 땅거북과 그들의 환경을 보존하기 위해서는 산불이 예방되어야 한다. 이는 더 많은 거북이 죽는 것을 막기 위해 취해져야 하는 첫 번째 일이다.

근거 2
인공 증식

The second solution is breeding the tortoises artificially. 90 percent of clutches in the wild may be destroyed by predators such as armadillos, raccoons, foxes, skunks, and alligators before the eggs hatch, and less than 6 percent of eggs are expected to grow into tortoises. Therefore, it is necessary to bring the gopher tortoise out of the forest and put them in ideal conditions where human experts care for them. Furthermore, tortoises that are injured and dying need to be cared for and fed outside the forest.

두 번째 해결 방법은 거북을 인공적으로 증식시키는 것이다. 야생에서는 90퍼센트의 알이 부화하기 전에 아르마딜로, 미국 너구리, 여우, 스컹크, 그리고 엘리게이터 같은 포식 동물들에 의해 말살될지도 모르고, 6퍼센트 미만의 알이 거북으로 성장할 것으로 예상된다. 그러므로 숲 밖으로 땅거북을 데리고 나와 전문가들이 그들을 보살피는 이상적인 환경에 놓아 주는 것이 필수적이다. 게다가 다치고 죽어가는 거북은 숲 밖에서 보살핌을 받고 먹이를 공급 받을 필요가 있다.

근거 3
서식지 이동

After all of this is done, the gopher tortoises that have been raised up outside of the forest need to be reintroduced into different areas where they can live. It takes a long time for the forest to regrow so the tortoises need to be given new homes. This needs to be done to keep these tortoises from just dying again. These are the ways that the tortoise population can be saved from extinction.

이 모든 것이 행해지면, 숲 밖에서 키워진 땅거북은 그들이 살 수 있는 다른 지역으로 다시 보내져야 한다. 숲이 재생되는 데에는 오랜 시간이 걸리므로 거북에게는 새로운 주거지가 주어져야 한다. 이는 거북이 또다시 죽어 나가는 것을 막기 위해 행해져야 한다. 이것들이 거북의 개체 수를 멸종으로부터 지킬 수 있는 방법들이다.

Listening Script

[**Vocabulary**] scrub 관목, 덤불   canopy 덮개   infectious 전염성의   devastating 파괴적인   face 직면하다
homing 귀소성이 있는

🔊 **MP3 08**

입장
제시된 해결책은 효과가 없음

Hi, everybody! How is everybody doing? Now let's see here. Today's lecture is on the gopher tortoises of the longleaf forest. Well, as you guys can see, the extinction of the tortoises is a very big problem. And although the article suggests some methods to save these animals, none of the solutions will work out. Let me explain to you why this is.

안녕하세요, 여러분. 다들 어떻게 지내나요? 자, 여기를 보세요. 오늘의 강의는 왕솔나무 숲의 땅거북에 대해서예요. 여러분도 알다시피 거북의 멸종은 아주 큰 문제예요. 그리고 비록 그 글이 그 동물들을 보호할 몇 가지 방법을 제시하지만, 그 해결책들 중 어떤 것도 효과가 없을 겁니다. 왜 그런지 설명할게요.

근거 1
거북이 먹을 풀의 성장을 방해함

First of all, preventing wildfires is a good thing but there is one main problem. Preserving the forest will not guarantee that the gopher tortoises will have enough grass to eat. This is because preventing wildfires will actually make it difficult for grass to grow. You see, fire is essential to clear scrub, open the canopy, and encourage the growth of the vegetation eaten by the tortoises. Thus, preventing wildfires may not be the best option.

우선, 산불을 막는 것은 좋은 일이지만, 중요한 문제가 하나 있어요. 숲을 보호하는 것이 땅거북이 먹을 충분한 양의 풀을 보장하는 것은 아니라는 점이에요. 이는 실제로는 산불을 막는 것이 실제로는 풀이 자라는 것을 어렵게 하기 때문이에요. 보세요, 불은 덤불을 제거하는 데, 우거진 숲을 여는 데, 그리고 그 거북이 먹는 초목이 성장하는 데 필수적이에요. 따라서 산불을 막는 것은 가장 좋은 선택이 아닐지도 몰라요.

근거 2
전염병의 위험이 있음

Also, there is a problem with breeding the gopher tortoises outside of the forest. Breeding tortoises in closed, human-controlled environments can cause infectious diseases to spread among the tortoises. Now while the infected tortoises in captivity can be treated, when they are released back into the wild, the diseases will spread to the wild tortoises. This can be devastating and dangerous for the tortoise population.

또한, 숲 밖에서 땅거북을 키우는 것 역시 문제가 있어요. 거북을 폐쇄되고 사람이 통제하는 환경에서 키우는 것은 거북들 사이에 전염병을 퍼지게 할 수 있어요. 가두어져 있는 감염된 거북은 치료를 받을 수 있지만, 그들이 야생으로 돌아가게 되면 그 질병들은 야생의 거북에게 퍼질 거예요. 이는 거북의 개체 수에 파괴적이고 위험할 수 있습니다.

근거 3
귀소 본능이 매우 강함

Finally, the reintroduction of the gopher tortoises to other areas will not work because tortoises have very strong homing instincts. This means that the tortoise has a natural instinct to move in the direction of its home. Even if they are reintroduced to different areas they will try to go back to the forest. Also, they can face many dangers on their way back home such as crossing busy roads.

마지막으로, 거북은 매우 강한 귀소 본능을 가졌기 때문에 다른 지역으로 땅거북을 들여오는 것은 효과가 없을 겁니다. 이는 거북이 그들의 집 방향으로 움직이는 자연 본능이 있음을 의미해요. 다른 지역에 그들을 다시 들여오더라도, 그들은 다시 숲으로 돌아가려고 할 겁니다. 또한, 그들이 고향으로 돌아가는 길에 복잡한 도로를 건너는 것과 같은 많은 위험에 직면할 수도 있어요.

Note-taking

Reading	Listening
3 ways to protect tortoises	the ways: flawed

1 preventing wildfire
  - wildfire → lost habitat
	1 not enough grass to eat
	  - × wildfire → grass × grow
	  - fire → old shrubs ↓, new grass ↑

2 artificial breeding
  - out of the forest
  - caring in ideal conditions
	2 human-controlled environment: infectious diseases
	  - spread to wild tortoises

3 reintroduce into different areas
  - need new homes
	3 having homing instinct
	  - try to go back home
	  - face dangers when coming back
	    e.g. crossing roads

Reading Paraphrasing

1 wildfires need to be prevented
   → stopping wildfires

2 need to be cared for
   → need human care

3 tortoises need to be given new homes
   → tortoises in danger have to live in a different place and to have a new nest site

Summary

서론	읽기 지문 주장 While the author of the reading passage argues that the three effective ways can preserve the gopher tortoises in the longleaf forest, 반박 the lecturer opposes the reading's assertion with different views.
본론 1	반박 1 First of all, the speaker argues that the claim about wildfires is wrong. 반박 근거 Preventing wildfires is not as beneficial as it sounds. It can reduce grass for the gopher tortoises, but wildfires can bring more space for edible grass the tortoises feed on. 읽기 지문과의 관계 This calls into question the reading passage's argument that stopping wildfires is one of the best ways to protect tortoises in the wild.
본론 2	반박 2 Additionally, the lecturer points out that the assertion regarding ideal conditions is mistaken. 반박 근거 The negative consequences of the controlled condition outweigh the advantages. The gopher tortoises in the artificial environment are more likely to get illnesses which can spread to those in the wild. 읽기 지문과의 관계 This goes against the reading passage's assertion that the endangered tortoises need human care, so it is better to take them to an artificially optimal condition outside the forest to reproduce.
본론 3	반박 3 Finally, the professor contends that the opinion concerning a new home is flawed. 반박 근거 Gopher tortoises' behavior tells a different story. They have an instinct of going back home, so a new home outside the forest is not a solution. Furthermore, when they try to return to home and cross streets, they can be in danger. 읽기 지문과의 관계 This contradicts the idea presented in the reading passage that tortoises in danger have to live in a different place and to have a new nest site.

읽기 지문 주장 읽기 지문의 저자는 세 가지 방법이 왕솔나무 숲의 땅거북을 보호할 수 있다고 주장하지만, 반박 강연자는 다른 시각들로 그 주장에 반대한다.

반박 1 먼저 강연자는 산불에 관한 주장은 잘못된 것이라고 주장한다. 반박 근거 산불을 막는 것은 들리는 것만큼 이롭지 않다. 그것은 땅거북을 위한 풀을 줄일 수 있지만, 산불은 거북이 먹는 풀을 위한 더 많은 공간을 제공한다. 읽기 지문과의 관계 이것은 산불을 막는 것이 야생에서 거북을 보호하는 최고의 방법들 중 하나라는 읽기 지문의 주장에 의구심을 던진다.

반박 2 추가적으로 강연자는 이상적 환경에 관한 주장은 잘못된 것이라고 지적한다. 반박 근거 그 제한된 환경의 부정적인 결과는 장점을 압도한다. 인공적인 환경에 있는 땅거북은 야생의 거북에게 퍼질 수 있는 질병에 걸리기가 더 쉽다. 읽기 지문과의 관계 이것은 그 멸종 위기에 있는 거북이 인간의 보살핌을 필요로 하고, 다시 번식하기 위해 그들을 숲 밖의 인공적으로 최적인 환경으로 데려오는 것이 더 낫다는 읽기 지문의 주장을 반박한다.

반박 3 마지막으로 교수는 새로운 집에 관한 의견에 결함이 있다고 주장한다. 반박 근거 땅거북의 습성은 다른 이야기를 한다. 그들은 집으로 돌아오려는 습성이 있어서 숲 밖의 새로운 집은 해결책이 아니다. 게다가 그들이 집에 돌아오려고 하면서 길을 건널 때, 그들은 위험에 처할 수 있다. 읽기 지문과의 관계 이것은 위기에 처한 거북은 다른 장소에서 살아야 해 새로운 서식지를 얻어야 한다는 읽기 지문에 제시된 생각을 반박한다.

INDEPENDENT TASK Q2

화석 연료 보존
Conservation of Fossil Fuel

Question Do you agree or disagree with the following statement? **Increasing the price of gasoline and electricity is the best way for the government to conserve fossil fuels.** Use specific reasons and details to support your opinion. 다음 진술에 동의하는가, 그렇지 않은가? 휘발유와 전기의 가격을 올리는 것이 정부가 화석 연료를 보존할 수 있는 가장 좋은 방법이다. 의견을 뒷받침하는 세부 사항과 구체적인 근거를 이용하시오.

Outline

찬성

1. 대체 에너지의 사용을 유도하여 화석 연료의 사용을 줄임
   - 화석 연료 가격 인상
     → 대체 에너지 사용 증가
     → 화석 연료에 대한 의존도 ↓
   - 예) 태양열 온수기 설치 관련 일화

2. 대중교통 이용을 유도해 화석 연료의 사용을 줄임
   - 에너지 요금이 오르면 대중교통 이용률이 증가함
   - 화석 연료 소비 감소 + 대기 오염 개선
     예) 부산시에서 휘발유 세금을 올렸던 일화

30점 TIP

고득점 표현

- be more likely to + 동사 원형: ~할 가능성이 더 크다[높다]
  예) People **are more likely to** use solar and wind energy. 사람들이 태양열과 풍력 에너지를 이용할 가능성이 더 높다.
  People with sleeping problems **are more likely to** develop diabetes.
  수면 문제가 있는 사람들은 당뇨에 걸릴 가능성이 더 높다.
- be less likely to + 동사 원형: ~할 가능성이 더 낮다
  예) Untrained teachers **are less likely to** recognize unsafe conditions.
  훈련 받지 않은 교사들은 안전하지 않은 상황들을 알아차릴 가능성이 더 낮다.

Sample Essay

서론 도입 주장 근거 소개	**도입** Some people take it for granted that the government should not intervene in the oil and electricity markets. **주장** However, contrary to this idea, it is clear that the government needs to increase the prices of these commodities. **근거 소개** The compelling logic behind this is that more people will use alternative energy and public transportation.
본론 1 근거 1 설명 예시	**근거1** First of all, increases in energy prices can promote the use of alternative energy sources, leading to reduction in petroleum-based energy use. **설명** To be more specific, people are more likely to use solar and wind energy due to expensive gas and electricity. They will no longer depend on fossil fuels which are disappearing. Moreover, this effort can be one of the solutions to the global energy crisis and over exploitation of natural resources. **예시** For example, three years ago, since oil prices were extremely high due to higher taxes, my family started to use solar energy to heat up water. As a result, we were able to reduce the oil and natural gas consumption. Using the eco-friendly energy enabled us to use hot water without gas all day long and we saved money which would have been wasted in continuing to pay for gas.

본론 2 근거 2 설명 예시	근거 2 **Additionally,** expensive gasoline encourages people to use public transportation, which can not only preserve energy but also reduce air pollution. 설명 **An important reason is that** the governmental policy to increase energy prices encourages people to ride public transportation rather than to drive, so this can decrease the number of cars, reduce car emissions, and preserve the energy resources. 예시 **For instance,** five years ago, Busan, a city of Korea, raised the gas tax. A substantial number of people driving to work stopped driving and began to take the buses and subways. This movement contributed to a decrease in petroleum consumption, decreased the amount of carbon monoxide emissions, and reduced other hazardous air pollutants at a great rate.
결론 상대 입장 근거 요약 및 재주장	상대 입장 **Admittedly, some might argue that** increasing the price of gasoline and electricity is not an effective way. 근거 요약 및 재주장 **However,** based on the ideas related to the use of alternative energy and public transportation, **we can conclude that** the government should raise the energy prices in order to conserve energy resources.

도입 몇몇의 사람들은 정부가 석유와 전기 시장에 개입하지 말아야 한다는 것을 당연시한다. 주장 하지만 이런 생각과는 반대로, 정부가 이 상품들의 가격을 인상할 필요가 있다는 것은 분명하다. 근거 소개 이에 대한 설득력 있는 논리는 더 많은 사람들이 대체 에너지와 대중교통을 이용할 것이라는 것이다.

근거 1 우선 에너지 가격 인상은 대체 에너지 자원의 사용을 촉진할 수 있는데, 이것은 석유 에너지의 사용을 줄일 것이다. 설명 더 구체적으로 말하자면, 사람들이 비싼 가스와 전기 가격 때문에 태양열과 풍력 에너지를 더 사용할 것이다. 그들은 더 이상 사라지고 있는 화석 연료에 의존하지 않을 것이다. 더구나 이 노력은 세계적인 에너지 위기와 천연자원의 과도한 착취를 해결할 해결책 중 하나가 될 수 있다. 예시 예를 들면, 3년 전 더 높은 세금으로 석유 가격이 극도로 높아진 이후, 우리 가족은 물을 데우기 위해서 태양열 에너지를 사용하기 시작했다. 결과적으로 우리는 석유와 천연가스의 사용을 줄일 수 있었다. 친환경 에너지를 사용하는 것은 우리들에게 하루 종일 가스 없이도 따뜻한 물을 사용하게 했고 우리는 계속해서 가스 요금을 지불하는 데 낭비했던 돈을 절약했다.

근거 2 추가적으로 비싼 석유는 사람들에게 대중교통의 이용을 장려하게 하고, 이것은 에너지를 절약할 뿐만 아니라 대기 오염도 감소시킬 수 있다. 설명 중요한 이유가 무엇이냐 하면, 에너지 가격을 인상하는 정부의 정책은 사람들에게 운전을 하는 것보다 대중교통을 탈 것을 조장하고, 이것은 자동차 수를 감소시키고, 배기가스를 줄이며, 에너지 자원을 보존할 수 있게 하기 때문이다. 예시 예를 들어, 5년 전 한국의 도시인 부산에서는 석유세를 올렸다. 운전해서 출근하던 상당수의 사람들은 운전하는 것을 그만두고, 버스와 지하철을 타기 시작했다. 이러한 움직임은 석유 소비의 감소에 기여했고, 일산화탄소 배출량을 감소시켰으며, 다른 위험한 대기 오염 물질들을 빠르게 줄였다.

상대 입장 물론, 어떤 사람들은 휘발유와 전기의 가격을 올리는 것이 효과적인 방법이 아니라고 주장할 수도 있다. 근거 요약 및 재주장 그러나 대체 에너지 사용과 대중교통 이용에 관한 생각을 바탕으로, 정부가 에너지 자원을 보전하기 위해서는 에너지 가격을 올려야 한다고 결론 내릴 수 있다.

[**Vocabulary**] intervene 개입하다   petroleum 석유   over exploitation 과잉 개발, 착취   preserve 보존하다
hazardous 위험한

TOEFL iBT
WRITING

영단기 TOEFL
ACTUAL TEST
TEST 09

Integrated Task Question 1
Independent Task Question 2

INTEGRATED TASK Q1 Rootworm
뿌리벌레

Reading Passage

[**Vocabulary**] devastating 대단히 파괴적인   combat 싸우다   get rid of 제거하다   pesticide 살충제
clamor 외치다, 강력히 요구하다   fertile 비옥한

주제
뿌리벌레를 없애기 위한 방법

The rootworm is one of the most devastating pests to crops, especially in corn growing areas of the world. If left untreated, rootworm larvae can destroy huge amounts of corn. Although most of the damage to corn is due to the larvae, when they grow into adulthood, they continue to feed on the primary roots of the plant. In order to combat these pests, there are three main methods that farmers use.

근거 1
살충제 사용

The most commonly used method to get rid of the rootworm is the use of strong pesticides. These pesticides kill the larvae and are very effective for killing large populations of rootworms. Unfortunately, a negative impact of these pesticides is that they are bad for the environment. Recently, many environmental groups have been clamoring to reduce the use of pesticides by farmers.

근거 2
농작물 일찍 심기

Another option that farmers have when trying to remove rootworms is to plant corn earlier than normal. Therefore, rootworms do not have food during their critical larvae period. This is because the roots of the corn plants will be more mature so that the younger rootworms cannot feed on the thick roots. Using this method, farmers can minimize damage to their crops.

근거 3
농작물 번갈아 심기

The final option for farmers is that they can alternate in the planting of crops. For example, they could plant corn one year and then soy the next. This alternating of crop planting will starve rootworms to death because they cannot eat soy. So when corn is planted the next year, there will be no rootworms to damage it. This method is good for keeping the soil fertile and getting rid of the bugs.

Listening Script

[**Vocabulary**] temporary 일시적인   resistant 저항력이 있는   alive 살아 있는   frost 서리   dormant 휴면의
up to ~까지

🔊 **MP3** 09

입장
제시된 방법은 취약점이 있음

Good afternoon class. Our topic today is on the rootworm. You guys have all read about them in the article, right? Good. As you guys can all see, these rootworms are a big problem to corn crops around the world. And although the article gives several solutions that farmers use to get rid of the pests, these solutions have several weaknesses. I will explain these weaknesses to you now.

여러분, 안녕하세요. 오늘 우리의 주제는 뿌리벌레예요. 여러분 모두 이에 대한 글을 읽었죠? 좋아요. 여러분 모두가 알다시피, 이 뿌리벌레는 전 세계의 농작물에 큰 문제예요. 그리고 이 글이 농부들이 이 해충을 제거하는 데 사용하는 몇몇 해결책을 제시하고 있지만, 이 해결책들은 몇 가지 취약점들을 가지고 있어요. 여러분에게 지금 그 취약점들을 설명할게요.

근거 1
살충제의 효과는 일시적임

The use of pesticides is harmful to the environment, and it is just a temporary solution to the rootworms. This is because, although the pesticides kill most of the bugs, the smaller and more resistant ones stay alive. These rootworms that survive the pesticide soon reproduce more resistant rootworms. Eventually as this cycle persists, the rootworm's quick population growth will make the pesticides useless.

살충제의 사용은 환경에 해롭고, 그것은 뿌리벌레에 대한 일시적인 해결책밖에 되지 못해요. 왜냐하면, 살충제가 대부분의 벌레를 죽이지만, 더 작고 더 저항력 있는 것들은 그래도 살아남기 때문이에요. 살충제에서 살아남은 이 뿌리벌레는 곧 더 저항력 있는 뿌리벌레를 번식해요. 결국 이러한 순환이 지속되면, 뿌리벌레의 개체 수의 빠른 증가는 살충제를 쓸모 없게 만들 겁니다.

근거 2
농작물이 추운 날씨에 적응하지 못할 수 있음

The strategy of planting corn crops earlier also has a major weakness. Although planting crops early may prevent rootworms from eating the mature roots, the corn will be killed by frost and cold weather. If corn is planted earlier than it should be, just as many corn plants will be lost to frost and cold weather as to the rootworms when planted regularly. So this method is not helpful to the farmers in any way.

농작물을 더 일찍 심는 것 역시 주요한 취약점을 가지고 있어요. 농작물을 일찍 심는 것이 뿌리벌레가 성숙한 뿌리를 먹는 것을 막을 수는 있지만, 일찍 심어진 농작물은 서리와 추운 날씨로 인해 죽게 될 겁니다. 심어져야 할 때보다 일찍 농작물이 심어진다면, 평소와 같이 심어졌을 때 뿌리벌레로 인한 손실과 비슷할 정도의 많은 농작물을 서리와 추운 날씨로 잃을 거예요. 따라서 이 방법은 어찌됐든 농부들에게 도움이 되지 않아요.

근거 3
뿌리벌레가 이미 번갈아 심기 주기에 적응함

Finally, the alternating of corn and soy crops is a good idea on the surface, but the bugs have already adapted to survive this alternating cycle. The rootworms survive by staying dormant for up to 2 years and delay hatching until corn crops are available. Thus, they are able to avoid hatching in soy fields and to survive the alternating planting cycle.

마지막으로, 곡물과 콩 작물을 번갈아 가며 심는 것은 표면상으로는 좋은 생각이지만, 벌레들은 벌써 이 교대 주기에서 살아남는 방법에 적응했어요. 뿌리벌레는 최대 2년간 동면을 함으로써, 농작물이 있을 때까지 기다렸다 알을 부화시키는 방법으로써 살아남아요. 따라서 그들은 콩밭에서 알을 부화시키는 것을 피할 수 있으며, 번갈아 심기 주기에서 살아남을 수 있답니다.

Note-taking

Reading	Listening
3 ways to prevent rootworm (RW)	the ways: flawed

1 using pesticides
  - killing larvae, large populations of RW
  - bad for the env.
	1 bad for env. & temp. solution
	  - killing most bugs
	  - × killing small & resistant bugs
	  - surviving RW → reproducing stronger ones

2 planting corn early
  - no food for larvae of RW
	2 prevent RW OK, but corn killed by frost or cold
	  - early planting → losing corn

3 alternating in planting
  - corn → soy (next year)
  - starving RW
	3 alternating OK, but bugs already getting used to it
	  - dormant for 2 yrs

Reading Paraphrasing

1 large populations of rootworms
  → a great number of rootworms

2 younger rootworms cannot feed
  → larvae of rootworms cannot get food

3 plant corn one year and then soy the next
  → planting corn every other year

Summary

서론	읽기 지문 주장 **While the author of the reading passage argues that** there are three effective ways for farmers to prevent rootworms, 반박 **the lecturer opposes the reading's assertion with different views.**
본론 1	반박 1 **First of all, the speaker argues that** the claim about pesticides is wrong. 반박 근거 The negative effects of using pesticides outweigh the benefits. They destroy the environment and kill the normal rootworms only. The pesticides cannot eliminate the smaller and more resistant worms which can even reproduce the stronger ones. 읽기 지문과의 관계 **This calls into question the reading passage's argument that** although using pesticides can be harmful to the environment, it is a very effective way to kill larvae and a great number of rootworms.
본론 2	반박 2 **Additionally, the lecturer points out that** the assertion regarding planting early is mistaken. 반박 근거 It is true that planting corn early can prevent rootworms. However, there is evidence to show a different view. The crop can be damaged by frost or cold weather. Thus, farmers cannot harvest the amount of corn they expect. 읽기 지문과의 관계 **This goes against the reading passage's assertion that** if farmers plant corn earlier, larvae of rootworms cannot get food and consequently will disappear.
본론 3	반박 3 **Finally, the professor contends that** the opinion concerning alternating is flawed. 반박 근거 This way is not as beneficial as it sounds. Rootworms have already got used to the farming method. Besides, they can survive for a long time by delaying hatching and staying inactive. 읽기 지문과의 관계 **This contradicts the idea presented in the reading passage that** planting corn every other year can effectively make rootworms starve and die.

읽기 지문 주장 읽기 지문의 저자는 농부들이 뿌리벌레를 막는 세 가지의 효과적인 방법이 있다고 주장하지만, 반박 강연자는 다른 시각들로 그 주장에 반대한다.

반박 1 먼저 강연자는 살충제에 관한 주장은 잘못된 것이라고 주장한다. 반박 근거 살충제 사용의 부정적인 영향은 이점을 압도한다. 그것들은 환경을 파괴하고 단지 평범한 뿌리벌레만을 죽인다. 그 살충제는 더 작은 벌레와 더 강한 벌레로 번식할 수 있는 저항력 있는 벌레를 없애지 못한다. 읽기 지문과의 관계 이것은 비록 살충제를 이용하는 것이 환경에 해로울 수도 있지만, 그것이 유충과 많은 뿌리벌레를 제거하는 데 매우 효과적인 방법이라는 읽기 지문의 주장에 의구심을 던진다.

반박 2 추가적으로 강연자는 일찍 심는 것에 관한 주장은 잘못된 것이라고 지적한다. 반박 근거 곡물을 일찍 심으면 뿌리벌레를 예방할 수 있는 것은 사실이다. 하지만 다른 입장을 보여 주는 증거가 있다. 농작물이 서리나 추운 날씨로 인해 피해를 입을 수 있다. 따라서 농부들은 그들이 예상한 양만큼의 곡물을 수확할 수 없다. 읽기 지문과의 관계 이것은 만약 농부들이 곡물을 일찍 심는다면 뿌리벌레의 유충이 먹이를 얻을 수 없고 결국 사라지게 될 것이라는 읽기 지문의 주장을 반박한다.

반박 3 마지막으로 교수는 번갈아 심는 것에 관한 의견에 결함이 있다고 주장한다. 반박 근거 이것은 들리는 것만큼 유용하지 않다. 뿌리벌레는 이미 그 농사 방식에 익숙해져 있다. 게다가 그들은 부화를 늦추거나 무활동 상태를 유지함으로써 오랜 기간 동안 살아남을 수 있다. 읽기 지문과의 관계 이것은 곡물을 2년에 한 번씩 재배하는 것이 효과적으로 뿌리벌레를 굶겨 죽이는 방법이라는 읽기 지문에 제시된 생각을 반박한다.

INDEPENDENT TASK Q2

개발 vs 보존
Development vs Preservation

Question Do you agree or disagree with the following statement? **It is better for the government to spend money on building new structures than preserving historic or traditional buildings.** Use specific reasons and details to support your opinion. 다음 진술에 동의하는가, 그렇지 않은가? **정부는 역사적이거나 전통적인 건물들을 지키는 것보다 새로운 건물을 짓는 데 예산을 쓰는 것이 낫다.** 의견을 뒷받침하는 세부 사항과 구체적인 근거를 이용하시오.

Outline

반대

1 관광 사업으로 경제 활성화에 기여함 – 역사적 건물은 수많은 관광객을 끌 수 있음 → 일자리가 생기고 경제가 활성화됨 예) 민속촌을 통해 경제 활성화가 된 용인시의 예	**2** 역사 교육의 장 – 직접 경험하면서 역사를 더 배우고 싶도록 자극함 예) 초등학교때 고궁 방문 후 역사에 관심을 가지게 된 경험

30점 TIP

다양한 표현: '~가 많은'
1. 가산 명사와 사용할 때
   - a growing/substantial/great number of + 복수 명사: 늘어나는/상당히/굉장히 많은 ~
   - tens/thousands/millions of + 복수 명사: 수십의/수천의/수백만의 ~
     예) tens of thousands of children 수만 명의 아이들
2. 불가산 명사와 사용할 때
   - a great/small amount of + 불가산 명사: 많은 양의/적은 양의 ~
3. 가산이나 불가산 명사와 사용할 때
   - plenty of + 복수 명사/불가산 명사: 많은 ~

Sample Essay

서론
도입
주장
근거 소개

[도입] **Some people believe that** old and traditional buildings only incur unnecessary governmental expenditures on maintaining them. [주장] **However, contrary to this idea, it is clear that** preserving old places is more beneficial than building new structures to a country. [근거 소개] **The compelling logic behind this is that** traditional buildings improve the national economy and promote people to learn about history.

본문 1
근거 1
설명
예시

[근거 1] **First of all,** historic buildings can generate money through tourism. [설명] **This is primarily because** the birthplace of an important figure or a building where a historical event took place has great potential to attract tens of thousands of paying customers from all around the world. As a result, many businesses in the area such as restaurants, snack shops, and souvenir stores will have more and more customers. On top of that, a number of jobs related to the stores will be created. [예시] **As a case in point,** a town called Youngin, Korea used to be an obscure town with slow economic activity. However, after the Korean Fork Village was preserved in the town, it revitalized the local economy by providing numerous employment opportunities ranging from ticket sellers to parking attendants and bringing more profits to stores near the place.

	In addition, several foreign investors bought buildings and started family restaurants and shopping centers because the town became economically promising.
본론 2 근거 2 설명 예시	근거 2 **Moreover,** a traditional building is an excellent educational place for everyone. 설명 **This is due to the fact that** governmental funds for old buildings enable people to learn history in person and this firsthand experience can be a facilitator which motivates people to participate in learning history with great zeal and enthusiasm. Therefore, these highly motivated people make more effort to gain historical knowledge. 예시 **From my experience,** when I was in elementary school, I visited the royal palace in Korea with my family every summer. While visiting the palace, I had a valuable opportunity to learn about the past dynasty of Korea. This was possible, for I looked at the bedchambers of the king and queen, the residence of crown prince, and the main gate of the palace. I also listened to the intriguing and informational explanations from a guide. If I had not visited the old place in person, I would still have an incomplete understanding of the history of the Korean dynasty.
결론 상대 입장 근거 요약 및 재주장	상대 입장 **Admittedly, some might argue that** building new structures such as new houses and schools is necessary. 근거 요약 및 재주장 **However,** based on the ideas related to tourism and education, **we can conclude that** the government should preserve historic buildings.

도입 몇몇의 사람들은 오래된 전통적인 건물들은 그것을 유지하는 데 불필요한 정부 지출만 발생한다고 믿는다. 주장 하지만 이런 생각과는 반대로, 오래된 장소를 보존하는 것이 한 나라에 새로운 건물을 짓는 것보다 더 유익하다는 것은 분명하다. 근거 소개 이에 대한 설득력 있는 논리는 전통적인 건물들이 국가 경제를 개선하고 사람들이 역사에 관해 배우도록 장려한다는 것이다.
근거 1 우선 역사적 건물들은 관광 사업으로 수익을 창출할 수 있다. 설명 이것은 주로, 유명 인사의 출생지나 역사적 사건이 일어난 건물은 전 세계에 있는 수만 명의 유료 관광객들을 끌어들일 수 있는 가능성을 가지고 있기 때문이다. 결과적으로 그 지역의 식당, 스낵 코너, 그리고 기념품 가게들과 같은 상업들이 더 많은 손님을 받게 될 것이다. 게다가 그 가게들과 관련된 많은 일자리들이 생겨날 것이다. 예시 관련된 사례로, 한국의 용인이라 불리는 마을은 경제 활동이 적은 잘 알려지지 않은 마을이었다. 하지만 그 마을에 한국 민속촌이 보존된 이후로, 매표소 직원에서부터 주차 요원에 이르는 많은 고용 기회를 창출하고, 그 주변 상점들의 수익을 증대시켜, 그 지역의 경제를 재활성화시켰다. 게다가 몇몇 외국 투자자들은 건물을 사들여 패밀리 레스토랑과 쇼핑센터를 시작했는데, 이는 그 마을이 경제적으로 유망해졌기 때문이다.
근거 2 더욱이 전통적인 건물은 모두에게 훌륭한 교육 장소이다. 설명 이것은 오래된 건물들에 대한 정부 투자는 사람들이 역사를 직접 배울 수 있게 하고, 이러한 직접 경험은 사람들이 큰 열정과 열의를 가지고 역사 공부를 하도록 자극하는 촉진제가 될 수 있다는 사실에 기인하기 때문이다. 따라서 이렇게 고도로 동기가 부여된 사람들은 역사적 지식을 습득하기 위해 더 많은 노력을 한다. 예시 내 경험에 따르면, 내가 초등학교에 다닐 때 나는 여름마다 가족들과 함께 한국의 왕궁을 방문했다. 그 궁을 방문하면서, 나는 한국의 과거 왕조에 대해 배우는 귀중한 기회를 얻을 수 있었다. 이 배움은 내가 왕과 왕비의 침소, 세자의 거주지, 그리고 궁궐의 정문을 보았기 때문에 가능했다. 나는 또한 가이드에게서 아주 흥미롭고 유익한 설명을 들을 수 있었다. 그 오래된 건물이 아니었더라면, 나는 아직도 한국의 왕조의 역사에 대한 불완전한 이해를 하고 있었을 것이다.
상대 입장 물론, 어떤 사람들은 새집과 학교와 같은 새로운 구조물을 건설하는 것이 필요하다고 주장할 수도 있다. 근거 요약 및 재주장 그러나 관광 및 교육과 관련된 생각을 바탕으로, 우리는 정부가 역사적 건물을 보존해야 한다고 결론 내릴 수 있다.

[**Vocabulary**] incur 초래하다, (비용을) 발생시키다   expenditure 지출   figure 인물   obscure 잘 알려지지 않은
in person 직접   bedchamber 침실   intriguing 아주 흥미로운

TOEFL iBT
WRITING

영단기 TOEFL

ACTUAL TEST

TEST 10

Integrated Task   Question 1
Independent Task   Question 2

INTEGRATED TASK Q1 — Chaco Roads

Reading Passage

[**Vocabulary**] sandstone 사암   timber 목재   complex 복합 건물   speculate 추측하다   in a manner 어떤 의미로는   aggressor 침략자

Between 900 and 1150 AD, the Chaco Civilization was a major civilization of North America. Using sandstone blocks and timber, the Chaco people made 15 major complexes which remained as the largest buildings in North America until the 19th century. Furthermore, the Chaco people also constructed wide roads, but as there are no written records, it is unclear why they built and maintained these roads. There are three possible explanations.

The first theory is that these roads were used for the same purpose we use roads today: for the purpose of transportation of merchandise and people. Evidence for this can be seen in the fact that the timber used in making the buildings had to be brought in from far away forests. Many speculate that using these roads, timber and other supplies were brought to the civilization.

Next, some archaeologists argue that all of the roads were more symbolic than practical, and that they may have been primarily religious in function. This is a similar manner to the native peoples of southwest America today. The native southwest Americans built long roads heading north because they believed that their god would find them through these roads. Although these roads are largely symbolic and cultural to modern day Native Americans, back then they would have served a religious purpose.

The last theory is that the Chaco people used these roads as an escape route for their troops and civilians when enemies attacked. With these large wide roads, the Chaco people would be able to escape very quickly. In other words, they used these roads to protect themselves from aggressors. This is the third theory of why the Chaco people built and maintained the Chaco roads.

Listening Script

[**Vocabulary**] doubtful 의심스러운   settlement 정착지   flee 달아나다   invader 침략자   fortification 방어 시설
barrier 장벽   trace 자취

🔊 **MP3** 10

입장
제시된 이론은 의심스러움

Hello class. Did everybody enjoy the reading? It is quite an interesting topic, huh? Well, the mystery of the Chaco roads is one that is very difficult to solve although many people have tried. No one will ever know the true purpose of these roads. However, I would also like to say that the theories that the article suggests are rather doubtful. Let me explain to you guys why I think this way.

안녕하세요, 여러분. 모두 재미있게 읽기 지문을 읽었나요? 꽤 흥미로운 주제죠? 차코 로드에 관한 미스터리는 많은 사람들이 시도했지만 해결하기 어려운 것이에요. 아무도 이 도로의 진정한 목적을 알 수 없겠죠. 하지만, 저는 저 글에서 제시한 이론들이 의심스럽다는 것도 말하고 싶네요. 제가 이렇게 생각한 이유를 설명할게요.

근거 1
다른 곳과 연결되지 않았음

First, it is highly unlikely that the roads were used to transport people or merchandise. This is because the roads do not connect to any settlements so it doesn't make sense that it was made to transport people. Also, there were no cars at the time, only livestock. Since livestock was the only thing used to transport merchandise, the roads didn't need to be that wide. 10 meters is much too wide for merchandise to be transported using only livestock and walking on foot.

첫째, 이 도로가 사람들과 상품들을 운송하기 위해 쓰였을 것 같지는 않습니다. 왜냐하면 이 도로는 다른 어떤 정착지와도 연결이 되어 있지 않기 때문에 사람들을 운송하기 위해 만들어졌다는 것은 말이 되지 않아요. 또한, 당시에는 자동차가 없고, 가축만 있었어요. 가축들이 상품을 운송할 유일한 수단이었기 때문에 그 도로는 그렇게 넓을 필요가 없었어요. 가축만을 이용해 상품을 운송하고 도보하기에 10미터는 너무 넓습니다.

근거 2
관련 기록이 없음

The idea that the roads were used for religious purposes doesn't make sense to me either. This is because there were no written records. Most religious things are usually written down, or at least drawn out, but there is nothing in the writings about the roads. Also, just because the natives of Southwest America used roads for religious purposes doesn't mean the Chaco people did too, because they would have had very little contact with each other.

그 도로가 종교적 목적을 위해 사용되었다는 의견 역시 저는 이해가 되지 않습니다. 왜냐하면 이에 대한 기록이 없기 때문이죠. 대부분의 종교적인 것들은 글로 남겨지거나 적어도 그려지는데, 그 도로에 관해서는 어떠한 글도 없어요. 또한, 남서쪽 미국 원주민들이 종교적 목적으로 길을 이용했다고 해서 차코 사람들도 그랬다고 볼 수 없는데, 왜냐하면 그들은 서로 거의 교류하지 않았을 것이기 때문입니다.

근거 3
방어 시설의 흔적이 없음

Lastly, the roads couldn't have been used for fleeing from invaders. If the roads had actually had the purpose of escape, there must have been defensive tools like fortifications and barriers around the sites in order to slow down the enemy's chase. However, there were no traces or remains of such tools or facilities near the roads. Besides, without defensive facilities, the enemies could have used the roads to catch them, even though the Chaco people could have used the roads to run away. Thus, I don't think that the roads were used for defense.

마지막으로, 그 도로가 침략자들로부터 도망치기 위해 쓰였다고 볼 수 없어요. 만약 그 도로가 실제로 탈출의 목적을 가지고 있었다면, 적의 추격을 늦추기 위한 요새나 장벽과 같은 방어 시설이 주변에서 발견되었어야만 해요. 하지만 이러한 도구나 시설의 흔적이나 유적이 그 도로 주변에는 없었죠. 게다가 방어 시설이 없으면, 차코 사람들이 도로를 이용해 도망갈 수 있었다 하더라도, 적들이 그 도로를 이용해 그들을 따라잡을 수 있었을 거예요. 따라서 저는 그 도로가 방어를 위해 쓰였다고 생각하지 않아요.

Note-taking

Reading	Listening
3 theories: Chaco roads	the theories: flawed

1 the same purpose: today
   - transporting products and ppl.
	1 × used for transportation
	   - × connect to settlements
	   - × need to be that wide

2 used for religious functions
   - SW Americans built long roads
	2 × used for religious purposes
	   - × written records
	   - few relations between SW Americans & Chaco ppl.

3 an escape route: when attacked	3 × for escape purposes
	   - × defensive tools
	   - the roads can be used for enemies too

Reading Paraphrasing

1. transportation of merchandise and people
   → trade routes for products or moving routes for humans

2. their god would find them through these roads
   → the pathways for their god

3. when enemies attacked
   → when attacked by the enemies

Summary

서론	**읽기 지문 주장** **While the author of the reading passage argues that** the three theories can explain why the Chaco roads were built by the Chaco Civilization, **반박** **the lecturer opposes the reading's assertion with different views.**
본론 1	**반박 1** **First of all, the speaker argues that** the claim about transportation is wrong. **반박 근거** If the theory were true, the roads would connect to settlements. However, this is not the case. They do not bridge any residences. Besides, the ancient people used livestock or moved on foot, so they did not need that much wide roads. **읽기 지문과의 관계** **This calls into question the reading passage's argument that** the Chaco roads were meant for trade routes for products or moving routes for humans.
본론 2	**반박 2** **Additionally, the lecturer points out that** the assertion related to religion is baseless. **반박 근거** No articles about the roads were found. Also, people in Southwest America and Chaco people had little or no connection with each other. **읽기 지문과의 관계** **This goes against the reading passage's assertion that** the roads were built for religious purposes as Southwest Americans built the pathways for their god.
본론 3	**반박 3** **Finally, the professor contends that** the opinion regarding an escape route is mistaken. **반박 근거** This is because no weapons or equipment to defend were discovered. To explain, invaders could have used the roads to go after the Chaco people without any concern of counterattack. **읽기 지문과의 관계** **This contradicts the idea presented in the reading passage that** the Chaco roads were an escape route when attacked by the enemies.

읽기 지문 주장 읽기 지문의 저자는 세 가지 이론이 차코 문명이 왜 차코 로드를 만들었는지 설명할 수 있다고 주장하지만, **반박** 강연자는 다른 시각들로 그 주장에 반대한다.

반박 1 먼저 강연자는 운송에 관한 주장은 잘못된 것이라고 주장한다. **반박 근거** 만약 그 이론이 사실이라면, 그 도로들은 정착지들과 연결돼야 한다. 그러나 그렇지 않다. 그것들은 어떠한 거주지도 연결하지 않는다. 게다가 고대 사람들은 가축을 이용하거나 걸어서 이동했으므로 그렇게 넓은 도로를 필요로 하지 않았다. **읽기 지문과의 관계** 이것은 차코 로드가 상품을 나르는 무역로나 사람들의 이동로를 의미했을 것이라는 읽기 지문의 주장에 의구심을 던진다.

반박 2 추가적으로 강연자는 종교에 관한 주장은 근거가 없다고 지적한다. **반박 근거** 그 도로에 관련된 어떠한 글도 발견되지 않았다. 또한 남서쪽 미국 원주민들과 차코 사람들은 서로 거의 교류하지 않았다. **읽기 지문과의 관계** 이것은 남서쪽 미국 원주민들이 그들의 신을 위해서 길을 만든 것과 같은 종교적인 목적으로 그 도로가 만들어졌다는 읽기 지문의 주장을 반박한다.

반박 3 마지막으로 교수는 탈출로에 관한 의견은 잘못된 것이라고 주장한다. **반박 근거** 왜냐하면 방어를 위한 어떠한 무기나 장비가 발견되지 않았기 때문이다. 자세히 말하면, 침략자들은 차코 사람들을 추격하는 데 반격에 대한 어떠한 걱정도 없이 그 도로를 이용할 수 있었을 것이다. **읽기 지문과의 관계** 이것은 차코 로드가 적에게 공격받을 때 사용된 탈출로였다는 읽기 지문에 제시된 생각을 반박한다.

INDEPENDENT TASK Q2

20년 후 여가
Leisure Time after Twenty Years

Question Do you agree or disagree with the following statement? **People's leisure time (free time) will increase twenty years later.** Use specific reasons and details to support your opinion. 다음 진술에 동의하는가, 그렇지 않은가? 20년 후에 사람들의 여가는 늘어날 것이다. 의견을 뒷받침하는 세부 사항과 구체적인 근거를 이용하시오.

Outline

찬성

1. 20년 후에 사람들이 더 바빠질 것이라는 점은 인정
   - 기술의 급속한 발전과 인구 증가에 따른 치열한 경쟁 때문
   - 책을 읽거나 가족과 함께하는 시간이 줄어들 것임

2. 하지만 여가 활동의 장점인 스트레스 해소 때문에 사람들은 여가를 더 많이 즐길 것임 `Storyline: Stress`
   - 여가 선용은 스트레스 해소에 도움이 됨
     예) 운동을 하며 스트레스를 해소한 경험

3. 사람들과 교류하며 시야를 넓힐 수 있음 `Storyline: Perspective`
   - 사람들과 함께 여가 활동을 하며 다양한 사람들을 만날 수 있음
     예) 암벽 등반 동아리 활동 경험

30점 TIP

20년 후에 어떨 것인지 묻는 주제는 이렇게 전개하면 고득점을 받을 수 있다.
1. 주제가 현재 상황에 끼치는 영향을 확인한다.
2. 이 영향이 긍정적이면 널리 퍼지거나 늘어날 것이라고 논리를 전개하고, 그 영향이 부정적이면 사라지거나 줄어들 것이라고 논리를 전개한다.
   예) 응용 가능 주제: 20년 후에 전자책이 종이책을 대체하게 될 것이다.
       찬성: 전자책의 장점에 대해 쓴다. / 반대: 종이책의 장점이나 전자책의 단점에 대해 쓴다.

Sample Essay

서론 도입 주장	**도입** It is often believed that people will have less free time in the future. **주장** However, contrary to this idea, it is clear that people value their leisure time for its multiple benefits, so they will be eager to have more leisure time.
본론 1 상대 근거 설명	**상대 근거** Admittedly, youngsters living in the future will need to learn more and do more things in order to survive in a competitive world. **설명** Twenty years from now, our lives will be more hectic due to the rapid development of technology and population growth. Perhaps, there will not always be room to add reading time or family time. In the future, life's pace will only be more intense and this busyness will deprive us of the time to think about leisure activities. With more time taken from our control, less leisure time will be left.
본론 2 내 근거 1 설명 예시	**내 근거 1** However, enjoying free time helps people alleviate their stress, and this fact will increase leisure time in the future. **설명** An important reason is that leisure activities such as hiking, a short trip, and sports can relax and clear the mind. This brings a fresh approach to perplexing and stressful problems at work or school. Therefore, having free time is the easiest and quickest way to escape from a harsh reality, full of piles of work and relationship problems. **예시** From my experience, last month, I was extremely

exhausted and stressed due to my demanding work hours in college. Therefore, I started to play basketball with my friends. While enjoying the sports game, I was able to have a brief moment of relief from my stressful schoolwork by shooting a basketball, running together, and cheering for one another. If I had not played the game, I would have undergone a time of depression and despair.

Finally, the other advantage of having leisure time is that it plays an important role in broadening one's horizons. **The fundamental reason is that** leisure activities, especially ones that people enjoy in groups, such as rock climbing and hiking can expose us to different cultures, thoughts, and lifestyles that we have never known before because we can interact and socialize with people who have different majors, interests, and talents. Consequently, we can take a quantum leap in intellectual growth and experience the diversity, important in an era of globalization. **For example,** when my brother was in college, he often spent his spare time in a rock climbing club. As a result, he was able to learn about a variety of unique regional cultures such as music, food, and dialects. This was possible because he talked and shared his opinions with the club members who were from different regions in Korea, had lunch, and climbed some mountains together.

On balance, some might argue that the world will be more competitive, which will decrease leisure time. **However,** based on the ideas related to stress and outlook, **we can conclude that** leisure time will increase in the future.

미래에 사람들은 자유 시간을 덜 갖게 될 것이라고 종종 여겨진다. 하지만 이런 생각과는 반대로, 여러 이점으로 사람들은 그들의 여가를 가치 있게 여길 것이고, 그래서 그들이 더 많은 여가를 갖기를 원할 것은 명백하다.

경쟁하는 세계에서 살아남기 위해서 미래를 살아가는 청소년들은 더 많이 배우고 더 많은 것을 해야 할 것이라는 점은 인정한다. 지금으로부터 20년 후에는, 우리의 삶은 기술의 급속한 발전과 인구 증가로 인해 정신없이 바쁠 것이다. 아마도 독서 시간이나 가족과 함께 보내는 시간을 더할 여유가 항상 있지는 않을 것이다. 미래에는, 삶의 속도는 더 치열해질 것이고 이러한 바쁨은 우리가 여가 활동에 대해 생각할 시간을 뺏어갈 것이다. 우리가 통제할 수 있는 시간이 없어질수록, 여가를 위한 시간은 줄어들 것이다.

그러나 자유 시간을 즐기는 것은 사람들의 스트레스를 해소시킬 것이고, 이 사실은 미래에 여가를 늘릴 것이다. 중요한 이유가 무엇이냐 하면, 등산, 짧은 여행, 그리고 스포츠와 같은 여가 활동들은 마음을 안정시키고 깨끗하게 해 주기 때문이다. 이것은 직장이나 학교에서의 복잡하고 스트레스가 많은 문제들에 대한 새로운 접근을 가능하게 한다. 그러므로 자유 시간을 가지는 것은 일과 인간관계 문제들로 가득 찬 힘든 현실로부터 벗어날 수 있는 가장 쉽고 빠른 방법이다. 내 경험에 의하면, 지난달 나는 대학에서 힘든 시간 때문에 극도로 지치고 스트레스를 받았다. 그래서 나는 친구와 함께 농구를 하기 시작했다. 농구공을 던지고, 함께 달리고, 서로 응원하는 동안 스포츠 게임을 즐기며 나는 스트레스로 가득한 학교 일에서 벗어나 짧은 기분 전환의 시간을 가질 수 있었다. 만약 내가 스포츠 게임을 하지 않았더라면 나는 우울하고 절망적인 시간을 경험했을 것이다.

마지막으로 여가를 가지는 것의 또 다른 이점은, 그것이 우리의 시야를 넓히는 데 중요한 역할을 한다는 것이다. 그 근본적인 이유는 여가 활동들, 특히 여러 명이 함께 하는 암벽 등반이나 하이킹 같은 것들은 전공, 흥미, 그리고 재능이 다른 사람들과 소통하고 사귈 수 있게 만들기 때문에 우리를 우리가 알지 못했던 여러 문화, 생각, 그리고 생활 방식에 노출시킨다는 점이다. 결과적으로 비약적인 지적 성장을 하고, 세계화 시대에 중요한 다양성을 경험할 수 있다. 예를 들어 나의 형이 대학생이었을 때 그는 종종 남는 시간을 암벽 등반 동아리에서 보냈다. 결과적으로 그는 음악, 음식, 그리고 방언과 같은 매우 독특한 지역 문화를 배울 수 있었다. 이것은 그가 한국의 다른 지방에서 온 동아리 사람들과 함께 이야기하고 공유하며 같이 점심을 먹고 함께 몇몇의 산에 갔기 때문에 가능했다.

모든 것을 감안할 때, 어떤 사람들은 세계가 더 경쟁적이 될 것이고, 이는 여가 시간을 줄일 것이라고 주장할 수도 있다. 그러나 스트레스 및 시야와 관련된 생각을 바탕으로, 우리는 미래에 여가 시간이 늘어날 것이라고 결론 내릴 수 있다.

[**Vocabulary**] youngster 청소년   hectic 정신없이 바쁜   intense 극심한   alleviate 완화하다   horizon 시야

TOEFL iBT
WRITING

영단기 TOEFL

ACTUAL TEST

TEST **11**

Integrated Task   Question 1
Independent Task   Question 2

INTEGRATED TASK Q1 — Wolf Reintroduction

늑대 재방사

Reading Passage

[Vocabulary] isolate 분리하다   relentlessly 가차 없이   vulnerable 연약한   rancher 목장 주인

주제
늑대를 야생으로 돌려보내는 것은 위험함

Wolves, for some reasons, have been isolated from the wild. Recently, some zoologists and the congress have suggested an idea of releasing wolves back into the national parks such as Yellowstone National Park and forests where they once lived. However, the idea has provoked controversies among many different entities ranging from environmental groups to local industries. There are three reasons for which the reintroduction is dangerous.

몇 가지 이유로 늑대는 야생에서 분리되어 왔다. 최근에 일부 동물학자들과 의회는 옐로스톤 국립 공원과 같은 국립 공원이나 늑대가 한때 살았던 숲으로 그들을 방사하자는 의견을 제안했다. 그러나 이 의견은 환경 단체들부터 지역 산업체에 이르는 많은 단체들 사이에 논쟁을 불러일으켰다. 이 재도입이 위험한 이유 세 가지가 있다.

근거 1
생태계의 균형을 파괴할 것임

First of all, reintroducing wolves back into the wild will disrupt the balance of the ecosystem. The wolves will reduce the population of animals such as elks. Although they are often considered mere killers with no valuable role in the ecosystem, the primary purpose of moving wolves out of the wild is to keep the balance between animals which could be broken by the hunting of the wolves. When the wolves are sent back into the forests, they will relentlessly hunt for other vulnerable animals.

먼저, 야생으로 다시 늑대를 보내는 것은 생태계의 균형을 어지럽힐 것이다. 늑대는 엘크와 같은 동물의 개체 수를 감소시킬 것이다. 비록 늑대가 생태계에서 중요한 역할을 하지 않는 단순 포식자로 여겨지긴 하지만, 늑대를 야생 밖으로 이동시킨 주된 목적은 늑대의 사냥에 의해 깨질 수 있는 동물들 사이의 균형을 유지하는 것이다. 늑대가 숲으로 다시 보내지면, 늑대는 가차 없이 다른 연약한 동물들을 사냥할 것이다.

근거 2
지역 경제에 피해를 줄 것임

Furthermore, wolves coming back to the wild will negatively affect the local economy. A number of farmers argue that wolves may harm the livestock such as sheep. Wolves are known as the most dangerous predators of the sheep as well as the abovementioned elks. Therefore, releasing them will hurt the livelihood of many ranchers who rely on the sheep. To keep the economy of the ranchers stable, they should not be released.

더구나 늑대가 야생으로 돌아오는 것은 지역 경제에 부정적인 영향을 미칠 것이다. 많은 농부들은 늑대가 양과 같은 가축에게 해를 끼칠지도 모른다고 주장한다. 늑대는 앞서 말한 엘크의 포식자이기도 하지만, 양의 가장 위험한 포식자로도 알려져 있다. 그러므로 그들을 방사하는 것은 양에 의존하는 많은 목장주들의 생계에 해를 끼칠 것이다. 그 목장주들의 경제를 안정화하기 위해서 그들은 방사되어서는 안 된다.

근거 3
주민의 안전을 위협할 것임

Lastly, although there were no recorded wolf attacks on humans in the US, local people will be afraid of wolves and the animals can be dangerous to them. Safety is the most important factor for those who live near the forests. If wolves are reintroduced, many people will fear that wolves will eventually injure someone. In other words, the reintroduction of wolves severely compromises people's safety.

마지막으로 비록 미국에 늑대가 사람을 공격했다는 기록은 없지만, 지역 주민들은 늑대를 두려워할 것이고 그 동물들은 그들에게 위험할 수 있다. 숲 근처에 사는 사람들에게 가장 중요한 요소는 안전이다. 만약 늑대가 다시 돌아온다면, 많은 사람들은 늑대가 결국 누군가를 다치게 할 것이라 두려워할 것이다. 다시 말해, 늑대의 재도입은 사람들의 안전을 심각하게 위협할 것이다.

Listening Script

[**Vocabulary**]　spark 촉발시키다, 유발하다　　herbage 목초　　subsidize 보조금을 주다

🔊 MP3 11

입장 제시된 주장은 옳지 않음	It seems that wolves' return to Yellowstone sparks controversy. And, you might have read the argument that wolves should not be reintroduced into the wild because they can hurt animals, the economy, and people around them. Let me point out why the reading is incorrect.	옐로스톤으로 늑대가 돌아오는 것은 논쟁을 촉발시키는 듯해요. 그리고 여러분은 늑대가 주변에 있는 동물, 경제, 그리고 사람들을 해칠 수 있기 때문에 그들을 다시 야생으로 돌려보내지 말아야 한다는 주장을 읽었을지도 모릅니다. 제가 읽기 지문이 왜 옳지 않은지 지적할게요.
근거 1 생태계의 균형을 가져올 것임	Above all, wolves' comeback will not disrupt the ecosystem; rather, they will bring it back to balance. Without wolves, the population of elks has grown too much. Then this situation will worsen the ecosystem soon because larger elk herds eat grass and herbage that cattle feed on. Thus, the wolves will bring the numbers back to balance. Again, having too many elks in a certain location does not make the ecosystem balanced.	무엇보다도 늑대가 돌아오는 것은 생태계를 교란시키지 않을 거예요. 오히려 균형을 가져올 것입니다. 늑대 없이 엘크의 개체 수는 너무 많이 증가했어요. 이제, 이 상황은 곧 생태계를 악화시킬 거예요. 왜냐하면 더 커진 엘크 무리들은 소가 먹는 풀과 목초를 먹기 때문입니다. 그러므로 늑대는 그 숫자를 균형치로 가지고 올 것이에요. 다시 말하면, 특정 지역에 너무 많은 엘크가 있는 것은 생태계의 균형을 이루지 못해요.
근거 2 정부 보조금으로 피해를 만회할 수 있음	In addition, the reading pointed out that the reintroduction of the wolves might have a bad influence on the local area. However, the local government will subsidize the ranchers for any possible losses so the reintroduction will not affect the local economy. In other words, although the wolves might damage sheep farms and kill some sheep, the owners still can receive some financial support from the government. For all those worries and concerns, the government already prepared a reasonable solution for ranchers.	게다가 읽기 지문은 늑대의 재도입은 지역 사회에 나쁜 영향을 미칠지도 모른다고 지적했어요. 그러나 지방 정부는 목장주가 입을 수 있는 어떠한 손실에 대한 보조금도 지불할 것이라서 재도입은 지역 경제에 영향을 미치지 않을 거예요. 다시 말하면, 늑대가 양떼 목장에 피해를 주고 양을 죽일지라도 목장주들은 여전히 정부로부터 재정적인 지원을 받을 수 있을 것입니다. 모든 걱정거리와 염려에 대해 정부는 이미 목장주들을 위한 합리적인 해결책을 준비해 놓았어요.
근거 3 사람을 해치지 않음	Finally, some have speculated that wolves are likely to attack humans, but remember, wolves typically do not hurt humans. And, according to research, wolves sometimes howl loudly to warn only when their territories are invaded, so people can avoid them in advance due to the sound. Perceiving wolves as a dangerous animal is just a strong stereotype among people. In other words, unlike what most people think, wolves can be controlled if people are cautious, and worrying about a low possibility of being hurt is a waste of time.	마지막으로 일부는 늑대가 사람들을 공격하기 쉽다고 추측해 왔습니다. 하지만 기억하세요, 늑대는 대개 사람들을 해치지 않아요. 그리고 연구에 따르면, 늑대는 그들의 영역이 침범당했을 때 때때로 크게 울부짖어서 소리로 사람들이 그들을 미리 피할 수 있게 하죠. 늑대를 위험한 동물이라고 인식하는 것은 단지 사람들이 갖는 강한 고정 관념이에요. 다시 말하면, 대부분의 사람들이 생각하는 것과 달리, 사람들이 조심한다면 늑대는 통제될 수 있고, 피해를 입을 낮은 가능성에 대해 걱정하는 것은 시간 낭비라고 할 수 있어요.

Note-taking

Reading	Listening
reintroducing wolves: bad	reintroducing wolves: OK
1 damage ecosystem 　- elks ↓ 2 discourage economy 　- killing livestock (sheep) of ranchers 3 dangerous to ppl. 　- being afraid of wolves 　- injure ppl.	1 good for ecosystem 　- too many elks: eat grass that cattle feed on 　- too many elks → x good for ecosystem 2 government support 　- financial support to farmers (sheep) 3 × harmful to people 　- × attack people 　- can avoid in advance b/c wolves howl

Reading Paraphrasing

1 disrupt the balance of the ecosystem
　→ damage the ecosystem

2 will negatively affect the local economy
　→ have an adverse effect on the economy

3 compromises people's safety
　→ their safety would be threatened

Summary

서론	**읽기 지문 주장** **While the author of the reading passage asserts that** releasing wolves back to the forests where they once lived has disadvantages, **반박** **the lecturer opposes the reading's argument with different views.**
본론 1	**반박 1** **First of all, the speaker argues that** the claim about the ecosystem is wrong. **반박 근거** **The benefits of reintroducing wolves outweigh the negative consequences. Without wild wolves, the number of elks will be higher and they will disturb the ecosystem by depriving cattle of grass to feed on. Therefore, the wolves can balance the ecosystem.** **읽기 지문과의 관계** **This calls into question the reading passage's argument that** wolves can damage the ecosystem by killing other animals such as elks.
본론 2	**반박 2** **Next, the lecturer points out that** the opinion regarding the economy is mistaken. **반박 근거** **Although wolves might damage livestock, there is a solution to the problem related to the economic damage. The government can financially support farmers who are harmed by the wolves.** **읽기 지문과의 관계** **This goes against the reading passage's assertion that** the released wolves have an adverse effect on the economy by hunting sheep on the farms.
본론 3	**반박 3** **Last but not least, the professor claims that** the argument concerning safety is flawed. **반박 근거** **Wolves' behavior shows an opposing view. A wild wolf is not as dangerous as it sounds. People can avoid wolves beforehand because wolves usually howl loudly.** **읽기 지문과의 관계** **This contradicts the idea presented in the reading passage that** many people are afraid of wolves because they think their safety would be threatened.

읽기 지문 주장 읽기 지문의 저자는 늑대를 그들이 원래 살았던 숲으로 돌려보내는 것에 난점이 있다고 주장하지만, **반박** 강연자는 다른 시각들로 그 주장에 반대한다.

반박 1 먼저 강연자는 생태계에 관한 주장은 잘못된 것이라고 주장한다. **반박 근거** 늑대를 재도입함으로써 얻는 이점들은 부정적인 결과들을 압도한다. 야생 늑대 없이는 엘크의 개체 수는 많아질 것이고, 그래서 소에게서 먹을 풀을 빼앗음으로써 생태계를 파괴할 것이다. 그러므로 이 늑대는 생태계의 균형을 잡을 수 있다. **읽기 지문과의 관계** 이것은 늑대가 엘크와 같은 다른 동물들을 죽임으로써 생태계를 파괴할 수 있다는 읽기 지문의 주장에 의구심을 던진다.

반박 2 다음으로 강연자는 경제에 관한 의견은 잘못된 것이라고 지적한다. **반박 근거** 늑대가 가축에 피해를 줄지라도 경제적인 피해와 관련된 문제에 대한 해결책은 있다. 정부는 늑대로 인해 피해를 입은 농장주들을 재정적으로 지원할 수 있다. **읽기 지문과의 관계** 이것은 방사된 늑대가 농장의 양을 사냥함으로써 경제에 악영향을 준다는 읽기 지문의 주장을 반박한다.

반박 3 마지막으로 말하기는 하지만 중요한 점은, 교수는 안전에 관한 주장에 결함이 있다고 주장한다. **반박 근거** 늑대의 행동은 반대 측면을 보여 준다. 야생 늑대는 들리는 것만큼 위험하지 않다. 늑대는 대개 크게 울기 때문에 사람들은 사전에 늑대를 피할 수 있다. **읽기 지문과의 관계** 이것은 사람들이 그들의 안전이 위협받는다 생각하기 때문에 많은 사람들이 늑대를 무서워한다는 읽기 지문에 제시된 생각을 반박한다.

INDEPENDENT TASK Q2

자선 기부
Charitable Donation

Question Do you agree or disagree with the following statement? **We should donate to charities regardless of our income.** Use specific reasons and details to support your opinion. 다음 진술에 동의하는가, 그렇지 않은가? 우리의 수입에 상관없이 우리는 자선 단체들에 기부를 해야 한다. 의견을 뒷받침하는 세부 사항과 구체적인 근거를 이용하시오.

Outline

찬성

1 작은 금액일지라도 모이면 커짐 – 개발 도상국들의 가난은 개인이 해결하기 어려워 보일 수 있음 – 선진국들의 많은 사람이 힘을 합하면 큰 도움이 됨 　예) 아이티의 아이들을 위해 기부했던 친구의 예	**2 기부를 하면서 자신감과 성취감을 느낄 수 있음** **Storyline: Motivation** – 기부를 통해 다른 사람을 도와줌 　→ 기부자는 자랑스러움과 뿌듯함을 느낌 – 동기를 부여 받아 더 열심히 하고 자신을 발전시킴 　예) 기부를 통해 변화한 남동생의 예

30점 TIP

고득점 표현
- **make a difference**: 차이를 만들다
  예) A small amount of money can **make a** great **difference**. 적은 양의 돈이 큰 차이를 만들 수 있다.
- **make a difference to ~**: ~에 영향이 있다
  예) The rain did not **make a difference** to the soccer game. 비는 축구 경기에 영향을 주지 않았다.
  　Individual actions can **make a difference** to the environment. 개인의 행동이 환경에 영향을 줄 수 있다.

Sample Essay

서론 도입 주장 근거 소개	**도입** Some people take it for granted that only rich people have to spend money on charity. **주장** However, contrary to this idea, it is clear that we all should give away to charity if we afford to do so. **근거 소개** The rationale behind this is that even small donations have an impact and charitable activities can help donators to improve themselves.
본론 1 근거 1 설명 예시	**근거 1** To begin with, our pocket change can become powerful when pooled together. **설명** To be more specific, the scale of poverty in developing countries and the third world is extreme and we seem powerless to stop it. Besides, donating a small amount of money does not seem like much. However, if our donation is joined with others', it becomes something much bigger. We should not forget how many people there are in the developed world. **예시** For example, two years ago, one of my friends decided to donate some money to Water.org, a nonprofit organization which provides developing countries with safe drinking water. What is more, he recommended his neighbors to watch videos of children in a village of Haiti fetching water out of a dirty river, so they also donated to the organization. As a result, the children were able to drink clean water, and he and his neighbors saw how their small donations made a big difference.

본론 2 근거 2 설명 예시		근거 2 ▶ **Moreover,** donating activities increase the motivation of donators in life. 설명 ▶ **The fundamental reason is that** when people realize that their donation helped or changed the life of a person in despair, they are more likely to be proud of themselves and feel happy about it. This aspect can be an effective catalyst which motivates them to perform better and to improve themselves. With such motivation, donators will make a lot of effort, concentrate more on their tasks, and feel more responsible for their work. Therefore, this can bring about better outcomes. 예시 ▶ **My brother's case can be a striking example.** He used to be very negligent and lost interest in his studies in college. However, he started to sponsor a child in Africa last year. He has changed little by little and has become more mature and self-disciplined. The reason was that my brother felt a sense of achievement as well as confidence by watching the receiver living a better life. On top of that, he began to spend more time studying and to submit assignments on time in school. If he had not donated, he would still be irresponsible in all aspects.
결론	상대 입장 근거 요약 및 재주장	상대 입장 ▶ **Admittedly, some might argue that** we do not need to donate money unless we have enough money. 근거 요약 및 재주장 ▶ **However,** based on the ideas related to the power of small donations and motivation, **we can conclude that** we all have to give money to charities.

도입 ▶ 몇몇의 사람들은 부유한 사람들만이 자선 단체에 돈을 써야 한다는 것을 당연시한다. 주장 ▶ 하지만 이런 생각과는 반대로, 만약 그렇게 할 형편이 된다면, 우리 모두가 기부를 해야 한다는 것은 명백하다. 근거 소개 ▶ 이것의 근거는 비록 작은 기부일지라도 영향이 있고, 자선 활동은 기부자들이 스스로를 발전하게끔 돕는다는 것이다.

근거 1 ▶ 우선 우리의 적은 돈은 함께 모였을 때 강해질 수 있다. 설명 ▶ 좀 더 구체적으로 말하자면, 개발 도상국들과 제삼 세계의 가난의 정도는 심각하고 우리가 그것을 멈출 힘이 없어 보일지도 모른다. 게다가 적은 돈을 기부하는 것은 별것 아닌 듯하다. 그렇지만 만약 우리의 기부가 다른 이들의 것과 함께 모인다면, 그것은 더 큰 무언가가 될 것이다. 우리는 선진국들에 얼마나 많은 사람들이 있는지를 잊어서는 안 된다. 예시 ▶ 예를 들어, 2년 전 내 친구 중 한 명은 개발 도상국가에 안전한 식수를 제공하는 Water.org라는 비영리 단체에 약간의 돈을 기부하기로 했다. 게다가 그는 그의 이웃들에게 더러운 강에서 물을 길어다 먹는 아이티의 어떤 마을에 있는 아이들의 동영상을 보라고 권유해서, 그들도 그 단체에 기부를 했다. 그 결과 그 아이들은 깨끗한 물을 마실 수 있었고, 그와 그의 이웃들은 작은 기부가 어떻게 큰 차이를 만들 수 있는지를 보았다.

근거 2 ▶ 게다가 기부 활동은 기부자들에게 동기를 부여해 준다. 설명 ▶ 그 근본적인 이유는 사람들이 그들의 기부가 절망에 있는 사람의 삶을 돕거나 그들의 삶을 변화시켰다는 것을 알게 됐을 때, 그들은 그들 스스로를 자랑스럽게 생각할 것이고 그것에 대해 행복감을 느낄 것이다. 이러한 측면은 그들이 무언가를 더 잘 수행하도록 동기를 부여하고 그들을 개선시키는 효과적인 촉매제가 될 수 있다. 이러한 동기 부여로, 기부자들은 그들의 일을 하는 데에 더 많은 노력을 기울이고 좀 더 집중하게 만들 것이며 그들의 일에 좀 더 책임감을 느끼도록 할 것이다. 그러므로 이것은 더 나은 결과들을 가져올 것이다. 예시 ▶ 나의 남동생의 경우가 현저한 예가 될 것이다. 그는 매우 태만했고 대학에서 그의 학업에 흥미를 잃었었다. 그러나 그는 지난해 아프리카의 한 아이를 지원하기 시작했다. 그는 점차 변했고, 더 성숙해지고 반듯한 사람이 되었다. 이것은 나의 남동생이 더 나은 삶을 사는 수혜자를 보고 자신감뿐만 아니라 성취감을 느꼈기 때문이다. 그뿐만 아니라, 그는 공부하는 데 더 많은 시간을 썼고 학교에 제때 과제물을 제출하기 시작했다. 만약 그가 기부를 하지 않았더라면 그는 여전히 모든 측면에서 무책임했을 것이다.

상대 입장 ▶ 물론, 어떤 사람들은 우리가 충분한 돈을 가지고 있지 않다면 돈을 기부할 필요가 없다고 주장할 수도 있다. 근거 요약 및 재주장 ▶ 그러나 작은 기부의 힘 및 동기 부여와 관련된 생각을 바탕으로, 우리는 모두 자선 단체에 돈을 기부해야 한다고 결론 내릴 수 있다.

[**Vocabulary**] charity 자선　donation 기부　charitable 자선의　donator 기부자　pool 모으다　powerless 힘없는　drinking water 식수　fetch 가지고 오다　catalyst 촉매(제)

TOEFL iBT
WRITING

영단기 TOEFL

ACTUAL TEST

TEST 12

Integrated Task　Question 1
Independent Task　Question 2

INTEGRATED TASK Q1

리처드 3세
Richard III

Reading Passage

[**Vocabulary**] nephew 조카   seize 장악하다   throne 왕위   successor 계승자   depict 묘사하다
widely accepted 일반적으로 받아들여지는

주제
리처드 3세가 두 조카를 제거했음

Richard III (2 October 1452~22 August 1485) was King of England from 1483 until his death in 1485. He was the last king of the House of York. There are some theories to suggest that Richard actually eliminated his two nephews in the Tower of London to seize the throne, when his brother King Edward IV died. The murder may have occurred some time around 1483.

리처드 3세(1452년 10월 2일~1485년 8월 22일)는 1483년부터 그가 죽은 해인 1485년까지 영국의 왕이었다. 그는 요크 가의 마지막 왕이었다. 그의 형인 에드워드 4세가 죽었을 때 리처드가 왕위를 쟁취하기 위해 그의 두 조카들을 실제로 런던 타워에서 죽였음을 시사하는 이론들이 있다. 그 살인은 1483년경 발생한 듯하다.

근거 1
보호자인 리처드는 살인 기회가 많았음

First of all, Richard could have easily killed his nephews including the successor. After King Edward IV's death, he became the protector and escorted them, so he would have had many chances to murder them easily. For his nephews, they would not ever expect the plan of Richard III because they were known to have close relationships. However, it was necessary for him to eliminate them to gain the throne.

첫째로, 리처드는 후계자를 포함한 그의 조카들을 쉽게 죽일 수 있었을 것이다. 에드워드 4세의 죽음 이후, 그는 그들의 보호자가 되었고 그들을 호위했기 때문에 그는 아마도 그들을 쉽게 죽일 수 있는 많은 기회를 가질 수 있었을 것이다. 그들은 가까운 관계로 알려졌기 때문에, 그의 조카들은 리처드 3세의 계획을 예상하지 못했을 것이다. 그러나 그가 왕위를 얻기 위해서는 그들을 죽여야만 했다.

근거 2
많은 역사극이 살인 장면을 묘사함

Secondly, there is a history play, *Richard III* also known as *The Tragedy of Richard the Third*, written by William Shakespeare. The play depicts that Richard executed his nephews by ordering two murderers to kill the nephews in the tower. In fact, literary work in the past represents the reality of those days. Many works describe the story of Richard III back then and many of them depict the scene of the murder by Richard III.

둘째로, 〈리처드 3세〉 또는 〈리처드 3세의 비극〉으로 알려진 윌리엄 셰익스피어가 쓴 역사극이 있다. 그 극은 리처드 3세가 2명의 살인범들에게 명령해 그의 조카들을 처형한 것을 묘사한다. 사실 과거의 문학 작품은 당대의 현실을 대변한다. 많은 작품들은 당시 리처드 3세의 이야기를 묘사했고 그 중 다수는 리처드 3세에 의한 살인 장면을 묘사한다.

근거 3
타워에서 아이들의 유골이 발견됨

Lastly, a wooden box containing two small human skeletons was found in the tower where the nephews were murdered by Richard III in an attempt to secure his hold on the throne. The bones were widely accepted at the time as those of the princes. Therefore, the skeletal remains of the children can be the most convincing evidence to prove that they were killed by Richard III.

마지막으로, 리처드 3세가 왕위에 대한 그의 영향력을 확실히 하기 위해 조카들을 살해한 그 타워에서 2명의 작은 사람의 해골을 담은 나무 상자가 발견되었다. 그 당시에 그 뼈들이 그 왕자들의 것이라고 일반적으로 받아들여졌다. 그러므로 그 어린아이의 유골은 그들이 리처드 3세에 의해 살해되었다는 가장 확실한 증거이다.

Listening Script

[**Vocabulary**] appeal to ~에 호소하다   heir 상속인, 계승자   born out of wedlock 서출의   illegitimate 사생아로 태어난
reign 통치 기간   slander 비방하다   span 기간   skeleton 해골

🔊 MP3 12

입장
리처드 3세가 두 조카를 제거할 이유가 없었음

Everything you have read from the passage argues that Richard III killed his nephews but this is flawed because there was no need for him to eliminate them. Let me point out why the theories are wrong.

여러분이 그 글에서 읽은 모든 것들은 리처드 3세가 그의 조카들을 죽였다고 주장하지만 그는 그들을 제거할 필요가 없었기 때문에 이것에는 결함이 있어요. 내가 왜 그 이론들이 잘못됐는지 지적할게요.

근거 1
조카들은 사생아였음

OK, to start with, although Richard had opportunities to kill his two nephews, he didn't need to kill them. In fact, he appealed to the court of law that the two children were not true heirs to the throne because they were born out of wedlock. I mean, they were illegitimate and ineligible for the throne. Since they didn't have the right to inherit the throne, there was no need for him to kill them.

좋아요, 먼저 리처드가 그의 두 조카들을 죽일 기회가 있었음에도 불구하고 그는 그럴 필요가 없었어요. 사실, 그는 법원에 그 두 아이들이 서출이기 때문에 그들은 실질적인 계승자가 아니라고 호소했어요. 그러니까, 그들은 사생아였고, 그 왕위에 자격이 없었다는 것이에요. 그들이 왕위를 상속받을 권리가 없었기 때문에 그는 그들을 죽일 필요가 전혀 없었어요.

근거 2
셰익스피어는 튜더 가의 지원을 받았음

The second thing is that Shakespeare who wrote the play was not independent and was sponsored by the Tudor family, who hated Richard III. The Tudor family was rival of the House of York, Richard III belonged to, and the family captured the throne after Richard III. In order to justify their reign, the Tudor family tried to slander Richard III by ordering Shakespeare to write a play based on a favorable story for them. Manipulating the record through books and poetry to justify the killing or the reign happened often throughout history.

두 번째로 그 극을 쓴 셰익스피어는 독립적이지 않았고 튜더 가의 지원을 받고 있었는데, 그들은 리처드 3세를 싫어했어요. 튜더 가문은 리처드 3세가 속한 요크 가의 라이벌이었으며, 리처드 3세 이후 왕위를 잡았습니다. 그들의 통치를 정당화하기 위해서 튜더 가는 셰익스피어가 그들의 구미에 맞는 극을 쓰도록 명령해 리처드 3세를 비방하려 했어요. 살해나 통치를 정당화하기 위해 책과 시를 통해서 기록을 조작하는 것은 전 역사에 걸쳐 종종 일어났었죠.

근거 3
해골 증거는 그 누구의 흔적이 될 수 있음

Lastly, lets talk about the skeletal evidence. In the span of hundreds of years, many people including children have died in the tower, so the skeletons could have been anyone. Also, back then, there was no way to determine the gender of the remains, so they can't be used as evidence. The reading failed to prove whether the skeletons that were discovered were proved to be those of Richard III's nephews.

마지막으로, 그 해골 증거에 대해 얘기해 볼게요. 수백 년의 기간에 아이들을 포함한 많은 사람들이 그 타워에서 죽어서 그 해골들은 누구라도 될 수 있어요. 또한, 그 당시에는 유골의 성별을 판단할 수 있는 방법도 없었기 때문에 그것들은 증거로써 사용될 수 없어요. 읽기 지문은 발견된 해골이 리처드 3세의 조카의 것이라고 판명됐는지 증명하는 데 실패했어요.

Note-taking

Reading	Listening
R III: eliminating his nephews	R III: × kill his nephews
1 easy to kill - protector of them	1 × need to kill - nep.: illegitimate heirs → × right to have the throne
2 Shakespeare's play: R III killed his nep. - literary work based on reality	2 Shakespeare sponsored by Tudors - Tudors hated R III - Shakespeare wrote stories for them
3 skeletal remains in the tower: evidence	3 skeletons can be anyone - no way to determine gender - many ppl. died in the tower

Reading Paraphrasing

1 they were known to have close relationships
   → he could always get along with them

2 represents the reality of those days
   → reflecting the true accident

3 the skeletal remains of the children can be the most convincing evidence
   → the dead children's bones are enough evidence

Summary

서론	**읽기 지문 주장** **While the author of the reading passage argues that** Richard III killed his nephews in order to gain the throne of England, **반박** **the lecturer opposes the reading's assertion with different views.**
본론 1	**반박 1** **First of all, the speaker argues that** the claim about access to the nephews is wrong. **반박 근거** He did not have to eliminate the nephews. The children did not have the right to become a king because they were illegitimate children. **읽기 지문과의 관계** **This calls into question the reading passage's argument that** he did not want the children to be the next king, and he killed them easily because he was able to get along with them.
본론 2	**반박 2** **Additionally, the lecturer points out that** the argument regarding Shakespeare's play is mistaken. **반박 근거** Shakespeare was financed by the Tudors who were rivals for Richard III, so he made the stories about the murder by fabricating facts. **읽기 지문과의 관계** **This goes against the reading passage's assertion that** Shakespeare and many authors at that time wrote about the children's death by Richard III reflecting the true accident.
본론 3	**반박 3** **Finally, the professor contends that** the opinion related to skeletal remains is flawed. **반박 근거** The skeletal evidence can be anyone's remains. Back then, many people died in the tower, and no one could identify gender based on skeletons. **읽기 지문과의 관계** **This contradicts the idea presented in the reading passage that** the dead children's bones are enough evidence to prove that Richard III assassinated them.

읽기 지문 주장 읽기 지문의 저자는 리처드 3세가 영국의 왕위를 얻기 위해 그의 조카들을 죽였다고 주장하지만, **반박** 강연자는 다른 시각들로 그 주장에 반대한다.
반박 1 먼저 강연자는 그 조카들에게 접근하는 권한에 관한 주장은 잘못된 것이라고 주장한다. **반박 근거** 그는 그 조카들을 죽일 필요가 없었다. 아이들은 사생아였기 때문에 그들은 왕이 될 자격이 없었다. **읽기 지문과의 관계** 이것은 그가 아이들이 다음 왕이 되는 것을 원하지 않았기 때문에 그들과 항상 잘 어울릴 수 있다는 점을 이용해 쉽게 그들을 죽였다는 읽기 지문의 주장에 의구심을 던진다.
반박 2 추가적으로 강연자는 셰익스피어의 희곡에 관한 주장은 잘못된 것이라고 지적한다. **반박 근거** 셰익스피어가 리처드 3세와 라이벌이었던 튜더 가문의 재정 지원을 받았기 때문에, 그는 사실을 조작해 살인에 관한 이야기를 만들었다. **읽기 지문과의 관계** 이것은 셰익스피어와 그 당시의 많은 작가들이 실제 사건을 반영하여 리처드 3세에 의한 아이들의 죽음에 대해 썼다는 읽기 지문의 주장을 반박한다.
반박 3 마지막으로 교수는 그 유골에 관한 의견에 결함이 있다고 주장한다. **반박 근거** 그 해골 증거는 누구의 유해라도 될 수 있다. 그 당시 많은 사람들이 그 타워에서 죽었고, 누구도 유골을 근간으로 성별을 파악할 수 없었다. **읽기 지문과의 관계** 이것은 죽은 아이들의 뼈가 리처드 3세가 그들을 암살했다는 충분한 증거가 된다는 읽기 지문에 제시된 생각을 반박한다.

INDEPENDENT TASK Q2 — 아이들의 독립성
Independence of Children

Question Do you agree or disagree with the following statement? **Children in the past were more independent on their parents than those now.** Use specific reasons and details to support your opinion.

다음 진술에 동의하는가, 그렇지 않은가? 과거의 아이들은 지금의 아이들보다 그들의 부모에 대해 더 독립적이었다. 의견을 뒷받침하는 세부 사항과 구체적인 근거를 이용하시오.

Outline

반대

1 요즘 아이들은 부모 없이 혼자 보내는 시간이 많음 – 맞벌이가 늘어 부모가 아이를 직접 양육하기 힘듦 → 아이 스스로 문제를 해결해야 함 예) 교육부의 양육 시간에 대한 조사 결과	**2** 기술의 발전은 아이들을 좀 더 독립적이게끔 만듦 – 아이들이 전자 기기를 능숙하게 다룸 – 부모 없이 온라인으로 놀거나, 학습하거나, 물건을 구입할 수 있음 예) 여동생이 온라인으로 영어 공부를 한 예

30점 TIP

과거와 현재를 비교해야 할 경우에는, 본론에 '~와 달리' 또는 '~와 비교했을 때'와 같은 표현을 넣어 과거와 현재를 대비시켜 설명한다.
예) unlike the past, in contrast to the past 과거와는 달리
compared to the past 과거와 비교했을 때

Sample Essay

서론
도입
주장
근거 소개

[도입] Some people take it for granted that children in the past were less dependent than children now. **[주장]** However, contrary to this idea, it is evident that young people today are more independent. **[근거 소개]** The compelling logic behind this is that children nowadays spend less time with their parents and new technologies make children independent.

본론 1
근거 1
설명
예시

[근거 1] To begin with, children today spend more time alone without their parents. **[설명]** This is mainly because, compared to the past, more parents are becoming working parents and spend more time at work to survive in a competitive society. Therefore, they do not have enough time to supervise their child, and the child has to solve problems or tasks alone. **[예시]** According to research conducted by the Ministry of Education of Korea, the parental time dropped considerably over the past decade. The primary cause was that the number of working mothers increased by 40 percent. As a result, more children these days tend to spend time alone at home, do housing chores such as making easy meals and washing dishes, and do homework without parents.

본론 2
근거 2
설명
예시

[근거 2] Moreover, advances in technology enable children these days to be more independent. **[설명]** An important reason is that many kids are more tech-savvy than their parents and they try to keep pace with the ever-evolving digital world. Thus, the children can study by taking online lessons, play on the computer, and even buy what they want on the Internet without their parents' help. **[예시]** For

instance, three years ago, my 10-year-old sister enrolled in an online course to learn English and it was full of interactive explanations, interesting characters, and animations. Our parents considered it a cyber tutor which allowed her to learn alone and they did not need to get involved in her English education. As a consequence, she was able to study English herself without the direct involvement of our parents.

| 결론
재주장
근거 요약 | 재주장 **In conclusion, without any hesitation, I strongly believe that** today's young people are more independent on their parents than those in the past. 근거 요약 **The reason is that** parents today spend more time in the workplace, and modern technology helps children to do things alone. |

도입 ▶ 몇몇의 사람들은 과거의 아이들이 현 시대의 아이들보다 덜 의존적이었다는 것을 당연시한다. 주장 ▶ 하지만 이런 생각과는 반대로, 오늘날의 아이들이 좀 더 독립적인 것은 분명하다. 근거 소개 ▶ 그 논리적 근거는 요즘 아이들은 부모와 시간을 덜 보내고, 새로운 기술들이 아이들을 독립적으로 만들기 때문이다.
근거 1 ▶ 우선 오늘날의 아이들은 그들의 부모 없이 더 많은 시간을 혼자 보낸다. 설명 ▶ 이것은 주로, 과거와 비교했을 때 더 많은 부모가 맞벌이 부모가 됐고 경쟁적인 사회에서 살아남기 위해 일하는 데 더 오랜 시간을 보내기 때문이다. 따라서 그들은 그들의 아이들을 지도할 충분한 시간이 없고, 아이들은 문제나 과업을 혼자 해결해야만 한다. 예시 ▶ 대한민국 교육부에서 실시한 연구에 따르면, 지난 10년 동안 부모와 보내는 시간은 상당히 줄어들었다. 주 요인은 일하는 어머니들의 수가 40퍼센트 증가했기 때문이다. 그 결과로 요즘 더 많은 아이들은 시간을 혼자 보내는 경향이 있고, 부모 없이 간단한 음식을 만들고 설거지를 하는 것과 같은 집안일을 하며 숙제를 한다.
근거 2 ▶ 게다가 기술의 발달은 요즘 아이들이 좀 더 독립적이게끔 만든다. 설명 ▶ 중요한 이유가 무엇이냐 하면, 많은 아이들이 부모에 비해 기계나 전자 기기에 대해 잘 알고, 그들은 지속적으로 진화하는 디지털 세상을 따라가려 노력한다. 그래서 그 아이들은 그들의 부모 없이 온라인 수업을 들으며 공부할 수 있고, 컴퓨터를 가지고 놀 수 있으며, 심지어 인터넷에서 그들이 원하는 것을 구입할 수도 있다. 예시 ▶ 예를 들어, 3년 전에 내 10살짜리 여동생은 영어를 배우기 위해 대화형 설명, 흥미로운 캐릭터와 애니메이션이 가득한 온라인 과정에 등록했다. 우리의 부모님은 그것을 사이버 선생님으로 여겨 그녀가 혼자 학습하게 했고, 그들이 그녀의 영어 교육에 개입할 필요가 없었다. 그 결과로 그녀는 우리 부모님의 직접적인 관여 없이 스스로 공부할 수 있었다.
재주장 ▶ 결론적으로 의심의 여지없이, 나는 오늘날의 아이들이 과거의 아이들보다 더 그들의 부모에게 독립적이라고 굳게 믿는다. 근거 요약 ▶ 그 이유는 요즘의 부모는 회사에서 더 많은 시간을 보내고, 현대의 기술은 아이들이 부모 없이 여러 가지를 혼자 하게 돕기 때문이다.

[**Vocabulary**] competitive 경쟁을 하는   supervise 지도하다   primary 주된   tech-savvy 전자 기기 또는 기계에 익숙한
enroll 등록하다   interactive 상호 작용을 하는, 대화형의

TOEFL iBT
WRITING

영단기 TOEFL

ACTUAL TEST

TEST 13

Integrated Task   Question 1
Independent Task   Question 2

INTEGRATED TASK **Q1**

포클랜드 섬의 늑대 개
Falkland Islands Wolf-dog

Reading Passage

[**Vocabulary**] thrive 번창하다   evolve 진화하다   ancestry 가계, 혈통   domesticate 길들이다, 사육하다

주제
포클랜드의 늑대 개는 남아메리카인들이 들여옴

The Falkland Islands are located about 300 miles (480 km) east of South America's southern coast. The Falkland Islands wolf-dog, also known as the warrah, became extinct in the late 1800's but thrived as a predator on the island before then. While the origin of this animal is a mystery, most historians agree that the warrah wolf-dog was brought to the Falkland Islands by South Americans thousands of years ago. There are three main reasons for this theory.

포클랜드 섬들은 남아메리카의 남쪽 해안에서 동쪽으로 300마일(480km) 정도 떨어진 곳에 위치해 있다. 와라라고도 알려진 포클랜드 늑대 개는 1800년대 후반에 멸종되었지만 그 전까지는 이 섬의 포식자로 번창했다. 이 동물의 기원은 미스터리이지만 대부분의 역사 학자들은 와라가 수천 년 전에 남아메리카인들에 의해 포클랜드로 들어오게 됐다는 데 동의한다. 이 이론에 대한 주된 이유 세 가지가 있다.

근거 1
남아메리카인들이 그 섬에 정착했음

First of all, canoes found as evidence show that South Americans were the ones to settle on this island. The canoes were used by South American people and were believed to be thousands of years old. And although there are no particular wolf-dogs in present day South America, many believe that South Americans brought wolves and foxes by sailing and they evolved on the island. Therefore, the warrah has the same ancestry as the wolves and foxes of South America.

먼저, 증거로 발견된 카누는 남아메리카인들이 이 섬에 정착했다는 것을 보여 준다. 그 카누는 남아메리카인들에 의해 사용되었고 수천 년은 된 것으로 여겨진다. 그리고 비록 오늘날 남아메리카에 이렇다 할 늑대 개가 없을지라도, 많은 사람들은 남아메리카인들이 항해를 통해 늑대와 여우를 들여왔고, 그들이 그 섬에서 진화했다고 믿는다. 그러므로 와라는 남미의 늑대와 여우와 혈통이 같다.

근거 2
늑대 개는 스스로 그 섬에 갈 수 없었음

Another reason is that historians and scientists believe that the wolf-dogs were brought to the islands by South American because the wolf-dogs could not have gone to the island using natural methods. Although some may speculate they crossed to the island by way of ice during the ice age, if they had so, other animals would have been present on the island as well. However, the wolf-dogs are the only ones that were present on the island.

역사 학자들과 과학자들이 늑대 개가 남아메리카인들에 의해 그 섬에 들어오게 됐다고 믿는 또 다른 이유는 늑대 개가 자연적인 방법으로는 그 섬에 갈 수 없었다는 것이다. 어떤 사람들은 그들이 빙하기에 얼음길로 이동을 했다고 추측하지만, 만약 그들이 그랬다고 한다면, 다른 동물들도 그 섬에 존재할 것이다. 하지만 이 늑대 개만이 그 섬에 존재했던 유일한 동물이다.

근거 3
사람에 대한 두려움이 없음

Finally, there is proof that the wolf-dogs were brought by South Americans, for the wolves aren't afraid of people. This means that the wolf-dogs were domesticated at one point and were brought to the island by people. They are not afraid of humans because they were once the pets of humans. This is the third reason for the theory that the wolf-dogs of the Falkland Islands were brought by South Americans.

마지막으로, 늑대 개가 남아메리카인들에 의해 들어오게 됐다는 증거가 있는데, 늑대 개가 사람들에 대한 두려움이 없다는 점이다. 이것은 늑대 개가 어느 순간에 길들여졌고 사람에 의해 그 섬에 들어오게 됐다는 것을 의미한다. 늑대 개가 한때 사람들의 애완동물이었기 때문에 그들은 사람에 대한 두려움이 없다. 이것이 포클랜드 섬의 늑대 개가 남아메리카인들에 의해 들어오게 됐다는 이론에 대한 세 번째 이유이다.

Listening Script

[**Vocabulary**]　native 원산의, 토속의　　isolation 고립, 격리　　predator 포식자　　fear 두려워 하다

MP3 13

입장
제시된 주장에 결함이 있음

Hello class. Today we will be talking about a special animal, called the warrah or wolf-dog, which could only be found on the Falkland Islands. Although they are extinct now, people still argue over how these wolf-dogs got to the island. While no one is quite sure how they got there, I am telling you that the theories the article presents is flawed in many ways. Let me explain.

여러분, 안녕하세요. 오늘은 오직 포클랜드 섬에서만 발견되었던 와라 혹은 늑대 개로 불리는 특별한 동물에 대해서 이야기할 겁니다. 이제 그들은 멸종했지만 사람들은 여전히 이 늑대 개가 어떻게 이 섬에 갔는지에 대한 논쟁을 하고 있어요. 그들이 그곳에 어떻게 도착했는지 누구도 확신하지 못하지만, 글에 제시된 이 이론은 여러모로 결함이 있는 것은 사실입니다. 이제 설명을 해 보죠.

근거 1
늑대 개의 DNA와 남아메리카의 늑대나 여우의 DNA가 일치하지 않음

The article states that there is evidence for the wolf-dog being brought on to the island by South American people. But there is also evidence showing that they were not. For example, DNA evidence points out that the wolf-dogs on the island do not have ancestry with the wolves or foxes in South America. Also, researchers discovered several bones showing that wolf-dogs' most recent ancestor lived around 330,000 years ago, which means that they were already present on the island before humans were.

이 글은 늑대 개가 남아메리카인들에 의해 이 섬으로 들어오게 됐다는 증거가 있다고 주장합니다. 하지만 또한 그렇지 않음을 보여 주는 증거도 있죠. 예를 들어, DNA 증거는 그 섬에 있는 늑대 개가 남아메리카에 있는 늑대 혹은 여우의 혈통을 가지고 있지 않음을 지적합니다. 또한, 연구자들은 늑대 개의 가장 최근 조상들이 약 33만 년 전에 살았음을 보여 주는 여러 뼈들을 발견하였고, 이것은 그들이 사람들이 오기 전에 이미 그 섬에 존재했음을 의미합니다.

근거 2
빙하기에는 얼음 위로 이동이 가능함

On top of that, it is completely possible that the wolf-dogs travelled over ice during the ice age to get to the island. You see, other animals could have also travelled on the ice to get to the island, but because there was no food they all died. The wolves on the other hand were able to survive off of the native food of the islands and thus were able to survive.

그 밖에, 늑대 개가 그 섬에 가기 위해서 빙하기 동안에 얼음 위로 이동한 것은 충분히 가능한 일입니다. 여러분들도 알다시피 다른 동물들 역시 섬에 가기 위해 얼음 위로 이동했을 수도 있지만 먹이가 없어 모두 죽은 것이죠. 반면에 늑대는 그 섬의 토종 먹이를 먹으며 생존할 수 있었죠.

근거 3
고립으로 인해 두려움을 상실했을 수 있음

The last point of the article says that the wolf-dogs were once domesticated animals and therefore not afraid of people. While it is true that animals that were once pets are not afraid of people, it is also possible that isolation made it so. As these wolf-dogs were the only real predators on the island, they may have lost the ability to fear potential enemies and so were not afraid of humans.

그 글의 마지막 주장은 늑대 개가 한때 가축이었고 그래서 사람들을 두려워하지 않는다고 해요. 한번 애완동물이었던 동물이 사람들을 두려워하지 않는다는 것은 사실이지만, 고립이 그렇게 만들었을 가능성도 있죠. 이 늑대 개는 그 섬의 유일한 실질적 포식자였기 때문에 그들은 잠재적인 적들에 대한 두려움을 느끼는 능력을 상실할 수 있고 그래서 늑대 개가 사람들을 무서워하지 않았을지도 모릅니다.

123

Note-taking

Reading	Listening
Falkland wolf-dog by South Americans	Falkland wolf-dog by South Americans: ×

1 canoes found
  - bringing wolves and foxes by S.A.
	1 DNA different from foxes & wolves (S.A.)
	  - bones: lived before humans arrived

2 wolves × go themselves
  - ice bridge during ice age
  - but other animals × exist
	2 traveling over ice during ice age
	  - other animals × find food
	  - warrah find food & survive

3 × afraid of humans - b/c domesticated by S.A.	3 isolated → no enemies → × afraid of humans

Reading Paraphrasing

1 the warrah has the same ancestry as wolves and foxes of South America
  → the wolves and foxes of South America have the same ancestry as the wolf-dog

2 crossed to the island by way of ice
  → moved to the island by using a natural ice bridge

3 the wolves aren't afraid of people
  → the wolf-dogs were not afraid of humans

Summary

서론 | **읽기 지문 주장** While the author of the reading passage argues that there are three pieces of evidence that South Americans brought the wolf-dog, also known as the warrah, to the Falkland Islands, **반박** the lecturer opposes the reading's assertion with different views.

본론 1 | **반박 1** First of all, the speaker argues that the claim about the ancestor of the wolf-dog is wrong. **반박 근거** DNA evidence in the lecture shows an opposing view. The wolf-dog's DNA does not correspond to that of the wolves or foxes of South America. In addition, their ancestors already existed on the island before South Americans came to the island. **읽기 지문과의 관계** This calls into question the reading passage's argument that South Americans were the only settler in the Island and the wolves and foxes of South America have the same ancestry as the wolf-dog.

본론 2 | **반박 2** Additionally, the lecturer points out that the assertion regarding an ice bridge is mistaken. **반박 근거** Although both the wolf-dog and many other animals could have crossed to the island on the ice, the wolf-dog was the only competitive one among the animal species as they were able to find native food of the island. Other animals must have died due to lack of food. **읽기 지문과의 관계** This goes against the reading passage's assertion that if the wolf-dog had moved to the island by using a natural ice bridge, other animals would have moved there, but no other animals lived in the island.

본론 3 | **반박 3** Finally, the professor contends that the opinion concerning domestication is flawed. **반박 근거** It is hasty to conclude just by looking at domestication. The reason why the wolf-dog was not afraid of humans is that they had no species above them in the food chain on the island. **읽기 지문과의 관계** This contradicts the idea presented in the reading passage that since the wolf-dogs were not afraid of humans, South Americans would have domesticated and brought them to the island.

읽기 지문 주장 읽기 지문의 저자는 남아메리카인들이 와라라고 알려진 늑대 개를 포클랜드 섬으로 데려왔다는 세 가지 증거가 있다고 주장하지만, **반박** 강연자는 다른 시각들로 그 주장에 반대한다.

반박 1 먼저 강연자는 늑대 개의 조상에 관한 주장은 잘못된 것이라고 주장한다. **반박 근거** 강의의 DNA 증거는 반대 입장을 보여 준다. 늑대 개의 DNA는 남아메리카의 늑대나 여우의 것과 부합하지 않는다. 게다가 그들의 조상은 남아메리카인들이 이 섬으로 오기 전에 이미 그 섬에 살고 있었다. **읽기 지문과의 관계** 이것은 남아메리카인들만이 그 섬의 유일한 정착민이며 남아메리카의 늑대와 여우가 늑대 개와 같은 혈통을 가지고 있다는 읽기 지문의 주장에 의구심을 던진다.

반박 2 추가적으로 강연자는 얼음 교각에 관한 주장은 잘못된 것이라고 지적한다. **반박 근거** 늑대 개와 많은 다른 동물들이 얼음 위로 그 섬을 가로질러 이동했을 수 있더라도 늑대 개들만이 그 섬 안에서 먹이를 찾을 능력이 있었기 때문에 많은 동물들 중에서 경쟁력이 있는 유일한 존재였다. 다른 동물들은 먹이의 부족으로 인해 죽었음이 틀림없다. **읽기 지문과의 관계** 이것은 만약 늑대 개가 자연적인 얼음 교각을 이용해 그 섬에 갔다면, 다른 동물들도 거기에 갔어야 하지만 다른 어떤 동물들도 그 섬에 살지 않았다는 읽기 지문의 주장을 반박한다.

반박 3 마지막으로 교수는 가축화에 관한 의견에 결함이 있다고 주장한다. **반박 근거** 단지 가축화만 보고 판단하는 것은 성급하다. 늑대 개가 사람들을 무서워하지 않는 이유는 그 섬의 먹이 사슬에서 그들 위에 있는 종이 없었기 때문이다. **읽기 지문과의 관계** 이것은 늑대 개가 사람들을 무서워하지 않는다는 점을 들어, 남아메리카인들이 그들을 가축화하고 그 섬으로 데려왔다는 읽기 지문에 제시된 생각을 반박한다.

INDEPENDENT TASK Q2

도시 vs 시골
In Rural Area vs City

Question Do you agree or disagree with the following statement? **It is better for people to raise children in rural areas than in cities.** Use specific reasons and details to support your opinion. 다음 진술에 동의하는가, 그렇지 않은가? 아이들을 키우는 데 있어서는 시골이 도시보다 더 낫다. 의견을 뒷받침하는 세부 사항과 구체적인 근거를 이용하시오.

Outline

찬성

1 시골은 아이들의 건강에 도움이 됨 – 여유로운 삶은 정신 건강에 도움이 됨 – 시골의 깨끗한 공기와 물은 여러 질병을 예방함 예) 어린 시절 시골 할머니 댁에 놀러 갔던 일	2 시골은 아이들을 위한 안전한 환경을 제공함 – 시골: 주민들끼리 친한 작은 사회 – 도시: 위험한 유흥가 + 많은 사고 예) 도시에 돌아와서는 밖에서 놀 수 없었던 경험

30점 TIP

'경쟁하는 사회'를 말할 때 competitive society 외에 rat race, hustle and bustle과 같은 다양한 표현을 사용하는 것이 좋다.
예) I felt a rat race in New York City. 나는 뉴욕 시에서 극심한 경쟁을 느꼈다.
    Seoul is a city of hustle and bustle. 서울은 바쁘고 부산한 도시이다.

Sample Essay

서론
도입
주장
근거 소개

도입 It is often believed that we can take better care of children in a big city where they can live a convenient life. **주장** However, contrary to this idea, it is evident that living in the countryside is better for children. **근거 소개** This is because a life in the country is healthier and safer for them.

본론 1
근거 1
설명
예시

근거 1 First of all, living in the countryside enables children to maintain their emotional and physical health. **설명** This is mainly because slow-paced life in the countryside is more carefree and relaxing, unlike the high-pressured rat-race life in the city. What is more, cleaner air and water in rural areas can prevent numerous illnesses ranging from skin diseases to lung cancer. **예시** For example, when I was a kid, my parents took me to my grandmother's house in the countryside every summer vacation. While staying in the country, I was relieved from my chronic atopic dermatitis and allergy because breathing in fresh air, drinking clean water, and being in a peaceful environment acted as an effective cure. Had I always lived in a city, exhaust fumes of vehicles and the hustle and bustle of a city life would have seriously exacerbated my health problems.

본론 2
근거 2
설명
예시

근거 2 In addition, living in the countryside provides children with a safer environment. **설명** To be more specific, our loved ones can be protected in a small friendlier community where everyone is familiar with one another. On the other hand, cities are full of large decadent entertainment establishments that attract numerous strangers and potential criminals, and also more car accidents occur in cities. **예시** For instance, when I stayed in my grandmother's house in the country, my parents allowed me to play outside freely in the safe environment. However, after coming back home in Seoul, the capital city of Korea, even though I wanted to play outside with my friends, my parents never gave me permission to get outside because the city dwellers were in fear of news reports of child molesters, kidnappers, and car accidents on the street.

Admittedly, some might argue that it is better for children to live in a city. **However,** based on the ideas related to health and a safer environment, **we can conclude that** living in the countryside is more beneficial in raising children.

편리한 삶을 살 수 있는 대도시에서 우리가 아이들을 더 잘 보살필 수 있다고 종종 여겨진다. 하지만 이런 생각과는 반대로, 시골에 사는 것이 아이들을 위해 더 낫다는 것은 분명하다. 그 이유는 시골에서의 삶이 그들에게 더 건강하고 안전하기 때문이다.

우선 시골에서 사는 것은 아이들이 그들의 심신의 건강을 유지하도록 한다. 그 이유는 엄청나게 극심한 생존 경쟁을 하는 도시의 삶과 달리, 여유로운 시골의 삶은 더 걱정 없고 편안하기 때문이다. 게다가 지방의 더 깨끗한 공기와 물은 피부병에서 폐암에 이르는 수많은 질병을 예방할 수 있다. 예를 들어, 내가 어렸을 때 나의 부모님은 여름 방학마다 나를 시골의 할머니 댁으로 데리고 가셨다. 신선한 공기를 마시고, 깨끗한 물을 마시며, 평화로운 환경에 있는 것이 효과적인 치료제로 작용하여 시골에 있는 동안, 나는 만성 아토피 피부염과 알레르기에서 벗어났다. 만약 내가 항상 도시에서 살았었다면, 자동차의 배기가스와 도시의 혼잡한 생활이 내 건강상의 문제를 심하게 악화시켰을 것이다.

게다가 시골에서 사는 것은 아이들에게 더 안전한 환경을 제공한다. 좀 더 구체적으로, 우리가 사랑하는 사람들이 서로서로가 친숙한, 작고 더 친근한 지역 사회의 보호를 받을 수 있기 때문이다. 반면에 도시는 수많은 낯선 사람과 잠재적 범죄자들을 유혹하는 퇴폐 유흥업소가 가득하고, 더 많은 자동차 사고가 일어난다. 예를 들어, 내가 시골의 할머니 댁에 있었을 때, 나의 부모님은 내가 환경이 안전한 밖에서 자유롭게 놀 것을 허락하셨다. 하지만 한국의 수도인 서울에 있는 집에 다시 돌아왔을 때, 나는 친구들과 밖에서 놀고 싶었지만 도시의 주민들은 아동 성추행자들, 납치범들, 그리고 도로의 교통사고에 관한 뉴스 보도로 겁에 질려 있었기 때문에 나의 부모님은 내가 밖에 나가는 것을 절대 허락하지 않으셨다.

물론, 어떤 사람들은 아이들이 도시에 사는 것이 더 낫다고 주장할 수도 있다. 그러나 건강 및 안전한 환경과 관련된 생각을 바탕으로, 우리는 시골에서 사는 것이 아이들을 키우는 데 더 유익하다고 결론 내릴 수 있다.

[Vocabulary] carefree 근심 걱정 없는   rat race 극심한 생존 경쟁   exacerbate 악화시키다   permission 허락
dweller 주민   kidnapper 유괴범

TOEFL iBT
WRITING

영단기 TOEFL

ACTUAL TEST

TEST 14

Integrated Task   Question 1
Independent Task   Question 2

Q1 Single Stream Recycling

INTEGRATED TASK

싱글 스트림 재활용

Reading Passage

[**Vocabulary**] recyclable 재활용 가능한 물품   pose a threat 위협이 되다   accidentally 우연히; 잘못하여   hinder 방해하다

주제
싱글 스트림 재활용 방식의 단점

Single stream recycling is a recycling system in which all paper, plastics, metals, and other containers are mixed into one collection truck instead of being sorted into separate parts and handled separately during the collection process. In single stream recycling, both the collection and processing systems are able to handle the mixed recyclables. However, this system has been under attack recently for three distinct disadvantages.

싱글 스트림 재활용은 수거할 때 각 종류별로 분리되어 분류되고 별도로 처리되는 것 대신 모든 종이, 플라스틱, 금속, 그리고 기타 용기들이 혼합되어 한 개의 수거 트럭에 담기는 재활용 시스템이다. 싱글 스트림 재활용에서는, 수거 시스템뿐만 아니라 처리 시스템도 여러 종류가 섞여 있는 재활용이 가능한 물품들을 처리할 수 있다. 그러나 최근에 이 시스템은 세 가지 뚜렷한 단점으로 비난을 받고 있다.

근거 1
작업자에게 위험함

To begin with, this type of single stream recycling poses a threat for the workers that must collect and process these recyclables. Since there is metal and other dangerous recyclables mixed in with paper and relatively harmless materials, workers can be accidentally injured. Such a safety issue cannot go ignored. When recyclables are properly separated in advance, this does not pose a problem.

먼저, 이런 종류의 싱글 스트림 재활용은 재활용 가능한 물품들을 수거하고 처리해야 하는 작업자들에게 위협을 가한다. 종이와 상대적으로 덜 위험한 물질들과 함께 섞인 금속이 다른 위험한 재활용 가능한 물품들과 혼합되어 있기 때문에, 작업자들은 우연히 상처를 입을 수 있다. 그러한 안전 문제를 외면할 수는 없다. 재활용 가능한 물품들이 미리 제대로 분리되었을 때, 이것은 문제를 일으키지 않는다.

근거 2
쓰레기 구별이 쉽지 않음

In addition, waste contamination is also a big problem with single stream recycling. Since all of the different recyclables are collected and processed together, it is hard for workers to figure out if there is any waste that does not belong. Usually, workers would be able to spot the waste easily if things are well separated, but the single stream system makes such waste hard to spot. This aspect causes the land to be polluted.

게다가, 폐기물 오염도 싱글 스트림 재활용이 가지고 있는 큰 문제다. 다른 재활용 가능한 물품 모두가 함께 수거되고 처리되기 때문에, 작업자들이 알맞지 않은 쓰레기가 있는지 아닌지 알아내는 것이 힘들다. 대개, 물품들이 잘 분리되어 있다면 작업자들이 쓰레기를 쉽게 찾아낼 수 있지만, 싱글 스트림 시스템은 그러한 쓰레기를 찾는 것을 어렵게 만든다. 이러한 측면이 땅을 오염시키는 요인이 된다.

근거 3
처리 시스템을 갖추는 데 비용이 많이 듦

Lastly, there is also an economical factor in the issue of single stream recycling. The machines and factories that are able to handle single stream recycling are very complex and expensive to build. Therefore, it would be difficult for many local governments to build such a factory, which may hinder recycling overall. It is much better to have the older and cheaper recycling systems than having none at all.

마지막으로, 싱글 스트림 재활용에 대한 문제에는 경제적인 요인도 있다. 싱글 스트림 재활용을 처리할 수 있는 기계들과 공장들은 매우 복잡하고, 만드는 데 비용이 많이 든다. 그러므로 많은 지역 정부들이 그러한 공장을 짓기 힘들 수 있는데, 이것은 전반적인 재활용을 방해할지도 모른다. 아무것도 없는 것보다는 예전의 저렴한 재활용 시스템을 가지는 것이 훨씬 더 낫다.

Listening Script

[**Vocabulary**] safety training 안전 교육　　protective clothing 보호복　　note ~에 주목하다, 언급하다
in the long run 결국에는, 장기적으로

🔊 MP3 14

입장
제시된 단점에 동의하지 않음

Hello class. Today we are going to be talking about single stream recycling systems. This is a new system in which all recyclables can be gathered and processed together without having to separate the different types. Sounds cool huh? Well, there are some that are against this new form of recycling as you guys have read in the article. But I disagree with them. Here is why.

여러분, 안녕하세요. 오늘 우리는 싱글 스트림 재활용 시스템에 대해 이야기하려고 해요. 이것은 재활용 가능한 물품들을 종류별로 분리될 필요 없이 한데 모아 한 번에 처리할 수 있는 새로운 시스템입니다. 괜찮은 것 같지 않나요? 음, 여러분이 글에서 읽었다시피 이 새로운 재활용 방식에 대 반대하는 몇몇이 있어요. 그러나 저는 그들에 동의하지 않습니다. 이게 그 이유예요.

근거 1
안전 교육과 보호 장비로 문제를 해결할 수 있음

First off, although the single stream recycling system may pose a small threat to workers at first, safety training could easily solve this problem. A little bit of training could teach the workers how to avoid getting hurt by dangerous materials like metal. Also, wearing protective clothing would help keep the workers safe. In fact, there are already laws in place in many countries requiring such safety training and protective clothing.

우선, 비록 싱글 스트림 재활용 시스템이 처음에 작업자들에게 작은 위협을 가할지라도, 안전 교육은 이 문제를 쉽게 해결할 수 있어요. 약간의 교육으로 작업자들에게 금속과 같은 위험한 물질에 의한 부상을 어떻게 피하는지 가르칠 수 있어요. 또한 보호복을 입는 것은 작업자들이 안전하도록 해 줍니다. 실제로 이미 많은 나라에서는 그러한 안전 교육과 보호복을 요구하는 법이 마련되어 있습니다.

근거 2
전통적인 시스템보다 폐기물 오염이 적음

OK, uh...as for waste contamination, this cannot be helped. Even in separation recycling, there is still contamination. Also, some people have noted that although the system is not yet perfect, single stream recycling is much better than traditional systems at reducing contamination. This is because professional workers recycle more often and accurately, so it makes up for the waste contamination.

좋아요, 어……폐기물 오염에 관해서는 어쩔 수 없네요. 분리 배출 재활용에 있어서도 여전히 오염은 있습니다. 또한 일부 사람들은 이 시스템이 아직은 완벽하지 않을지라도, 싱글 스트림 재활용이 오염을 줄이는 데 전통적인 시스템보다 훨씬 더 나을 수 있다고 했어요. 왜냐하면 전문 작업자들이 좀 더 자주 그리고 정확하게 재활용을 하기 때문에, 그래서 폐기물 오염을 만회할 수 있어요.

근거 3
장기적인 관점에서 보면 비용이 덜 듦

Last, it is true that building the factory may be expensive at first. However, in the long run, it will probably end up saving money. For example, many trucks are needed to deal with the separated garbage as well as labor to process it in the traditional system. However, the new system only requires one truck. Also, the new factory for the single streaming process will reduce human work costs, so it will be cheaper for everyone overall.

마지막으로, 처음에 공장을 짓는 것이 비싼 것은 사실이에요. 하지만 장기적인 관점에서는 아마도 결국 비용을 절약하게 될 거예요. 예를 들어, 전통적인 시스템에서는 분류된 쓰레기를 다루기 위해 많은 트럭뿐 아니라 그것을 처리하기 위한 노동력이 필요해요. 하지만 새로운 시스템은 오직 한 대의 트럭만이 필요하죠. 또한 싱글 스트림 처리를 위한 새로운 공장은 노동 비용을 절감할 수 있을 것이고, 그래서 전체적으로 모든 사람들에게 더 저렴해질 거예요.

Note-taking

Reading	Listening
3 disadvantages of single stream recycling	reading: flawed

1 a threat for workers
  - metal or dangerous items: mixed → ✕ safe
  → need to be separated
	1 safety training: solve safety problem
	  - training to teach the workers
	  - protective clothing

2 waste contamination
  - hard to spot waste & separate
	2 contamination ✕ solve
	  - separation recycling: contam.
	  - single: contam. but better than old system
	  - pro. workers' effort: contam. ↓

3 machine & factory: high $
  - hinder recycling overall
  - older & cheaper system: better
	3 save $ in the long run
	  - old: labor ↑, new: labor ↓
	  - new factory: overall $ ↓

Reading Paraphrasing

1 mixed in with paper and relatively harmless materials
    → hidden in non-harmful things

2 hard for workers to figure out if there is any waste that does not belong
    → hinders workers from distinguishing waste with recyclables

3 expensive to build
    → requires a high cost

Summary

서론	**읽기 지문 주장** While the author of the reading passage argues that single stream recycling, a new recycling system which integrates separated processes in the traditional system, has three severe disadvantages, **반박** the lecturer goes against the reading's assertion with different views.
본론 1	**반박 1** First of all, the speaker argues that the opinion about dangerous materials is mistaken. **반박 근거** There is a solution to the problem related to the danger. Workers can be safe by getting safety training and wearing protective clothing. **읽기 지문과의 관계** This calls into question the reading passage's argument that it is a significant threat for workers to work with the new recycling system because dangerous materials such as metal can be mixed and hidden in non-harmful things.
본론 2	**반박 2** Additionally, the lecturer points out that the claim about pollution is not true. **반박 근거** Single stream recycling is a solution to the issue regarding waste pollution. It is a more reliable method than traditional systems in terms of reducing contamination, for professional workers' efforts to recycle improve the contamination problem. **읽기 지문과의 관계** This goes against the reading passage's assertion that the new recycling method hinders workers from distinguishing waste with recyclables.
본론 3	**반박 3** Finally, the professor contends that the assertion concerning the costs is mistaken. **반박 근거** It is improper to view costs to build facilities for single stream recycling as an issue. Albeit it seems costly to build new factories at first, the new system helps to save money in the long run. In other words, the old systems need much more human resources and labor which constantly cost than the new method does. **읽기 지문과의 관계** This contradicts the idea presented in the reading passage that installing new machines and factories for the recycling system requires a high cost.

읽기 지문 주장 읽기 지문의 저자는 전통적인 시스템에서는 분리되던 과정들을 통합한 새로운 재활용 시스템인 싱글 스트림 재활용이 세 가지 심각한 단점을 가지고 있다고 주장하지만, **반박** 강연자는 다른 시각들로 그 주장에 반대한다.

반박 1 먼저 강연자는 위험 물질들에 관한 의견은 잘못된 것이라고 주장한다. **세부 사항** 위험과 관련된 문제를 해결할 방법이 있다. 작업자들은 안전 교육을 받고 보호복을 착용함으로써 안전해질 수 있다. **읽기 지문과의 관계** 이것은 금속과 같이 위험한 물질들이 위험하지 않은 것들과 섞여 숨겨지기 때문에 새로운 재활용 시스템으로 일하는 것은 작업자들에게 상당한 위협이라는 읽기 지문의 주장에 의구심을 던진다.

반박 2 추가적으로 강연자는 오염에 관한 주장은 사실이 아니라고 지적한다. **세부 사항** 싱글 스트림 재활용은 폐기물 오염에 대한 문제를 해결하는 방법이다. 오염을 줄이는 관점에서 봤을 때, 그것은 전통적인 시스템보다 더 믿을 수 있는 방안으로, 이는 재활용을 하려는 전문 인력들의 노력이 오염 문제를 개선하기 때문이다. **읽기 지문과의 관계** 이것은 새로운 재활용 방법이 작업자들이 재활용 가능한 물품과 쓰레기를 구별하는 것을 방해한다는 읽기 지문의 주장을 반박한다.

반박 3 마지막으로 교수는 비용에 관한 주장은 잘못된 것이라고 주장한다. **세부 사항** 싱글 스트림 재활용을 위한 시설을 짓는 데 드는 비용을 문제로 보는 것은 적절치 않다. 비록 처음에 새로운 공장을 짓는 데 많은 비용이 들지라도 새로운 시스템은 장기적으로 비용을 절약하는 데 도움이 된다. 다시 말해서, 예전의 시스템은 새로운 방식보다 끊임없이 비용이 드는 인력과 노동을 더 많이 필요로 한다. **읽기 지문과의 관계** 이것은 재활용 시스템을 위한 새로운 기계와 공장을 설치하는 것은 많은 비용이 든다는 읽기 지문에 제시된 생각을 반박한다.

INDEPENDENT TASK Q2 혼잡 통행료
Congestion Pricing

Question Do you agree or disagree with the following statement? **Drivers should pay an additional fee for driving where there is the greatest amount of traffic.** Use specific reasons and details to support your opinion. 다음 진술에 동의하는가, 그렇지 않은가? 운전자들은 가장 많은 교통량이 있는 곳을 운전하기 위해 추가 요금을 지불해야 한다. 의견을 뒷받침하는 세부 사항과 구체적인 근거를 이용하시오.

Outline

찬성

1. 도시의 교통 시설 개선에 도움이 됨
   - 혼잡 통행료 징수
     → 정부 수입 증가
     → 도로 시설에 투자
   예) 혼잡 통행료로 하이브리드 버스와 교통 인프라를 개선한 서울의 예

2. 대기 오염 감소에 도움이 됨
   - 대중교통 이용 증가
     → 대기 오염 감소
   예) 혼잡 통행료를 징수해 대기 오염을 낮춘 부산의 예

30점 TIP

고득점 표현
- put something into practice: ~을 실행하다
  예) It is difficult to **put** your ideas **into practice**. 당신의 아이디어를 실행하는 것은 어렵다.
- put something into action: ~을 행동으로 옮기다
  예) You should **put** your plans **into action**. 당신은 당신의 계획들을 행동으로 옮겨야 한다.
- put something into operation: ~을 가동하다
  예) It is time to **put** our plans **into operation**. 우리의 계획들을 가동할 시간이다.

Sample Essay

서론
도입
주장
근거 소개

[도입] Some people believe that congestion pricing just imposes additional burdens to citizens. **[주장]** However, contrary to this idea, it is evident that congestion fees should be introduced. **[근거 소개]** The fundamental reason behind this is that the toll fees help the government to enhance the transit infrastructure and encourage people to use public transportation, leading to less air pollution.

본론 1
근거 1
설명
예시

[근거 1] First of all, revenue from putting this policy into practice can make a great contribution to enhancements in city transit. **[설명]** An important reason is that net earnings from congestion charging may be spent on improving transport services and making road improvements for pedestrians, cyclists, and drivers, thereby helping people to travel faster. **[예시]** This point can be proven by the policy implemented in Seoul, the capital city of Korea. Charging three dollars per day for every vehicle entering central Seoul, the city spends the income purchasing more hybrid buses, saving up to 30 percent of gas. As a result, the city offers a better service to citizens and visitors through the improved mass transportation system.

본론 2 근거 2 설명 예시	**근거 2** **Additionally,** congestion fees encourage people to use public transportation, hence reducing air pollution. **설명** **The main reason is that** charging the toll fees during the rush hour promotes people to ride public transportation rather than to drive. Therefore, this can decrease the number of cars, reduce car emissions, and preserve energy resources. **예시** **For example,** last year, Busan, an eco-friendly city in Korea, introduced a congestion fee to clean up the city's air. Consequently, a substantial number of citizens stopped driving to work, and began to take buses and the subways. This movement contributed to a reduction in fossil fuel consumption and greenhouse gases, which reduced air pollution.
결론 상대 입장 근거 요약 및 재주장	**상대 입장** **Admittedly, some might argue that** paying congestion charge is a burden on drivers. **근거 요약 및 재주장** **However,** based on the ideas related to a contribution to improving city transit and reducing air pollution, **we can conclude that** drivers should pay a fee to drive their cars into the jam-packed city during peak hours.

도입 몇몇의 사람들은 혼잡 통행료가 시민들에게 추가적인 부담만 가중할 뿐이라고 믿는다. **주장** 하지만 이런 생각과는 반대로, 혼잡 통행료가 도입되어야 하는 것은 명백하다. **근거 소개** 이러한 주장의 근본적인 이유는 그 통행료는 정부가 교통 기반 시설을 개선하는 데 도움이 되고, 사람들이 대중교통을 이용하도록 장려하여, 대기 오염을 줄이기 때문이다.
근거 1 우선 이 정책을 실행하여 얻는 수입은 도시의 교통 시설 개선에 큰 기여를 할 수 있을 것이다. **설명** 중요한 이유가 무엇이냐 하면, 혼잡 통행료에서 얻는 순수익이 수송 서비스를 개선하는 데 사용이 될 수 있고, 보행자, 자전거를 타는 사람, 그리고 운전자들을 위한 도로 개선에 사용되어 이런 사람들의 이동 시간을 줄일 수 있다는 점이다. **예시** 이것은 한국의 수도인 서울에서 실시된 정책으로 증명될 수 있다. 서울 중심부로 진입하는 모든 차량에 하루 3달러를 부과한 그 도시는 그 수입을 휘발유를 30퍼센트까지 줄여 주는 하이브리드 버스를 더 구입하는 데 사용한다. 그 결과 그 도시는 대중교통 시스템의 개선을 통해 시민들과 방문객들에게 더 좋은 서비스를 제공하고 있다.
근거 2 게다가 혼잡 통행료는 사람들이 대중교통을 이용하도록 장려하여 대기 오염을 줄인다. **설명** 그 주된 이유는 출퇴근 시간에 그 통행료를 부과해 사람들이 운전하기보다 대중교통을 이용하도록 장려하기 때문이다. 그러므로 이것은 많은 자동차의 수를 감소시키고 자동차의 배기가스를 감소시키며, 에너지원도 보존할 수 있다. **예시** 예를 들어, 지난해 한국의 친환경도시인 부산은 도시의 공기를 정화하기 위해서 혼잡 통행료를 도입했다. 결과적으로 상당수의 사람들이 차로 출근하는 것을 그만두고, 버스와 지하철을 이용하기 시작했다. 이 움직임은 화석 연료의 사용과 온실 가스를 줄이는 데 기여했고, 그것은 대기 오염을 줄였다.
상대 입장 물론, 어떤 사람들은 혼잡 통행료를 내는 것이 운전자들에게 부담이 된다고 주장할 수도 있다. **근거 요약 및 재주장** 그러나 도시 교통 개선과 대기 오염을 줄이는 데 기여하는 것과 관련된 생각을 바탕으로, 우리는 운전자들이 가장 바쁜 때에 몹시 붐비는 도시로 차를 몰려면 요금을 지불해야 한다고 결론 내릴 수 있다.

[**Vocabulary**] congestion pricing 혼잡 통행료   transit 수송, 교통 체계   infrastructure 사회 기반 시설
rush hour 출퇴근 시간   eco-friendly 친환경적인

TOEFL iBT
WRITING

영단기 TOEFL

ACTUAL TEST

TEST **15**

Integrated Task   Question 1
Independent Task   Question 2

INTEGRATED TASK Q1

흰부리딱따구리
Ivory-billed Woodpecker

Reading Passage

[**Vocabulary**] woodpecker 딱따구리   nest 둥지   maintain 부양하다   launch 시작하다   interference 방해

주제
흰부리딱따구리는 멸종됨

The ivory-billed woodpecker is one of the largest woodpeckers in the world. The bird is native to the virgin forests of the southeastern United States. Although these birds were believed to have gone extinct decades ago, people now believe that they are still alive. However, there seems to be no clear evidence proving that these birds still exist. There are three main arguments supporting that they are, in fact, extinct.

근거 1
숲에서 둥지가 발견되지 않음

First of all, the woodpeckers' nests are not found in large areas in the forests. Due to habitat destruction and illegal hunting by human beings, its numbers have come sharply down to the point where it is uncertain whether any could remain. It is stated that almost no forests today can maintain an ivory-billed woodpecker population, and no one yet has discovered their nests.

근거 2
명확하게 기록된 사진, 영상, 소리가 없음

Next, recently, people have not provided exact photographs of the ivory-billed woodpecker. Numerous projects have been launched to locate and identify this specific bird, but the pictures taken in these projects were not clear and were hard to distinguish from other woodpeckers or birds. Since there is no clear recorded sound or video, it seems hard to say that they are still alive.

근거 3
녹음된 소리가 불분명해 증명할 수 없음

Finally, the sound of the woodpecker is one of the easiest ways to prove that these birds are still alive. But, as mentioned before, there are no apparent sounds that prove the ivory-billed woodpeckers are alive. Many have claimed that they have heard or recorded the sound of these birds, but, as the sound has interference with surrounding noises it is difficult to determine if it is actually the voices of the ivory-billed woodpeckers or the voices of other birds.

흰부리딱따구리는 세계에서 가장 큰 딱따구리 중 하나이다. 이 새는 미국의 남동쪽 원시림이 원산지이다. 이 새는 몇십 년 전에 멸종되었다고 믿어졌지만, 사람들은 지금 그들이 여전히 살아 있다고 믿는다. 그러나 이 새가 여전히 존재한다는 명확한 근거는 없어 보인다. 실제로 그들이 멸종되었다는 것을 지지하는 주된 주장 세 가지가 있다.

먼저, 숲의 광범위한 지역에서 딱따구리의 둥지를 찾을 수 없다. 인간들에 의한 서식지 파괴와 불법 사냥 때문에 남은 개체가 있는지 아닌지 불분명할 정도까지 그것의 개체 수가 급작스럽게 줄어들었다. 오늘날 흰부리딱따구리를 부양할 수 있는 숲은 거의 없다고 하고, 그들의 둥지를 발견한 사람은 아직 없다.

다음으로, 최근, 사람들은 흰부리딱따구리의 정확한 사진을 제시하지 않았다. 이 특정한 새의 위치를 찾아내고 확인하기 위해 수많은 프로젝트들이 시작됐지만, 이 프로젝트에서 찍힌 사진은 명확하지 않아 다른 딱따구리나 새와의 구별이 힘들다. 또한 명확하게 기록된 소리나 비디오가 없기 때문에, 그들이 여전히 살아있다고 말하기는 어렵다.

마지막으로, 그 딱따구리의 소리는 이 새가 여전히 살아있다는 것을 증명할 가장 쉬운 방법들 중 하나이다. 그러나 앞서 언급했듯이 흰부리딱따구리가 살아있다고 증명할 분명한 소리들이 없다. 많은 사람들은 그들이 그 새들의 소리를 듣거나 녹음했다고 주장해 왔지만, 그 소리가 주변의 소음에 의해 방해받았기 때문에 실제로 그 소리가 흰부리딱따구리의 소리인지 다른 새의 소리인지를 밝히는 것은 어렵다.

Listening Script

[**Vocabulary**] living standards 생활 수준   population density 인구 밀도   be apart from ~로부터 떨어져 있다
knowledgeable 많이 아는   imitate 모방하다

🔊 MP3 15

입장
제시된 주장은 설득력이 없음

Hello class. Today's subject is on ivory-billed woodpeckers. As all of you have read in your readings, there are two sides concerning whether the ivory-billed woodpeckers are extinct or are still alive. The reading strongly suggests that the birds are extinct, but I think that the reading is a bit unconvincing.

여러분, 안녕하세요. 오늘의 주제는 흰부리딱따구리에 관한 것입니다. 여러분들은 읽기 지문을 읽었으니, 흰부리딱따구리가 멸종되었는지 혹은 여전히 살아있는지에 대한 두 가지 입장이 있다는 것을 알고 있을 거예요. 읽기 지문은 이 새가 멸종되었다고 주장하지만, 저는 읽기 지문이 약간 설득력이 없다고 생각해요.

근거 1
인구 밀도가 낮음

First, the reading states that no one could find nests in large areas in the forests. Indeed, it is true that some forests do not have sufficient living standards for them to live. However, a lot of study show that they do not live in a group. In fact, the ivory-billed woodpeckers generally have low population density and nests are 25 square acres apart from each other. Thus, not finding nests in a "large" forest does not prove anything.

먼저, 읽기 지문은 그 누구도 숲의 광범위한 지역에서 둥지를 발견하지 못했다고 주장해요. 실제로 일부 숲이 그들이 살기에 충분한 생활 수준을 갖추지 못한 것은 사실입니다. 그러나 많은 연구들은 그들이 무리 지어 살지 않는다는 것을 보여줘요. 사실 흰부리딱따구리는 인구 밀도가 낮아 둥지들은 서로 25평방 에이커씩 떨어져 있습니다. 그러므로 '광범위한' 숲에서 둥지가 발견되지 않은 것은 어떤 것도 증명하지 않습니다.

근거 2
사진가들은 매우 전문적임

Second, it may be true that there are no specific photographs of the ivory-billed woodpeckers and the pictures taken are said to be "unclear." However, what does this exactly mean? The photographers of the ivory-billed woodpeckers were professional in the field of birds. Although the photos were somewhat ambiguous, surely, they were able to find out the birds because they were highly knowledgeable about these birds and were not likely to make a mistake.

두 번째로, 흰부리딱따구리의 구체적인 사진이 없고 찍힌 사진이 '명확하지 않다'고 하는 것은 사실일 수 있어요. 하지만 이것은 무슨 뜻일까요? 흰부리딱따구리 사진가들은 새에 관해 매우 전문적이에요. 그 사진들이 다소 불분명하다 할지라도, 의심의 여지없이, 그들은 그 새들을 찾아낼 수 있었을 것인데, 왜냐하면 그들은 이 새에 대해 많은 지식을 갖춘 사람이고 실수를 할 것 같지 않기 때문이에요.

근거 3
녹음된 소리는 실재함

Lastly, the recording of the sound of the ivory-billed woodpeckers could only be real. It is stated that many have claimed that they have heard or recorded the sound of the woodpeckers. As the sound of the bird is unique and other birds cannot imitate it, the sound cannot be mistaken. Thus, although the sound may have some interference, it cannot be difficult to determine the sound of the ivory-billed woodpecker as the reading describes.

마지막으로, 흰부리딱따구리 소리의 녹음은 실재할 수 밖에 없어요. 많은 사람들은 그들이 그 딱따구리의 소리를 듣거나 녹음했다고 주장했다고 합니다. 이 새의 소리는 독특하고 다른 새들은 그것을 모방할 수 없기 때문에, 그 소리를 잘못 알 수는 없어요. 그러므로 그 소리가 어느 정도 방해를 받았을 수는 있지만, 읽기 지문에서 묘사한 것과 같이 흰부리딱따구리의 소리임을 밝히는 것이 어려울 리가 없어요.

Note-taking

Reading	Listening
the ivory-billed woodpecker: extinct	reading: flawed

1 the nests: × found in large forests
   - habitat destruction → numbers ↓
	1 low popul. density
	   - nests apart from each other
	   - × living in a group

2 no clear photos of the birds
   - no clear recorded sound or video
	2 professionals
	   - know the birds
	   - × make a mistake

3 no clear sound of the birds
   - interference with other noises
     → difficult to determine
	3 the sound: real
	   - bird sound: unique & distinctive → × mistaken
	   - interference: × matter

Reading Paraphrasing

1 the woodpeckers' nests are not found in large areas in the forests
   → no nests of the birds have been found in large forests

2 people have not provided exact photographs
   → there is no clear photograph

3 as the sound has interference with surrounding noises
   → because of other interfering sounds

Summary

서론	읽기 지문 반박	**While the author of the reading passage asserts that** there are three arguments why people think the ivory-billed woodpecker is extinct, 반박 **the lecture opposes the reading's argument with different views.**
본론 1	반박 1	**First of all, the speaker argues that** the assertion concerning the nests is baseless. 반박 근거 Although the conditions of some forests are not suitable for the woodpeckers, there is proof to show an opposing view. According to research on the birds, they are not densely located in the large forests, so they cannot be spotted easily. 읽기 지문과의 관계 **This calls into question the reading passage's argument that** no nests of the birds have been found in large forests, so they have already disappeared.
본론 2	반박 2	**Additionally, the lecturer points out that** the argument about the photos is wrong. 반박 근거 Clearness of the photographs does not prove the theory. The photographers know much about the ivory-billed woodpecker. Therefore, the photos can be evidence of the existence of the bird. 읽기 지문과의 관계 **This goes against the reading passage's assertion that** there is no clear photograph as proof to show that the ivory-billed woodpeckers still live in the forests.
본론 3	반박 3	**Finally, the professor contends that** the opinion related to the sound is mistaken. 반박 근거 The recorded voices of the ivory-billed woodpeckers are true evidence. This is because their sound is so unique and distinctive that other birds cannot copy it. 읽기 지문과의 관계 **This contradicts the idea presented in the reading passage that** the birds' voice has not been clearly provided because of other interfering sounds in the forests, so the birds have vanished.

읽기 지문 주장 읽기 지문의 저자는 사람들이 흰부리딱따구리가 멸종했다고 생각하는 이유 세 가지가 있다고 주장하지만, 반박 강연자는 다른 시각들로 그 주장에 반대한다.

반박 1 먼저 강연자는 그 둥지에 관한 주장은 근거가 없다고 주장한다. 반박 근거 비록 일부 숲의 조건이 그 딱따구리에게 적합하지 않을지라도, 반대 입장을 보여 주는 증거가 있다. 그 새에 대한 연구에 따르면, 그들은 큰 숲에서 조밀하게 위치해 있지 않아서 쉽게 눈에 뜨이지 않는다. 읽기 지문과의 관계 이것은 새의 둥지가 큰 숲에서 발견되지 않았고, 그래서 그들은 이미 사라졌다는 읽기 지문의 주장에 의구심을 던진다.

반박 2 추가적으로 강연자는 그 사진들에 관한 주장은 잘못된 것이라고 지적한다. 반박 근거 그 사진들의 선명함이 그 이론을 증명하지 않는다. 그 사진사들은 흰부리딱따구리에 대해서 잘 알고 있다. 그러므로 그 사진들은 그 새의 존재에 대한 증거가 될 수 있다. 읽기 지문과의 관계 이것은 흰부리딱따구리가 여전히 숲에서 살고 있다는 것을 보여 줄 증거인 명확한 사진이 없다는 읽기 지문의 주장을 반박한다.

반박 3 마지막으로 교수는 그 소리에 관한 의견은 잘못된 것이라고 주장한다. 반박 근거 흰부리딱따구리의 녹음된 소리는 진짜 증거이다. 그들의 소리는 매우 독특하고 뚜렷해서 다른 새들은 그것을 따라하지 못하기 때문이다. 읽기 지문과의 관계 이것은 숲의 다른 방해되는 소리 때문에 그 새의 소리가 명확하게 제공되지 않았고, 그래서 그 새가 사라졌다고 하는 읽기 지문에 제시된 생각을 반박한다.

INDEPENDENT TASK Q2

고등학교 교사의 능력
High School Teacher's Ability

Question Which of the following is the most important for high school teachers to have?
(1) The ability to give students advice about planning for the future
(2) The ability to recognize students that need help
(3) The ability to encourage students to learn outside of the classroom by themselves
Use specific reasons and details to support your opinion.

다음 중 고등학교 교사들이 가져야 하는 가장 중요한 능력은 무엇인가?
(1) 학생들에게 미래를 계획하는 것에 관해 조언해 줄 수 있는 능력
(2) 도움이 필요한 학생들을 인식하는 능력
(3) 학생들이 스스로 교실 밖에서 배우도록 격려하는 능력
의견을 뒷받침하는 세부 사항과 구체적인 근거를 이용하시오.

Outline

(1) 학생들에게 미래를 계획하는 것에 관해 조언해 줄 수 있는 능력

1 미래에 대한 조언이 학생들 동기 부여 **Storyline: Motivation**	2 학생들이 혼자서 미래를 계획하는 것은 스트레스 유발 **Storyline: Health**
– 교사의 조언으로 학생이 미래에 대한 분명한 목표를 세움 → 이것이 촉진제가 되어 자신을 발전시키고 열심히 하는 데 동기 부여가 됨 예) 학업에 흥미가 없던 남동생이 교사의 조언으로 인해 변하게 된 경험	– 교사의 도움이 없으면 대학이나 취업에 대한 정보를 찾기 힘듦 → 학생들이 스트레스를 받음 → 스트레스는 질병을 야기할 수 있음 예) 스트레스가 질병을 야기하는 예

30점 TIP

1 삼지선다 유형을 쓸 때 서론과 결론에서 상대 입장을 언급해 주면 좋다. (아래 샘플 답안 참고)
2 삼지선다 유형을 브레인스토밍할 때 상대 입장 두 개를 압도할 수 있는 논리 또는 비교할 수 있는 논리를 고민하기보다 선택한 주장을 뒷받침할 수 있는 아이디어 만들기에만 집중해도 된다.
   예) 조언해 줄 수 있는 능력이 나머지 2, 3번 능력보다 중요한 이유를 고민하기보다는 선택한 능력을 중점으로 두고 왜 중요한지를 뒷받침할 수 있는 근거 두 가지를 생각해 본다.

Sample Essay

서론
도입
주장
근거 소개

[도입] Some people believe that recognizing students in need or encouraging them to study by themselves is the most important ability of high school teachers. **[주장]** However, contrary to this idea, it is clear that high school teachers should first have the ability to help their students to plan their future. **[근거 소개]** The concepts of motivation and health **support my argument**.

본론 1
근거 1
설명
예시

[근거 1] First of all, helping students map their future can increase their motivation in life. **[설명] To explain,** preparing for college and career is not a task that students can do alone. Teachers' advice enables them to have a clear goal in order to move forward on the path. This aspect can be a facilitator which motivates them to improve themselves. They will make more effort, concentrate more, and feel more responsible for what they do. Therefore, this can lead to better outcomes at school. **[예시] For example,** my brother, a high school student, used to be very lazy and lost interest in his studies. However, since his teacher gave him advice about college majors, he has changed little by little. He started to spend more time studying and had enthusiasm for learning. The reason was that my brother set a clear goal to enter university based on lists and resources that his teacher gave him.

본론 2
근거 2
설명
예시

근거 2 **In addition,** planning for the future without a teacher's help is too stressful for the students. 설명 **To be specific,** they usually have little information about college and career, so they will be in trouble if they make the plan alone. Without a teacher's advice, they would be anxious and unhappy in school. This situation will stress them out. In fact, stress is one of the main causes of diseases because it weakens the ability of the immune system in fighting diseases. 예시 **For instance,** my uncle, a doctor at a general hospital in a city, sometimes tells me that many of his patients suffer adverse health effects from stress. In particular, students who are concerned and not ready for their future come to him for stress-related ailments and disorders. They generally have headaches or insomnia. In this sense, it is healthful for high school students to get a teacher's advice for the future.

결론
상대 입장
근거 요약 및
재주장

상대 입장 **Admittedly, some might argue that** high school teachers should have the capability to find out students who need help or the capability to promote them to learn outside the classroom. 근거 요약 및 재주장 **However,** based on the ideas related to motivation and health, **we can conclude that** the teachers' ability to advise students for the future precedes the other abilities.

도입 몇몇의 사람들은 도움이 필요한 학생들을 인식하거나 스스로 공부하도록 격려하는 것이 고등학교 교사들의 가장 중요한 능력이라고 믿는다. 주장 하지만 이런 생각과는 반대로, 고등학교 교사들은 우선 학생들의 미래를 계획하는 데 도움을 줄 수 있는 능력을 가져야 한다는 것은 분명하다. 근거 소개 동기 부여와 건강의 개념이 나의 주장을 뒷받침한다.
근거 1 우선, 학생들이 그들의 미래를 설계하는 것을 돕는 것은 그들의 삶의 동기를 증가시킬 수 있다. 설명 설명하자면, 대학과 직업을 준비하는 것은 그들이 혼자 할 수 있는 일이 아니다. 교사들의 조언은 그들이 길을 나아가기 위해 명확한 목표를 가질 수 있게 한다. 이러한 측면은 그들이 스스로를 향상하도록 동기를 부여하는 촉진제가 될 수 있다. 그들은 더 많은 노력을 하고 더 집중하며, 그들이 하는 것에 대해 더 많은 책임을 느낄 것이다. 그러므로 이것은 학교에서 더 나은 결과를 이끌 수 있다. 예시 예를 들어, 고등학생인 내 남동생은 매우 게을렀고 공부에 흥미를 잃었었다. 그러나 그의 교사가 대학 전공에 관한 조언을 해 준 이후 그는 조금씩 달라졌다. 그는 공부하는 데 더 많은 시간을 보내기 시작했고 배움에 대한 열정을 가지게 되었다. 그 이유는 남동생이 교사가 준 명단과 자료들을 바탕으로 대학에 들어가겠다는 분명한 목표를 세웠기 때문이었다.
근거 2 또한, 교사의 도움 없이 미래를 계획하는 것은 학생들에게 너무 스트레스를 준다. 설명 구체적으로 말하면, 그들은 대개 대학과 직업에 관한 정보가 거의 없기 때문에, 혼자서 계획을 세우면 어려움에 처할 것이다. 교사의 조언이 없다면, 그들은 학교에서 불안하고 불만족할 것이다. 이 상황은 그들에게 스트레스를 줄 것이다. 사실 스트레스는 질병과 싸우는 면역 체계의 능력을 약화시키기 때문에 질병의 주요 원인 중 하나이다. 예시 예를 들어, 한 도시의 종합 병원에서 의사로 일하는 나의 삼촌은 가끔 내게 많은 환자들이 스트레스로 인해 건강상 부정적인 영향을 받는다고 말한다. 특히, 미래를 염려하고 준비하지 않은 학생들이 스트레스와 관련된 질병과 장애로 그를 찾아온다. 그들은 일반적으로 두통이나 불면증을 가지고 있다. 이런 점에서 볼 때, 고등학생들은 미래를 위해 교사의 조언을 받는 것이 건강에 좋다.
상대 입장 물론, 어떤 사람들은 고등학교 교사들이 도움이 필요한 학생들을 찾아내는 능력 또는 교실 밖에서 공부하도록 그들을 촉진하는 능력을 가져야 한다고 주장할 수도 있다. 근거 요약 및 재주장 그러나 동기 부여 및 건강과 관련된 생각을 바탕으로, 우리는 교사들의 미래에 대한 조언 능력이 다른 능력보다 우선한다고 결론 내릴 수 있다.

[**Vocabulary**] map 설계하다　prepare for ~을 준비하다, ~에 대비하다　move forward on the path 앞으로 향해 나아가다
be in trouble 어려움[곤경]에 처하다　anxious 불안한　capability 능력　precede ~에 앞서다

TOEFL iBT
WRITING

영단기 TOEFL

ACTUAL TEST

TEST 16

Integrated Task   Question 1
Independent Task   Question 2

INTEGRATED TASK **Q1**

소나무와 소나무 풍뎅이
Pine Tree and Pine Beetle

Reading Passage

[**Vocabulary**] imply 암시하다   live on ~을 먹고 살다   bark 나무껍질   sap 수액   sticky 끈적거리는   substance 물질
get stuck to ~에 묶이다   wipe out 제거하다

주제
소나무가 소나무 풍뎅이로부터 스스로를 방어하는 방법

Pine beetles, as their name imply, are beetles that inhabit various types of pine trees and live on them to survive. They can usually be found inside the bark of the pine tree they are feeding off of. The pine beetle inhibits the growth of pine trees because they absorb nutrients from the roots of the trees. However, pine forests are naturally protected from pine beetles due to three factors.

이름에서 알 수 있듯이 소나무 풍뎅이는 다양한 종류의 소나무에서 서식하고 살기 위해 이들을 먹는 풍뎅이이다. 그들은 대개 그들이 먹는 소나무 껍질 안에서 발견될 수 있다. 소나무 풍뎅이는 나무의 뿌리에서 영양을 흡수하기 때문에 소나무의 성장을 억제한다. 하지만 세 가지 요인 때문에 소나무 숲은 소나무 풍뎅이로부터 자연적으로 보호된다.

근거 1
주변 환경을 이용함

Pine trees use their environment to protect themselves from the pine beetle. As pine trees flourish in areas with very low temperatures, very few beetles are able to survive the cold. Because of this, the number of pine beetles stays very low as most of them end up freezing to death. Thus, the pine trees use their surrounding environment to keep the number of pine beetles in check.

소나무는 그들 스스로를 소나무 풍뎅이로부터 보호하기 위해 그들의 환경을 이용한다. 소나무는 기온이 아주 낮은 곳에서 번성하기 때문에, 그 추위에 살아남을 수 있는 풍뎅이는 극히 소수이다. 이 때문에, 소나무 풍뎅이의 수는 아주 낮은 수준에 머물고 있는데 대부분이 결국 얼어 죽기 때문이다. 이렇게 하여 소나무는 풍뎅이의 수를 억제하기 위해 그들의 주변 환경을 이용한다.

근거 2
수액을 이용함

There are also biological processes that protect the pine trees from the pine beetles. Since the pine beetles live inside the bark of the pine trees, the trees use their sap to naturally flush out the beetles. The sticky substance is ideal for getting rid of the beetles as the beetles get stuck to the sap and leave the tree with it. The sap is a good defense mechanism against the harmful beetles.

소나무 풍뎅이로부터 소나무를 보호하는 생물학적 과정도 있다. 소나무 풍뎅이는 소나무의 껍질 안에 살기 때문에, 자연스럽게 풍뎅이를 쫓아내기 위해 소나무는 그들의 수액을 이용한다. 풍뎅이가 그 수액에 들러붙어 그것과 함께 나무를 떠나기 때문에 그 끈끈한 물질은 풍뎅이를 제거하는 데 아주 이상적이다. 이 수액은 해로운 풍뎅이에 대항하는 좋은 방어법이다.

근거 3
산불에 의해 풍뎅이가 제거됨

Also, forest fires can remove both old pine trees and pine beetles, and help the growth of young pine trees. The beetles attack old pine trees only and they are not interested in the young trees or saplings. When wildfires occur, the old trees and the pine beetles inhabiting such trees are wiped out together. Therefore, with more room cleared from the fires, young pine trees are more likely to grow well.

산불은 나이 든 소나무와 소나무 풍뎅이 모두를 없애, 어린 소나무가 자라는 것을 돕는다. 풍뎅이는 나이 든 소나무만을 공격하고 그들은 어린 나무나 묘목에는 관심이 없다. 산불이 났을 때, 나이든 나무와 그런 나무에 사는 소나무 풍뎅이는 함께 없어진다. 그러므로 그 불에 의해 치워진 공간에서 어린 소나무는 더 잘 자란다.

Listening Script

[**Vocabulary**] disrupt 방해하다   decline 감소하다   mass 대량의   reproduce 번식하다   excess use 과도한 사용
clear away ~을 치우다   regenerate 재생하다

🔊 MP3 16

입장
현재 소나무 숲은 빠르게 사라지고 있음

Hello class, today's topic is on pine trees and pine beetles. I'm sure all of you have read the article by now. The reading states that pine trees are naturally able to protect themselves from the pine beetle. Now this is true. However, because of recent human activity, this natural process has been disrupted and now pine forests are declining at a very rapid rate. Let me explain to you how this is happening.

여러분 안녕하세요. 오늘의 주제는 소나무와 소나무 풍뎅이입니다. 여러분들이 지금쯤에는 글을 읽었을 것이라고 확신해요. 읽기 지문은 소나무가 자연적으로 그들 자신을 소나무 풍뎅이로부터 지킨다고 말합니다. 이것은 사실이에요. 하지만 최근 인간의 활동 때문에 이 자연적 과정은 방해받았고, 현재 소나무 숲은 매우 빠른 속도로 사라지고 있어요. 어떻게 이런 일이 생기는지 설명할게요.

근거 1
지구 온난화로 인해 소나무 수가 감소함

Global warming by humans is one big factor in the decline of pine trees. Human activities have caused global temperatures to rise about 7~10 degree Celsius. This increase in temperature has caused the beetles to mass reproduce, thus, the pine trees are under a greater threat than before. The pine trees are no longer able to naturally protect themselves from the pine beetles.

인간에 의한 지구 온난화는 소나무 감소의 큰 원인이에요. 인간의 활동은 섭씨 7~10도 정도 지구의 온도 상승을 야기했어요. 이 기온 상승은 풍뎅이의 대량 번식을 야기했고, 이렇게 해서 소나무는 이전보다 더 큰 위협에 놓였어요. 소나무는 더 이상 자연적으로 자신들을 소나무 풍뎅이로부터 보호할 수 없습니다.

근거 2
지하수 부족으로 자연스러운 수액 사용이 불가능함

The natural use of sap by healthy pine trees to flush out the pine beetles is no longer possible for many pine trees because of the lack of ground water. In order for pine trees to produce sap, they need a lot of water. However, ground water is at a record low due to human's excess use of water. So without sufficient water, the trees cannot release the sap and will eventually wither or die due to the pine beetles.

지하수 부족으로 인해, 소나무 풍뎅이를 제거하기 위한 건강한 소나무의 자연스러운 수액 사용은 이제 더 이상 많은 나무에게 가능하지 않아요. 소나무가 수액을 생성하기 위해서 그들은 많은 양의 물이 필요해요. 하지만 인간의 과도한 물 사용 때문에 지하수는 사상 최저치를 기록했어요. 따라서 충분한 물 없이 나무는 수액을 방출할 수 없고, 결국 시들거나 소나무 풍뎅이로 인해 죽을 거예요.

근거 3
산불이 통제되어 어린 나무가 자랄 공간이 없음

Forest fires that were once a natural phenomenon are now becoming more and more controlled as houses are also endangered from such fires. As a result, there have been less forest fires, which prevents young trees from growing. This is because the older trees are not being cleared away so the younger ones do not have any room to grow. The pine forests aren't able to regenerate themselves like they used to.

한때 자연 현상이었던 산불은 가옥을 위협하기 때문에 점점 더 통제가 되고 있어요. 그 결과로 산불은 더 줄고 그건 어린 나무가 자라는 것을 방해해요. 그 이유는 더 오래된 나무가 제거되지 않아서 어린 나무가 자랄 공간이 없기 때문이에요. 소나무 숲은 그들이 했듯이 그들 자신을 재생시킬 수 없어요.

Note-taking

Reading	Listening
pine forests protected by natural factors	human → pine forest ↓
1 using their environment 　- low temperature: very few beetles survive	1 global warming 　- temp. ↑ → pine beetles ↑ → trees ↓
2 using biological process 　- sap: flush out beetles	2 × use of sap 　- b/c lack of water 　- b/c excessive use of water by humans
3 beetles only attack older trees 　- forest fire → kill older trees & beetles 　　→ young trees: safe & grow quickly 　- b/c room from forest fires	3 forest fires: now controlled 　- less fires → young trees ↓ 　- b/c no space to grow

Reading Paraphrasing

1 pine trees flourish in areas with very low temperatures
　→ the cold environment protects pine trees and helps them to thrive

2 protect the pine trees from the pine beetles
　→ eliminate their enemies, the beetles

3 the beetles attack old pine trees only
　→ beetles damage older trees only

Summary

서론	읽기 지문 주장	**While the author of the reading passage asserts that** pine forests protect themselves from their enemies, the pine beetles, with three natural factors, 반박 **the lecturer opposes the reading's argument with different view.**
본론 1	반박 1	**First of all, the speaker argues that** the claim about temperature is flawed. 반박 근거 As human beings worsen global warming, pine trees became vulnerable to being damaged. The reason is that, with global temperature rising, population of the pine beetles goes up, and they harm pine trees more seriously. 읽기 지문과의 관계 **This calls into question the reading passage's argument that** the cold environment protects pine trees and helps them to thrive, as pine beetles cannot survive there.
본론 2	반박 2	**Additionally, the lecturer points out that** the opinion regarding sap is wrong. 반박 근거 Pine trees cannot take advantage of sap to protect themselves from the pine beetles because little water is provided to produce the tree sap. People excessively use water, and this depletes water in pine forests. 읽기 지문과의 관계 **This goes against the reading passage's assertion that** pine trees produce sap as a biological process to eliminate their enemies, the beetles.
본론 3	반박 3	**Finally, the professor contends that** the argument related to forest fires is mistaken. 반박 근거 Since forest fires are mostly well managed for protection of humans' houses, older pine trees have no problem with living but young trees cannot grow well. This is because the young trees do not have enough space to grow. 읽기 지문과의 관계 **This contradicts the idea presented in the reading passage that** beetles damage older trees only and forest fires provide young trees with more room to flourish, so the pine trees live healthily in a safe surroundings.

읽기 지문 주장 읽기 지문의 저자는 자연적인 요인 세 가지로 소나무가 그들의 적인 소나무 풍뎅이로부터 스스로를 보호한다고 주장하지만, 반박 강연자는 다른 시각들로 그 주장에 반대한다.
반박 1 먼저 강연자는 온도에 관한 주장에 결함이 있다고 주장한다. 반박 근거 인간이 지구 온난화를 악화시켜서, 소나무는 피해를 입기 쉬워졌다. 그 이유는 지구의 기온이 올라가면서 소나무 풍뎅이의 수가 증가하고, 그들이 소나무에 더 심각하게 해를 끼친다는 것이다. 읽기 지문과의 관계 이것은 소나무 풍뎅이가 추운 환경에서 살 수 없기 때문에 그것이 소나무를 보호하고 번성하도록 돕는다는 읽기 지문의 주장에 의구심을 던진다.
반박 2 추가적으로 강연자는 수액에 관한 의견은 잘못된 것이라고 지적한다. 반박 근거 수액을 만들 물이 부족하기 때문에 소나무는 소나무 풍뎅이로부터 자신들을 보호하기 위해 수액을 이용할 수 없다. 사람들이 과도하게 물을 사용하고 이것은 소나무 숲의 물을 고갈시킨다. 읽기 지문과의 관계 이것은 소나무가 그들의 적인 풍뎅이를 제거하기 위해 생물학적 과정으로 수액을 생산한다는 읽기 지문의 주장을 반박한다.
반박 3 마지막으로 교수는 산불에 관한 주장은 잘못된 것이라고 주장한다. 반박 근거 가옥 보호를 위해 산불이 잘 관리되기 때문에 더 오래된 소나무는 생존에 문제가 없지만 어린 나무는 잘 자랄 수 없다. 이것은 어린 나무가 자랄 충분한 공간이 없기 때문이다. 읽기 지문과의 관계 이것은 풍뎅이가 더 오래된 나무에만 해를 끼치고 산불이 어린 나무가 잘 자랄 더 많은 공간을 제공하여 안전한 환경에서 소나무가 건강하게 살 수 있다는 읽기 지문에 제시된 생각을 반박한다.

INDEPENDENT TASK Q2

학교 시설 vs 교수진

School Facility vs Faculty

Question Do you agree or disagree with the following statement? **A college should focus more on improving facilities (libraries, computers, or labs) for students than on hiring famous professors.** Use specific reasons and details to support your opinion. 다음 진술에 동의하는가, 그렇지 않은가? 대학은 유명한 교수들을 고용하는 것보다 (도서관, 컴퓨터, 또는 실험실 같은) 시설을 개선하는 데 초점을 맞춰야 한다. 의견을 뒷받침하는 세부 사항과 구체적인 근거를 이용하시오.

Outline

찬성

1 학교 시설 개선은 학습 효율성 개선에 도움이 됨
Storyline: Motivation
– 개선된 시설은 학생들이 편하고 쉽게 공부를 할 수 있게 해 줌
– 자신을 발전시키고 열심히 하는 데 동기 부여가 됨
  예) 학업에 흥미가 없던 남동생이 변하게 된 예
	2 학교 시설 개선은 유능한 연구진들을 끌어모으는 데 도움이 됨
	– 좋은 연구 시설에 유능한 연구자들이 이끌림
	– 학교의 명성을 높일 수 있고, 학교의 발전에 기여함
	  예) 연구소에 투자한 성균관 대학교의 예

30점 TIP

접속 부사의 사용 1

'그래서' 또는 '그러므로'라는 의미로 두 문장을 연결할 때 so 보다 therefore, thus, hence, as a result, as a consequence, consequently, accordingly와 같은 접속 부사를 사용하는 것이 고득점에 유리하다.

예) Payment was received two weeks after it was due. **Therefore**, you will be charged a late fee.
공과금이 마감 날짜보다 2주 늦게 지불되었습니다. 그러므로 당신에게 연체료가 부과될 것입니다.

Sample Essay

서론
도입
주장
근거 소개

도입 Some people take it for granted that hiring good professors should be a top priority of a school to attract good students. **주장** However, contrary to this opinion, I strongly believe that improving educational facilities is more important. **근거 소개** The fundamental reason is that this improvement can encourage students to study passionately, and increase a college reputation.

본론 1
근거 1
설명
예시

근거 1 To begin with, improving school facilities plays an important role in increasing learning efficiency. **설명** This is mainly because well-designed libraries, new computers, and better test devices help students to study more easily and conveniently. These better facilities can motivate students to participate in their studies with great zeal and enthusiasm. Therefore, these highly motivated students make more effort and feel more responsible for their studies, which can lead to better results at school. **예시** For instance, my brother used to lose interest in his major, computer engineering in college because he was disappointed in its old computers. However, since his school renovated its computer labs last year, he has changed little by little. My brother was impressed by the new computers which were much faster than before and got motivated to focus on his major. On top of that, he began to spend more time studying, follow instructions well, and submit assignments on time in school. If the

150 영단기 TOEFL Actual Test Writing

	college had not improved the computer labs, he would still be irresponsible in school life.
본론 2 근거 2 설명 예시	근거2 **Moreover,** improving school facilities helps to attract talented researchers and professors as well. 설명 **The fundamental reason is that** state-of-the-art research facilities enable researchers to collect, analyse, and process data for their own studies with more accuracy and rapidity. Therefore, researchers and professors who conduct research with the new equipment can publish papers and journals with high quality. In turn, the honors acquired by the faculties can bring the elevated reputation of the university. 예시 Sungkyunkwan University, a top-tier university of Korea, **sets a striking example.** Although the university had relatively low reputation in Korea until Samsung, a famous IT group of Korea, invested in the university's laboratories for research on engineering, now it has become one of the best universities of Korea. This was because the noble facilities for cutting-edge research attracted hundreds of famous faculty members and capable students in the engineering field.
결론 상대 입장 근거 요약 및 재주장	상대 입장 **Admittedly, some might argue that** hiring famous faculty members is necessary to increase the quality of education. 근거 요약 및 재주장 **However,** based on the ideas related to increasing learning efficiency and attracting talented professors, **we can conclude that** a college should first improve educational facilities.

도입 몇몇의 사람들은 좋은 학생들을 끌어들이기 위해 좋은 교수들을 고용하는 것이 학교의 최우선순위라는 것을 당연시한다. 주장 하지만 이런 생각과는 반대로, 나는 교육 시설을 개선하는 것이 더 중요하다고 굳게 믿는다. 근거 소개 그 근본적인 이유는 이러한 개선이 학생들을 열정적으로 공부할 수 있게 격려하고, 대학의 명성을 높여 준다는 점이다.
근거 1 먼저 학교 시설 개선은 학습 효율성을 높이는 데 중요한 역할을 한다. 설명 이것은 주로, 잘 설계된 도서관, 새 컴퓨터들, 그리고 더 좋은 실험 기구들은 학생들이 더 쉽고 편리하게 공부할 수 있도록 도와주기 때문이다. 이런 더 나은 시설들은 학생들이 열정과 열의를 가지고 그들의 공부를 할 수 있도록 동기를 부여할 수 있다. 따라서 이렇게 고도로 동기가 부여된 학생들은 더 많은 노력을 하고 자신의 학업에 더 많은 책임감을 느끼게 되는데, 이런 점은 학교에서의 더 좋은 결과를 이끌 것이다. 예시 예를 들어, 나의 남동생은 대학에서 자신의 전공인 컴퓨터 공학에 흥미를 잃었는데, 그것의 오래된 컴퓨터에 실망했기 때문이었다. 하지만 지난해 학교가 컴퓨터실을 새롭게 단장한 이후, 그는 조금씩 변했다. 나의 남동생은 전보다 훨씬 빠른 새로운 컴퓨터에 감명을 받았고, 그의 전공에 집중하도록 동기가 부여됐다. 그뿐만 아니라 그는 더 많은 시간을 공부하는 데 사용하고, 지시도 잘 따르며, 학교에 제때 과제물을 제출하기 시작했다. 만약 그 대학이 컴퓨터실을 개선하지 않았더라면, 그는 여전히 학교생활에 무책임했을 것이다.
근거 2 게다가 학교의 시설을 개선하는 것은 재능 있는 연구자들과 교수들을 끌어들이는 데 도움이 된다. 설명 그 근본적인 이유는 최첨단 연구 시설은 연구자들이 그들의 연구를 위해 필요한 자료를 모으고, 분석하고, 처리하는것을 더 정확하고 신속하게 수행할 수 있도록 해 주기 때문이다. 따라서 새 장비로 연구한 연구자와 교수는 높은 질의 논문들을 발표할 수 있을 것이다. 결국, 그 교수로부터 얻은 영광은 학교의 위상을 드높일 것이다. 예시 한국의 일류 대학인 성균관대학교가 그 대표적인 예이다. 예전에는 그렇게 유명하지 않았지만, 한국의 유명 IT 그룹인 삼성이 이 학교의 연구 시설에 투자하면서 일류 대학 중 하나가 되었다. 이것은 첨단 연구를 위한 최신식 연구실이 공학 분야에 있는 수백 명의 유명한 교수들과 유능한 학생들을 유치하는 데 도움을 주었기 때문이다.
상대 입장 물론, 어떤 사람들은 교육의 질을 높이기 위해 유명한 교수들을 고용하는 것이 필요하다고 주장할 수도 있다. 근거 요약 및 재주장 그러나 학습 능률을 높이고 재능 있는 교수들을 유치하는 것과 관련된 생각을 바탕으로, 우리는 대학이 먼저 교육 시설을 개선해야 한다고 결론 내릴 수 있다.

[**Vocabulary**] priority 우선순위 renovate 개조하다 analyse 분석하다 process 처리하다 cutting-edge 최첨단의 faculty 교수진, 학부 capable 유능한

TOEFL iBT
WRITING

영단기 TOEFL
ACTUAL TEST
TEST 17

Integrated Task   Question 1
Independent Task   Question 2

INTEGRATED TASK Q1 — Great Zimbabwe

그레이트 짐바브웨

Reading Passage

[**Vocabulary**] ruined 폐허가 된 Shona-speaking 쇼나어를 구사하는 a series of 일련의 conical 원뿔 모양의 plausible 그럴 듯한 warehouse 창고 cattle 소 symbolic 상징적인, 상징하는 prosperity 번영 plateau 고원 astronomical 천문학의 supernova 초신성 explode 폭발하다

주제
그레이트 짐바브웨 기능

Great Zimbabwe, also called the Great Enclosure, is a ruined city in the south-eastern hills of Zimbabwe, and it was built by the Shona-speaking people between the 11th and 14th centuries. The stone ruins of Great Zimbabwe have a series of walled areas as well as a solid conical structure whose function is still unknown. The main walls of the Great Enclosure are as high as 10 m (32 ft.) and as thick as 5 m (17 ft.). Three plausible functions of the ruins are explained here.

그레이트 인클로저(대성벽)라고도 불리는 그레이트 짐바브웨는 짐바브웨의 남동쪽 언덕에 있는 폐허가 된 도시로, 11세기에서 14세기 사이에 쇼나어를 구사하는 사람들이 건설하였다. 그레이트 짐바브웨의 석재 유적은 성벽이 있는 일련의 지역뿐만 아니라 아직 그 기능을 알 수 없는 견고한 원뿔형 구조물을 가지고 있다. 그 대성벽의 주 벽은 최대 10m(32ft)이고 두께는 5m(17ft)이다. 유적의 세 가지 그럴듯한 기능이 여기에 설명되어 있다.

근거 1
곡식 저장

First, the conical tower inside the Great Enclosure was built to store grain. This conical tower has space which could have served as a warehouse in which grains were stored in order to feed the people as well as cattle and livestock. Also, people who built Great Zimbabwe primarily were farmers, so some experts believe that the tower is a symbolic representation of good harvests and prosperity.

첫째, 대성벽 안에 있는 원뿔형 탑은 곡식을 저장하기 위해 세워졌다. 이 원뿔형 탑은 소와 가축뿐 아니라 사람들에게 식량을 공급하기 위해 곡물을 저장하는 창고 역할을 할 수 있는 공간을 가지고 있다. 또한, 그레이트 짐바브웨를 건설한 사람들은 주로 농부들이었기 때문에, 일부 전문가들은 이 탑이 풍년과 번영을 상징한다고 믿는다.

근거 2
금광 시설

Second, many archaeologists have speculated that the city was used as a gold mining facility. During the 14th century, it was a central city of a major state which extended over the gold rich plateau. Also, archaeological evidence for such domestic use of gold is abundant at Great Zimbabwe and related sites. Therefore, it is highly likely that the Great Enclosure was a gold mining facility.

둘째로, 많은 고고학자들은 이 도시가 금광 시설로 사용되었다고 추측했다. 14세기 동안, 이 도시는 금빛 풍부한 고원 위에 펼쳐진 주요 국가의 중심 도시였다. 또한, 이러한 국내 금 사용에 대한 고고학적 증거가 그레이트 짐바브웨와 관련 유적지에 풍부하다. 따라서 대성벽은 금광 시설이었을 가능성이 크다.

근거 3
천문 관측소

Finally, some researchers found some evidence that Great Zimbabwe was an astronomical observatory. They claim that Great Zimbabwe was similar in function to Stonehenge in England, and the conical tower lines up precisely with the supernova known to have exploded 700 to 800 years ago. Thus, it is possible that ancient astronomers in the Great Enclosure may have used these towers to watch the sky tracking the movements of the sun, moon, and stars to mark the changing of seasons.

마지막으로, 몇몇 연구자들은 그레이트 짐바브웨가 천문대였다는 몇 가지 증거를 발견했다. 그들은 그레이트 짐바브웨가 영국의 스톤헨지와 기능이 비슷했으며, 원뿔형 탑은 700~800년 전에 폭발한 것으로 알려진 초신성과 정확히 방향이 일치하게 세워져 있다고 주장한다. 따라서 대성벽의 고대 천문학자들이 계절의 변화를 나타내기 위해 태양, 달, 별들의 움직임을 추적하는 하늘을 보기 위해 이 탑들을 사용했을 가능성이 있다.

Listening Script

[**Vocabulary**] atop 꼭대기에　　inspect 살피다, 조사하다　　interior 내부　　grain storage 곡식 저장　　trace 흔적
invalid 무효한, 유효하지 않은　　carbon dating technology 탄소 연대 측정법　　underneath 바로 아래　　as for ~에 대해 말하자면
credibility 신빙성, 신뢰성

🔊 MP3 17

입장
제시된 이론은 잘못되었음

The ruins of Great Zimbabwe are located atop a hill near the modern town of Masvingo in the southeastern part of Zimbabwe. Although people are not quite sure about their purpose, several theories have been proposed. The reading passage explains three of their possible uses, but these theories do not make that much sense.

그레이트 짐바브웨의 유적들은 짐바브웨 남동부에 있는 현대 도시 마스빙고 근처의 언덕 꼭대기에 위치해 있습니다. 비록 사람들은 그것들의 목적에 대해 확신하지 못하지만, 몇몇 이론들이 제안되었어요. 읽기 지문은 그것들의 가능한 용도 세 가지를 설명하지만, 이 이론들은 그다지 이치에 맞지 않아요.

근거 1
곡식 저장 공간 부족 및 곡식의 흔적이 발견되지 않음

Let's talk about the conical tower in Great Zimbabwe first. If you inspect the interior of the tower, you can see only two small rooms there. This simple aspect of the place indicates that the tower was not used to store grains because the two rooms were not enough space as a grain storage area for all the people and livestock at that time. Besides, researchers have not found any traces of grain inside the tower, so the theory about storing grain is invalid.

그레이트 짐바브웨 속 원뿔형 탑 얘기를 먼저 해봅시다. 만약 여러분이 그 탑의 내부를 살핀다면, 단지 두 개의 작은 방만을 볼 수 있어요. 이 단순한 면은 그 당시 두 개의 방이 모든 사람과 가축을 위한 곡물 창고로서 공간이 부족했기 때문에 그 탑이 곡식을 저장하는 데 사용되지 않았음을 나타내죠. 게다가 연구자들은 탑 안에서 곡식의 흔적을 발견하지 못했기 때문에 곡식을 저장한다는 이론은 무효합니다.

근거 2
금광이 만들어지기 전에 건설됨

The second suggestion made by the reading was that Great Zimbabwe ruins were built for the purpose of mining gold. However, researchers used carbon dating technology to date building materials of the towers and walls in the Great Enclosure, showing that Great Zimbabwe was built well before the gold mines were even made. This suggests that the people who built the city did not even know that there was gold underneath them.

읽기 지문의 두 번째 제안은 금 채굴을 목적으로 그레이트 짐바브웨 유적이 건설되었다는 것인데요. 그러나 연구자들은 대성벽에 있는 탑과 벽의 건축 자재들 연대를 추정하기 위해 탄소 연대 측정 기술을 사용했는데, 이것은 금광이 만들어지기 훨씬 전에 그레이트 짐바브웨가 지어졌다는 것을 보여 줍니다. 이는 도시를 건설한 사람들이 그 밑에 금이 있다는 것조차 몰랐음을 시사해요.

근거 3
구조물이 천문 관찰을 위한 형태가 아님

As for the last theory, it is true that Great Zimbabwe look like Stonehenge in England at a glance. However, it does not hold much credibility due to the fact that the angles and shapes of the ruins are very different from normal astronomical observatories. Usually, when ancient astronomers wanted to observe the sky, they built the structures with specific angles, distances, and also shapes to help them. However, the structures of Great Zimbabwe do not match the usual astronomical styles and patterns. Therefore, the Great Enclosure including the conical tower was not used for astronomical observation.

마지막 이론에 대해서 말하자면, 그레이트 짐바브웨가 언뜻 보면 영국의 스톤헨지처럼 보이는 것이 사실입니다. 그러나 유적의 각도와 형태가 일반 천문 관측소와 크게 다르기 때문에 별로 신빙성을 갖고 있지 않아요. 보통, 고대 천문학자들이 하늘을 관찰하고 싶을 때, 그들은 그들을 돕기 위해 특정한 각도와 거리, 그리고 형태를 가진 구조물을 만들었어요. 그러나 그레이트 짐바브웨의 구조물은 일반적인 천문학적 스타일 및 패턴과 일치하지 않아요. 따라서 원뿔형 탑을 포함한 대성벽은 천문학적 관측에 이용되지 않았습니다.

Note-taking

Reading	Listening

3 functions of Great Zimbabwe
 	
1 storing grain in the conical tower
 	
2 gold mining facility
 	
3 astronomical observatory
	Reading: flawed
	
	1 only 2 rooms – X enough to store grain
	   - no trace of grain
	
	2 carbon dating → X
	   - G.Z. built before gold mining facility
	
	3 angles and shapes → diff.
	   - X used to watch sky

Reading Paraphrasing

1. the conical tower inside the Great Enclosure was built to store grain
   → the conical tower in the Great Enclosure was constructed to store crops

2. the city was used as a gold mining facility
   → the ruined city was related to gold mining

3. Great Zimbabwe was an astronomical observatory. They claim that Great Zimbabwe was similar in function to Stonehenge in England.
   → The structures of Great Zimbabwe were used for astronomical observation like Stonehenge.

Summary

서론 | 읽기 지문 주장 **The author of the reading passage argues that** there are three possible explanations about the purpose of Great Zimbabwe. 반박 **However, the lecturer opposes the reading's assertion with different views.**

본론 1 | 반박 1 **First of all, the speaker argues that** the idea about storing grain is wrong. 반박 근거 The conical tower cannot be used to store grain due to its capacity. Since there are only two small rooms, the stone structure provides not enough space for storing grain. Besides, historians were not able to find any trace of grain in the structure. 읽기 지문과의 관계 **This calls into question the reading passage's argument that** the conical tower in the Great Enclosure would have been constructed to store crops.

본론 2 | 반박 2 **Second, the lecturer points out that** the argument regarding a gold mining facility is mistaken. 반박 근거 Carbon dating proved that the old structures of Great Zimbabwe were built before construction of the gold mines. Thus, the people of the city were not likely to know that there was gold there. 읽기 지문과의 관계 **This goes against the reading passage's assertion that** evidence of using gold was discovered in the Great Enclosure, so the ruined city was related to gold mining.

본론 3 | 반박 3 **Finally, the professor contends that** the opinion related to an astronomical observatory is mistaken. 반박 근거 The structural characteristics of Great Zimbabwe do not match general astronomical observatories. In order to observe the sky, specific angles and shapes of buildings are necessary. However, the structures in Great Zimbabwe do not meet the conditions. 읽기 지문과의 관계 **This contradicts the idea presented in the reading passage that** the structures of Great Zimbabwe were used for astronomical observation like Stonehenge.

읽기 지문 주장 읽기 지문의 저자는 그레이트 짐바브웨의 목적에 대해 세 가지 가능한 설명이 있다고 주장한다. 반박 그러나 강연자는 다른 시각들로 그 주장에 반대한다.

반박 1 우선, 강연자는 곡식 저장에 관한 생각이 틀렸다고 주장한다. 반박 근거 원뿔형 탑은 그것의 용량 때문에 곡식을 저장하는 데 사용할 수 없다. 두 개의 작은 방밖에 없기 때문에 그 석조 구조물은 곡식을 저장할 공간이 충분하지 않다. 또한, 역사가들은 그 구조물에서 곡식의 흔적을 찾을 수 없었다. 읽기 지문과의 관계 이것은 대성벽에 있는 원뿔형 탑이 농작물을 저장하기 위해 지어졌을 것이라는 읽기 지문의 주장에 의문을 제기한다.

반박 2 둘째, 강연자는 금광 시설에 관한 주장이 잘못되었다고 지적한다. 반박 근거 탄소 연대 측정은 금광 건설 이전에 그레이트 짐바브웨의 오래된 구조물들이 건설되었다는 것을 증명했다. 그러므로 도시 사람들은 그곳에 금이 있다는 것을 알았을 것 같지 않다. 읽기 지문과의 관계 이것은 대성벽에서 금을 사용한 증거가 발견되어 폐허가 된 도시가 금광과 관련이 있다는 읽기 지문의 주장을 반박한다.

반박 3 마지막으로, 교수는 천문 관측소와 관련된 의견이 잘못되었다고 주장한다. 반박 근거 그레이트 짐바브웨의 구조적 특성은 일반 천문 관측소와 일치하지 않는다. 하늘을 관측하기 위해서는 건물의 특정 각도와 형태가 필요하다. 하지만 그레이트 짐바브웨의 구조물은 그 조건에 맞지 않는다. 읽기 지문과의 관계 이것은 그레이트 짐바브웨의 구조물들은 스톤헨지와 같은 천문학적 관측에 사용되었다는 읽기 지문에 제시된 생각을 반박한다.

INDEPENDENT TASK Q2

행복: 직업 vs 사회 생활

Happiness: Job vs Social Life

Question Do you agree or disagree with the following statement? **Your job has a stronger effect on your happiness than your social life does.** Use specific reasons and details to support your opinion. 다음 진술에 동의하는가, 그렇지 않은가? 당신의 직업이 당신의 사회 활동보다 당신의 행복에 더 강한 영향을 준다. 의견을 뒷받침하는 세부 사항과 구체적인 근거를 이용하시오.

Outline

찬성

1 직업을 통해 얻는 수입은 가족 부양의 주 요인임 – 직업을 통해 생계유지를 함 – 직업은 가족이 안정감과 행복을 느끼게 함 예) 직업이 생계유지의 수단이 된 예	**2** 직업은 자아실현의 수단임 – 일을 통해 성취감을 얻을 수 있음 – 승진하거나 인정받을 때, 직장에서 꿈을 이룰 때 만족감 느낌 예) 종합 병원 의사 삼촌의 예

30점 TIP

접속 부사의 사용 2
'그러나' 또는 '그렇지만'이라는 의미로 두 문장을 연결할 때 but 보다는 however, nevertheless, nonetheless, on the other hand, on the contrary, in contrast, by contrast 같은 접속 부사를 사용하는 것이 고득점에 유리하다.
예) The Internet has a significant impact on many aspects in human lives. **However**, many people think that the Internet has some serious drawbacks.
인터넷은 인간 삶의 많은 측면에 상당한 영향을 준다. 그렇지만 많은 사람들은 인터넷이 몇 가지 심각한 단점을 가지고 있다고 생각한다.

Sample Essay

서론
도입
주장
근거 소개

도입 **Some people argue that** social life is more influential than a job on one's happiness. 주장 **However, contrary to this idea, it is clear that** spending time at work has a stronger effect on people's happiness than social life does. 근거 소개 **This is because** money from a job is important to family life, and people may feel a sense of achievement from their work.

본론 1
근거 1
설명
예시

근거 1 **To begin with,** income from work is a major factor to support a family. 설명 **This is mainly because** having a job enables people to support their families by paying essential expenses for living such as housing, clothes, and food. On the other hand, without revenue from a job, families' lives can be damaged. Therefore, a job certainly makes every family member feel secure and happy. 예시 **For example,** my father who was busily occupied with his own chores at work was totally responsible for my family's income. Even though he was sometimes tired, he felt happy for supporting my family. Thanks to my father's sacrifice, my family could buy living supplies ranging from furniture to cookers, a car to travel, and even a cozy house for us. Had it not been for my father's occupation, my family would have struggled with financial burden.

본론 2 근거 2 설명 예시	근거 2 **On top of that,** one's career enables people to get personal satisfaction in life. 설명 **An important reason is that** most of us get a sense of fulfillment from the work we do, especially when we get promoted or our disciplined ability is acknowledged by others in the workplace. In other words, we can feel self-contentment by achieving a dream at work. 예시 **For instance,** my uncle is a doctor at an inner-city general hospital. Although he cannot spend much time at home, he always feels happy by examining tens of patients everyday who rely on him to become healthy. What is more, he considers his job worthwhile when his patient gets better, and he is truly satisfied with his honorable job.
결론 재주장 근거 요약	재주장 **All things considered, I strongly believe that** work has a greater effect on one's happiness. 근거 요약 **The reason is that** the money from a job ensures a good standard of living which brings happiness to all family members. Furthermore, we derive personal satisfaction from work.

도입 몇몇의 사람들은 사회 생활이 직업보다 한 사람의 행복에 더 영향력이 크다고 주장한다. 주장 하지만 이런 생각과는 반대로, 사회 활동이 주는 영향보다 직장에서 보내는 시간이 사람들의 행복에 더 큰 영향을 주는 것은 분명하다. 근거 소개 그 이유는 직업을 통해 얻는 돈은 가정 생활에 중요하고, 사람들은 그들의 일을 통해 성취감을 느낄 수 있기 때문이다.

근거 1 우선 직업을 통해 얻는 수입은 가족을 부양하는 중요한 원인이다. 설명 이것은 주로, 직업을 가지는 것은 의식주와 같은 필수적인 생활비를 지불해 사람들이 가족을 부양할 수 있게 하기 때문이다. 반면, 직업을 통한 수입이 없다면, 가족들의 삶은 망가질 수도 있다. 그러므로 직업은 모든 가족 구성원이 안정감과 행복감을 느끼도록 해 준다. 예시 예를 들어, 직장에서 업무로 항상 바쁘셨던 나의 아버지는 우리 가족 수입의 전부를 책임지고 계셨다. 가끔씩 피곤함을 느끼셨지만, 아버지는 우리 가족을 부양하는 것에 대해 행복감을 느끼셨다. 아버지의 희생 덕분에 우리 가족은 가구에서 요리기구에 이르는 생활 용품, 여행을 할 수 있는 자동차와 우리를 위한 아늑한 집까지 살 수 있었다. 아버지의 직업이 없었더라면, 우리 가족은 재정적인 부담으로 어려움을 겪었을 것이다.

근거 2 더욱이 직업은 사람들이 개인적 만족감을 얻을 수 있게 한다. 설명 중요한 이유가 무엇이냐 하면, 우리들 대부분은 우리가 하는 일을 통해 만족감을 느끼는데, 특히 승진을 하거나 우리의 훈련받은 능력이 직장의 다른 사람들에게 인정을 받았을 때 그렇다는 점이다. 예시 예를 들어, 나의 삼촌은 시내 종합 병원의 의사이다. 그는 많은 시간을 집에서 보내진 못하지만, 건강해지기 위해 그에게 의지하는 수십 명의 환자들을 매일 진찰하면서 그는 항상 행복을 느낀다. 게다가 그는 환자들이 회복할 때 그의 직업이 가치 있다고 생각하고, 명예로운 그의 직업에 매우 만족한다.

재주장 모든 것을 감안할 때, 나는 직업이 개인의 행복에 더 큰 영향을 준다고 굳게 믿는다. 근거 요약 그 이유는 직업에서 번 돈은 모든 가족 구성원들을 행복하게 하는 괜찮은 생활 수준을 보장하기 때문이다. 또한 우리는 직업을 통해 개인적 만족감을 이끌어 낸다.

[**Vocabulary**] fulfillment 성취   disciplined 훈련받은   contentment 만족(감)   derive 끌어내다, 얻다

159

TOEFL iBT
WRITING

영단기 TOEFL

ACTUAL TEST

TEST 18

Integrated Task   Question 1
Independent Task   Question 2

INTEGRATED TASK Q1

뉴질랜드의 첫 번째 정착민
First Settler of New Zealand

Reading Passage

[**Vocabulary**] shortly after 곧, 직후에   ancestor 조상   be passed on 전달되다   pollen 꽃가루
date back to ~로 거슬러 올라가다

주제
뉴질랜드의 첫 번째 정착민이 마오리 족이라는 근거

The first settlers of New Zealand have been a highly researched topic recently. Most believe that the first human settlers were the Māori people in 1300 AD. Arriving on the island through boats, these people were the dominant settlers of the island until the arrival of Europeans shortly after. There are three main pieces of evidence that the Māori people were the first to arrive in 1300 AD.

뉴질랜드의 첫 번째 정착민은 최근에 많이 연구되는 주제이다. 대부분의 사람들은 첫 번째 정착민이 서기 1300년에 마오리 족이라고 생각한다. 직후에 유럽인들이 오기 전까지, 배를 타고 그 섬에 도착한 그 종족은 그 섬의 지배자들이었다. 마오리 족이 서기 1300년에 처음으로 도착했다는 세 가지 증거가 있다.

근거 1
마오리 족의 구전 기록에 전해짐

To begin with, according to the spoken records of the Māori people, the Māori people were the first to arrive. In the Māori custom, everything about their ancestors is transmitted in stories. These stories have been passed on for 24~27 generations which calculate back to 1300 AD. Through dating the stories of ancestors of the different generations, it is apparent that the Māori people were the first to arrive in New Zealand.

먼저, 마오리 족의 구전 기록에 따르면 처음 도착한 것은 마오리 족이다. 마오리 관습에서는 그들의 조상에 대한 모든 것들은 이야기로 전해진다. 이 이야기들은 24~27세대 동안 전달되었는데, 이는 서기 1300년으로 거슬러 올라간다. 여러 세대의 조상들에 관한 이야기로 연대를 측정해 보면, 마오리 족이 뉴질랜드에 처음으로 도착했다는 것은 명백하다.

근거 2
급격한 자연 환경의 변화가 있었음

Second, further evidence can be found in the natural environments of New Zealand. Scientists have been able to find evidence of changed plants and pollen showing that, around 1300 AD, a big change took place in the environment. This is because during this time, the Māori people burned down large areas of forest in order to build houses and farms. The devastating forest fires by them changed the surroundings.

둘째로, 추가 증거를 뉴질랜드의 자연 환경에서 발견할 수 있다. 과학자들은 서기 1300년 경에 큰 환경 변화가 일어났음을 보여 준다. 달라진 식물과 꽃가루 증거를 발견할 수 있었다. 이것은 이 시기 동안 마오리 족이 집을 짓거나 농장을 만들기 위해서 숲의 광범위한 지역을 태웠기 때문이다. 그들에 의한 이 엄청난 화재가 그 주변 환경을 바꾼 것이다.

근거 3
탄소 연대 측정 방법으로 알 수 있음

Finally, another main piece of evidence can be found by carbon-dating the tools that some of the first Māori people had used. Carbon dating is a system in which scientists examine how much carbon is left in a piece of organic material by using half-lives. Using this system of calculation, scientists found that the oldest tools date back to around 1300 AD.

마지막으로, 또 다른 주요 증거가 최초의 마오리 족이 사용했었던 도구들을 탄소 연대 측정을 함으로써 발견되었다. 탄소 연대 측정법은 반감기를 이용해 유기물에 탄소가 얼마나 남아 있는지를 측정하는 시스템이다. 이 계산 시스템을 사용하여 과학자들은 가장 오래된 도구의 연대가 서기 1300년경까지 거슬러 올라간다는 것을 알아냈다.

Listening Script

[**Vocabulary**] bet (~이) 틀림없다   rely on ~에 의존하다   all the time 내내

🔊 MP3 18

입장
마오리 족은 첫 번째 정착민이 아님

Good afternoon class. Have any of you been to New Zealand before? No? Me neither. Well, today's topic is about the first settlers of New Zealand. Nobody is one hundred percent sure who the first human settlers were, however many believe that the Māori were the first. This is also what the article says but I don't think that the reading is very convincing. Here are the reasons why.

근거 1
다른 정착민의 기록이 없는 것일 수 있음

Above all, let's talk about the spoken histories. It is true that the Māori may be the oldest living tribe in New Zealand. However, some experts maintain that there could have been other people that arrived first but did not leave any records of their stay. Numerous Māori oral histories referred to different people being in New Zealand before the first Māori arrived. Besides, some historians today state that Greeks and Egyptians sailed to and settled in New Zealand long before the arrival of the Māori.

근거 2
환경 변화는 자연적인 원인에 의한 것일 것임

As for the plant evidence that the article talks about, I don't think that humans necessarily caused the forest fires. The forest fires could have easily been a result of dry climate due to a decrease in the amount of rainfall. It is hard to say for sure what exactly starts a forest fire but I am willing to bet that most start from natural causes.

근거 3
탄소 연대 측정 방법이 항상 정확하지는 않음

Lastly, the carbon-dating system that the scientists use could also be flawed. Carbon dating relies on the organic material to have a constant rate of carbon loss. However, carbon loss can be changed for many reasons such as weather and the amount of carbon the material is surrounded by. Thus carbon dating is not completely accurate all the time.

여러분, 안녕하세요. 여러분들 중 뉴질랜드에 가 본 사람이 있나요? 없어요? 저도 안 가 봤네요. 음, 오늘의 주제는 뉴질랜드의 첫 정착민에 대한 것입니다. 어느 누구도 누가 처음 정착했는지에 대해 100퍼센트 장담할 수는 없지만 대다수는 마오리 족이 처음이라고 믿고 있어요. 이 글 또한 그렇게 말하고 있지만 저는 이 읽기 지문이 매우 설득력 있다고 생각하지 않아요. 이게 그 이유예요.

무엇보다, 그 구전 역사들에 대해 얘기해 보죠. 마오리 족이 뉴질랜드에 현존하는 가장 오래된 부족인 것은 사실이에요. 하지만 다른 사람들이 그곳에 먼저 도착해, 그들이 머문 것에 대한 어떤 기록도 남기지 않았을 수 있다고 몇몇 과학자들은 주장해요. 많은 마오리의 구전 역사들이 최초의 마오리인이 도착하기 전에 뉴질랜드에 있던 다른 사람들에 대해 언급했어요. 게다가 요즘 몇몇 역사 학자들이 그리스인들과 이집트인들이 마오리 족이 도착하기 한참 전에 뉴질랜드로 항해해 왔고 그곳에 정착했다고 진술합니다.

그 글에서 언급한 식물 증거에 대해 말하자면, 저는 사람들이 필연적으로 산불을 일으켰다고 생각하지 않아요. 산불은 강우량의 감소로 인한 건조한 기후의 결과로 쉽게 일어날 수 있어요. 정확히 무엇이 산불을 일으키는지 확신하는 것은 어렵지만 저는 대부분의 산불이 자연적인 원인으로 시작한다고 기꺼이 확신합니다.

마지막으로 과학자들이 사용하는 탄소 연대 측정 방법에도 결함이 있을 수 있어요. 탄소 연대 측정법은 탄소의 손실 비율이 일정한 유기물에 의존하고 있어요. 그러나 탄소 손실은 기후나 그 물질을 둘러싸고 있는 탄소의 양과 같은 여러 이유로 변할 수 있어요. 그러므로 탄소 연대 측정법이 항상 정확하지는 않아요.

Note-taking

Reading	Listening
Māori: first settlers of New Zealand	reading: flawed

1 spoken records of Māori
  - date back to 1300 AD
	1 other people lived w/o records
	  - oral records of Māori → different ppl.
	  - Greeks & Egyptians arrived before Māori

2 change in nature
  - changed plants
  - Māori burned there to build houses
	2 forest fire: × by Māori
	  - dry climate → fire

3 carbon dating
  - Māori's tools: 1300 AD
	3 carbon dating: × reliable
	  - carbon loss: changeable b/c weather & the amount of carbon

Reading Paraphrasing

1 the Māori people were the first to arrive
  → they are the first to settle

2 a big change took place in the environment
  → a great natural change

3 carbon-dating the tools
  → tools were examined by carbon dating

Summary

서론 　　**읽기 지문 주장** ▶ **While the author of the reading passage argues that** the three theories can explain that Māori people are the first settlers of New Zealand, **반박** ▶ **the lecturer opposes the reading's assertion with different views.**

본론 1 　　**반박 1** ▶ **First of all, the speaker argues that** the claim about the spoken records is wrong. **반박 근거** ▶ There could be other people who had lived in New Zealand before Māori settlers arrived, but they did not leave any record. According to some historians, the first settlers may have been Greeks and Egyptians. **읽기 지문과의 관계** ▶ **This calls into question the reading passage's argument that** spoken records of the Māori people are the first evidence to prove that they are the first to settle.

본론 2 　　**반박 2** ▶ **Additionally, the lecturer points out that** the assertion regarding environmental change is mistaken. **반박 근거** ▶ The forest fires could have occurred by nature because dry weather can start a forest fire easily. **읽기 지문과의 관계** ▶ **This goes against the reading passage's assertion that** different plants and pollen appearing with a great natural change are the second evidence because the Māori people led to the change by burning forests.

본론 3 　　**반박 3** ▶ **Finally, the professor contends that** the opinion concerning carbon dating is flawed. **반박 근거** ▶ The dating method is not as reliable as it sounds. Carbon loss is strongly affected by weather and the amount of surrounding carbon, so the carbon dating cannot prove that the Māori people were the first settlers. **읽기 지문과의 관계** ▶ **This contradicts the idea presented in the reading passage that** when the first Māori's tools were examined by carbon dating, they were the oldest tools in New Zealand.

읽기 지문 주장 ▶ 읽기 지문의 저자는 세 가지 이론이 마오리 족이 뉴질랜드의 첫 번째 정착민이라는 것을 설명할 수 있다고 주장하지만, **반박** ▶ 강연자는 다른 시각들로 그 주장에 반대한다.
반박 1 ▶ 먼저 강연자는 그 구전 기록들에 관한 주장은 잘못된 것이라고 주장한다. **반박 근거** ▶ 마오리 족이 도착하기 전에 뉴질랜드에 살고 있던 사람이 있을 것이지만, 그들은 어떠한 기록도 남기지 않았다. 어떤 역사 학자들에 따르면, 그 첫 번째 정착민들은 그리스인들과 이집트인들일 수 있다고 한다. **읽기 지문과의 관계** ▶ 이것은 마오리 족의 구전 기록이 그들이 처음으로 정착했다는 것을 증명하는 첫 번째 증거라는 읽기 지문의 주장에 의구심을 던진다.
반박 2 ▶ 추가적으로 강연자는 환경 변화에 관한 주장은 잘못된 것이라고 지적한다. **반박 근거** ▶ 건조한 날씨는 산불을 쉽게 일으킬 수 있기 때문에 산불은 자연적으로 발생했을 수 있다. **읽기 지문과의 관계** ▶ 이것은 마오리 족이 숲을 불태움으로써 초래한 엄청난 자연 변화로 나타난 이전과 다른 식물들과 꽃가루가 그 두 번째 증거라는 읽기 지문의 주장을 반박한다.
반박 3 ▶ 마지막으로 교수는 탄소 연대 측정 방법에 관한 의견에 결함이 있다고 주장한다. **반박 근거** ▶ 그 연대 측정 방법은 생각만큼 믿을 만하지 않다. 탄소 손실은 기후나 주변에 있는 탄소의 양에 강하게 영향을 받기 때문에, 탄소 연대 측정 방법은 마오리 족이 최초의 정착민이라는 것을 증명하지 못한다. **읽기 지문과의 관계** ▶ 이것은 탄소 연대 측정을 했을 때 최초의 마오리 족의 도구들이 뉴질랜드에서 가장 오래된 도구들이라는 읽기 지문에 제시된 생각을 반박한다.

INDEPENDENT TASK Q2

큰 파티 vs 작은 파티
Big Party vs Small Party

Question Do you agree or disagree with the following statement? **Attending a large party with many people is better than attending a small celebration with a few close friends and family members.** Use specific reasons and details to support your opinion. 다음 진술에 동의하는가, 그렇지 않은가? **많은 사람들과 큰 파티를 하는 것이 가까운 소수의 친구와 가족들과 작은 파티를 하는 것보다 더 낫다.** 의견을 뒷받침하는 세부 사항과 구체적인 근거를 이용하시오.

Outline

찬성

1 다양한 사람을 만나 시야를 넓힐 수 있음 `Storyline: Perspective`
 – 작은 파티: 친한 친구와 가족에 국한됨
  큰 파티: 다양한 분야의 사람을 만나 교류하며 시야를 확장함
  예) 학생회가 주최하는 대규모 파티에서 다양한 사람들을 만난 경험

2 새로운 사람을 만나 동기가 부여될 수 있음 `Storyline: Motivation`
 – 작은 파티: 이미 잘 알고 있는 사람들과 교류함
  큰 파티: 자신보다 경쟁력 있는 사람들과도 만남
 – 다른 사람들과 자신을 비교함
  → 공부나 일에 더 노력을 기울이게 됨
 예) 졸업식 때 닮고 싶은 선배를 만나 변한 친구

30점 TIP

사람들과의 교류에 관한 주제는 이렇게 전개하면 고득점을 받을 수 있다.
1 여러 사람과 어울리면 나와 다른 사람들을 비교할 수 있다.
2 이러한 비교는 신선한 자극이 된다.
3 일이나 공부를 열심히 할 수 있도록 동기 부여가 될 수 있다.
 예) 응용 가능 주제: 다수의 사람들과 함께 일하는 직업 vs 혼자 일하는 직업
        다양한 친구들과 어울림 vs 소수의 친한 친구들과 어울림
        대학이 학생의 사회 활동에 지원해야 하나?

Sample Essay

서론
도입
주장
근거 소개

`도입` **Some people take it for granted that** it is less burdensome to attend a small party than to attend a large party. `주장` **However, contrary to this belief, it is clear that** participating in a big party is better. `근거 소개` **The fundamental reason behind this is that** it helps to broaden one's perspective and helps one to be motivated.

본론 1
근거 1
설명
예시

`근거 1` **To begin with,** a party with many people plays an important role in widening one's horizons. `설명` **This is mainly because,** unlike a small party with only close friends or family members, attending a large party can expose us to different cultures, thoughts, and lifestyles that we have never known before because we can interact and socialize with people who have different majors, interests, and talents. Consequently, we can take a quantum leap in intellectual growth and experience diversity, important in an era of globalization. `예시` **For example,** when I was in college, I participated in big parties held by a student union or the college office. As a result, I was able to learn about a variety of regional cultures such as music, food, and dialects. This was because I talked and shared my opinions with different students and faculty members who were from different regions in Korea, enjoyed party food, and danced together.

본론 2 근거 2 설명 예시	근거 2 **Moreover,** interacting with people in a big party can increase our motivation in life. 설명 **An important reason is that,** compared to a small party with only those we know well, in a party with a number of new people, we are more likely to compare ourselves to those who have better jobs, higher incomes or better educational backgrounds. Through this comparing behavior, people can be motivated to participate in their job or studies with more enthusiasm. Therefore, these highly motivated people make more effort and feel more responsible for their tasks, which can lead to better results at work or school. 예시 A case of one of my friends **sets a striking example.** He used to be very negligent and lost interest in his studies in college. However, when he was a sophomore student in college, he attended a huge graduation ceremony and talked to successful alumni he wanted to be like. He has changed little by little, and has become more mature and self-disciplined. The reason was that my friend found the concrete example of the high value of studying hard. If he had not attended the ceremony, he would still be irresponsible in his school life.
결론 상대 입장 근거 요약 및 재주장	상대 입장 **Admittedly, some might argue that** attending a small party with close friends and family members is more enjoyable. 근거 요약 및 재주장 **However,** based on the ideas related to outlook and motivation, **we can conclude that** joining a big celebration is much more beneficial.

도입 몇몇의 사람들은 큰 파티에 참석하는 것보다 작은 파티에 참석하는 것이 덜 부담스럽다는 것을 당연시한다. 주장 하지만 이런 생각과는 반대로, 큰 파티에 참석하는 것이 더 낫다는 것은 명백하다. 근거 소개 이러한 주장의 그 근본적인 이유는 이것은 개인의 시야를 넓히는 것을 돕고 한 사람에게 동기 부여하는 것을 돕기 때문이다.

근거 1 우선 많은 사람들과 함께하는 파티는 한 사람의 시야를 넓히는 데 중요한 역할을 한다. 설명 이것은 주로, 친한 친구들 혹은 가족들과 함께 하는 작은 파티와 달리 큰 파티는 우리가 이전까지는 몰랐던 다른 문화, 생각과 생활 방식에 우리를 노출시킬 수 있는데, 이는 우리가 전공, 관심, 그리고 재능이 다른 사람들과 소통하고 사귈 수 있기 때문이다. 결과적으로 우리는 비약적인 지적 성장을 하고 세계화 시대에 중요한 다양성을 경험할 수 있다. 예시 예를 들어, 내가 대학생 때 나는 학생회나 대학 본부가 주최하는 큰 파티에 참석했다. 결과적으로 나는 매우 다양한 음악, 음식, 그리고 방언과 같은 독특한 지역 문화에 대해서 배울 수 있었다. 이것은 내가 대한민국의 다른 지역에서 온 여러 학생들과 교수진들에게 나의 생각을 말하고 공유하며 파티 음식을 즐기고 같이 춤을 추었기 때문이다.

근거 2 게다가 큰 파티에서 사람들과 교류하는 것은 동기를 부여할 수 있다. 설명 중요한 이유가 무엇이냐 하면, 우리가 잘 알고 있는 사람들과 함께 하는 작은 파티와 비교했을 때, 새롭고 많은 사람들이 함께 하는 파티에서 우리는 더 나은 직업, 소득이 더 높거나 학력이 더 좋은 사람들과 우리 스스로를 비교하곤 한다. 이러한 비교를 통해, 사람들은 그들의 일이나 학업에 열정을 가지고 참여하도록 동기 부여가 될 수 있다. 그러므로 이렇게 고도로 동기가 부여된 사람들은 더 많은 노력을 하고 그들의 업무에 대해서 더 책임감을 느끼는데, 이것은 학교나 직장에서 더 좋은 성과를 가져올 수 있을 것이다. 예시 내 친구 중 한 명의 경우를 좋은 예로 들 수 있다. 그는 원래 매우 나태했고 대학에서의 학업에 흥미를 잃었다. 그러나 그는 대학 2학년 때 대학 졸업식에 참석하게 되었는데, 거기서 자신이 닮고 싶은 성공한 졸업생과 대화할 수 있었다. 그 후, 그는 조금씩 바뀌어 성숙해지고, 자신을 절제하게 되었다. 그 이유는 내 친구가 공부를 열심히 하는 것이 가치 있는 일임을 보여 주는 구체적인 본보기를 찾았기 때문이다. 그가 만약 그 졸업식에 참석하지 않았다면, 아직도 그는 그의 학교생활에 무책임했을 것이다.

상대 입장 물론, 어떤 사람들은 가까운 친구들 및 가족과 함께 작은 파티에 참석하는 것이 더 즐겁다고 주장할 수도 있다. 근거 요약 및 재주장 그러나 시야 및 동기 부여와 관련된 생각을 바탕으로, 우리는 큰 파티에 참석하는 것이 훨씬 더 유익하다고 결론 내릴 수 있다.

[**Vocabulary**] socialize 사귀다 talent 재능 enthusiasm 열정

TOEFL iBT
WRITING

영단기 TOEFL
ACTUAL TEST
TEST 19

Integrated Task Question 1
Independent Task Question 2

Q1 Black Law Wind Farm

INTEGRATED TASK

블랙 러 풍력 발전소

Reading Passage

[**Vocabulary**] outcome 결과   pursue 추진하다   ecology 생태계   ruin 망치다   generate 생산하다

주제
블랙 러 풍력 발전소 추가 개발의 부당성

Black Law Wind Farm is a wind power facility, located in the middle of the land of Scotland. Although many are praising Scotland for using wind power energy as a source of electricity and claim the further development of the facility, the outcome may not be as great as expected. This is because there are many different negative impacts on the surrounding areas that will occur as a result of these windmills. There are three main reasons why this development should not be pursued.

블랙 러 풍력 발전소는 풍력 발전 시설로, 스코틀랜드의 내륙 중심부에 위치해 있다. 많은 사람들이 스코틀랜드가 전기 원으로 풍력을 이용하는 점을 높이 평가하고 그 시설을 더 개발할 것을 주장하지만, 그 결과는 예상만큼 좋지 않을 수 있다. 이 풍차들의 결과로 주변 지역에 많은 부정적인 영향이 일어날 수 있기 때문이다. 왜 이 개발이 추진되어서는 안 되는지에 대한 세 가지 주요 이유가 있다.

근거 1
관광업 침체를 가져올 것임

First of all, there will be a negative effect on Scotland's economy. Specifically, tourism will be brought down significantly. This is because the original ecology and beautiful landscape which attract tourists will be ruined by these windmills. The surrounding environment will be damaged by the electrical engines and the landscape will lose its beauty. Overall, this will bring down tourism, as well as Scotland's economy.

우선, 스코틀랜드 경제에 부정적 영향이 있을 것이다. 구체적으로 관광업은 현저하게 떨어질 것이다. 이것은 관광객을 끌어들이는 아름다운 풍경과 본래의 생태계가 이 풍차로 인해 망가질 것이기 때문이다. 주변 환경은 전기 엔진에 의해 훼손될 것이고, 풍경은 그 아름다움을 잃을 것이다. 전반적으로 이것은 관광업뿐만 아니라 스코틀랜드의 경제도 침체시킬 것이다.

근거 2
환경 친화적이지 않음

Furthermore, these windmills are not as green and environmentally friendly as one may think. This is because a large surface area including forests and farms will be destroyed due to the construction of the windmills. Also, producing the concrete for wind-turbine foundations will emit more carbon dioxide into the air adding to global warming.

더욱이, 이 풍차는 사람들이 생각하는 것만큼 환경을 생각하고 환경 친화적이지 않다. 이것은 숲과 농장을 포함한 넓은 면적이 풍차 건설로 인해 손상될 것이기 때문이다. 또한, 풍력 발전용 터빈의 토대를 위한 콘크리트를 만드는 것은 지구 온난화를 가속화하는 이산화탄소를 공기 중에 더 많이 내뿜을 것이다.

근거 3
위치 선정이 잘못됐음

Lastly, the development of Scotland's windmills should be on the seashore not inland. Since windmills need wind to generate energy, placing them in areas where there is a lot of wind would be much more efficient overall. This is why the current development plan of Black Law Windmills is a bad idea.

마지막으로, 스코틀랜드의 풍차는 내륙 지방이 아니라 해안에 위치해야 한다. 풍차가 에너지를 생산하기 위해서는 바람이 필요하므로 그것들을 바람이 많은 곳에 설치하는 것이 전반적으로 더 효율적일 것이다. 이것이 왜 현재의 블랙 러 풍차 개발 계획이 좋은 생각이 아닌지에 대한 이유이다.

Listening Script

[**Vocabulary**] be thrilled with 기뻐서 가슴이 두근거리다   in the long run 장기적 측면에서   lay down ~을 내려놓다
bottom 아래에

MP3 19

입장
풍력 발전 추진은 부당하지 않음

Hello class. Today's topic is Black Law Windmills that are being developed in Scotland. As you all know, global warming is a very serious problem facing our world today, and Scotland has taken steps to counter this by making use of wind energy. I'm sure you guys will all agree that this is a very good thing. However, the article seems to have some problems with the Scotland's windmills. I'll tell you why the article is wrong.

여러분, 안녕하세요. 오늘의 주제는 스코틀랜드에서 개발되고 있는 블랙 러 풍차에 관해서예요. 여러분 모두가 알다시피, 지구 온난화는 오늘날 우리 세계가 직면한 아주 심각한 문제여서, 스코틀랜드는 이에 대응하기 위해 풍력을 사용해 왔어요. 저는 여러분들이 이것이 아주 좋은 일이라는 것에 동의할 거라고 확신해요. 하지만 이 글은 그 스코틀랜드의 풍차에 문제가 있다고 보는 것 같아요. 제가 왜 이 글이 틀렸는지 설명할게요.

근거 1
풍차는 오히려 광관 포인트가 될 것임

The argument that the wind farm will have a negative effect on the tourism of Scotland is absolutely ridiculous. You see, a lot of the tourists that visit Scotland to see the nature do so because they love nature. So obviously the tourists will be thrilled with the windmills that are protecting nature and many people will come to see them. Also, there are many other areas for tourists to visit so tourism will stay strong.

풍력 발전소가 스코틀랜드의 관광업에 부정적인 영향을 미칠 것이라는 주장은 정말 말도 안 되는 얘기예요. 있잖아요, 자연을 보기 위해 스코틀랜드를 방문하는 많은 관광객들은 자연을 사랑하기 때문에 그렇게 하는 것이죠. 그러므로 확실히 관광객은 자연을 보호하는 풍차에 들뜰 것이고, 많은 사람들이 이것을 보기 위해 올 거예요. 또한, 관광객들이 방문할 다른 여러 지역이 있기 때문에 관광업은 계속 강하게 유지될 거예요.

근거 2
화력 발전에 비해 환경 피해가 적음

Although building these windmills will harm the surface of the earth and emit carbon dioxide, compared to thermal power generation, it is absolutely nothing. The damage done to the earth in order to build the windmills is far less than the amount of damage that thermal power generation does. Thus, in the long run, the earth will receive less damage from these windmills.

이 풍차를 만드는 것이 지면을 손상시키고 이산화탄소를 방출할 것이라고 하지만, 화력 발전과 비교했을 때 이것은 아무것도 아니에요. 이 풍차를 만드느라 지구에 끼치는 피해는 화력 발전으로 인한 피해량보다 현저히 적어요. 따라서 장기적 측면에서, 지구는 이런 풍차로부터 더 적은 피해를 받을 것입니다.

근거 3
바다 근처에 짓는 것은 비용이 더 많이 둠

Finally, some experts believe that it is more efficient to build these windmills along the sea because there is more wind in that area. Well, this is not true because it is much more costly to generate electricity near the sea. In fact, it costs much more to lay down power-lines and cables at the bottom of the sea. Also, in the process of installation, the sea environment can be polluted.

마지막으로, 어떤 전문가들은 해변에 바람이 더 많기 때문에 그곳에 풍차를 만드는 것이 더 효율적이라고 믿어요. 음, 바다 근처에서 전기를 생산하는 것은 더 비용이 많이 들기 때문에 이것은 사실이 아니에요. 사실, 바다 바닥에 케이블과 전선을 놓는 것은 비용이 훨씬 더 많이 들죠. 또한, 설치 과정에서 바다 환경이 오염될 수도 있습니다.

Note-taking

Reading	Listening
3 dis. of Black Law Wind Farm	reading: flawed

1 negative effect on economy
  - tourism ↓
	1 tourists enjoy & love nature
	  - thrilled with windmills
	    → × tourists ↓
	  - see other tourist attractions

2 × environmentally friendly
  - constructing windmills → destroying the earth
  - producing concrete → CO_2 ↑
	2 far less damage than thermal power
	  - in the future, less damage from windmills

3 on seashore: better
  - wind ↑ → efficient
	3 building near the sea: × efficient
	  - power lines & cables in the sea: cost ↑
	  - polluting sea env.

Reading Paraphrasing

1. tourism will be brought down significantly
   → windmills discourage the tourism industry

2. not as green and environmentally friendly as one may think
   → has an adverse effect on the environment

3. placing them in areas where there is a lot of wind
   → placing windmills in the windy seashore

Summary

서론	**읽기 지문 주장** **While the author of the reading passage argues that** building more windmills in Black Law Wind Farm, located in the inland region of Scotland, has three disadvantages, **반박** **the lecturer opposes the reading's assertion with different views.**
본론 1	**반박 1** **First of all, the speaker argues that** the claim about tourism is wrong. **반박 근거** Building windmills is not as economically negative as it sounds. Tourists tend to not only enjoy the nature but also love it, so they can be impressed by the eco-friendly windmills and more travelers will visit Scotland. There are also many other tourist attractions in the country. **읽기 지문과의 관계** **This calls into question the reading passage's argument that** windmills discourage the tourism industry, which can damage the economy of Scotland.
본론 2	**반박 2** **Additionally, the lecturer points out that** the opinion regarding the environment is untrue. **반박 근거** Building windmills is not a problem. Thermal power plants have a far more negative effect on the earth than wind power does. Consequently, the windmills will cause less damage on the earth. **읽기 지문과의 관계** **This goes against the reading passage's assertion that** locating wind power turbines on the ground has an adverse effect on the environment of this planet and they release more carbon dioxide.
본론 3	**반박 3** **Finally, the professor contends that** the assertion concerning location is mistaken. **반박 근거** The negative consequences of building windmills on the seashore outweigh the benefits. Placing wind power stations on the seaside costs more because it requires installing submarine power cables. What is worse, the construction can pollute the sea. **읽기 지문과의 관계** **This contradicts the idea presented in the reading passage that** placing windmills in the windy seashore is a better way to generate electricity than developing wind power plants in the middle of Scotland.

읽기 지문 주장 읽기 지문의 저자는 스코틀랜드의 내륙에 위치한 블랙 러 풍력 발전소에 풍차를 더 만드는 데 세 가지 단점이 있다고 주장하지만, **반박** 강연자는 다른 시각들로 그 주장에 반대한다.

반박 1 먼저 강연자는 관광업에 관한 주장은 잘못된 것이라고 주장한다. **반박 근거** 풍차를 만드는 것은 생각만큼 경제적으로 부정적이지 않다. 관광객들은 자연을 즐길 뿐 아니라 그것을 사랑하기까지 하므로, 그들은 자연 친화적인 풍차에 감명을 받게 될 것이고 더 많은 여행객들이 스코틀랜드를 방문할 것이다. 그 나라에는 다른 여러 관광 명소들도 있다. **읽기 지문과의 관계** 이것은 풍차가 관광업을 침체시키고, 이것이 스코틀랜드의 경제에 손실을 줄 수 있다는 읽기 지문의 주장에 의구심을 던진다.

반박 2 추가적으로 강연자는 환경에 관한 의견은 사실이 아니라고 지적한다. **반박 근거** 풍차를 만드는 것은 문제가 되지 않는다. 화력 발전소는 풍력 발전보다 지구에 훨씬 더 안 좋은 영향을 미친다. 결과적으로 풍차들은 지구에 피해를 덜 줄 것이다. **읽기 지문과의 관계** 이것은 지면에 풍력 발전용 터빈을 설치하는 것이 지구 환경에 안 좋은 영향을 줄 것이고, 그것들이 더 많은 이산화탄소를 방출한다는 읽기 지문의 주장을 반박한다.

반박 3 마지막으로 교수는 위치에 관한 주장은 잘못된 것이라고 주장한다. **반박 근거** 해안에 풍차를 건설하는 것의 단점은 장점을 압도한다. 바닷속에 케이블을 설치해야 하기 때문에 해안에 풍력 발전소를 짓는 것은 비용이 더 많이 든다. 더 안 좋은 점은 그 건설이 바다를 오염시킬 수 있다는 점이다. **읽기 지문과의 관계** 이것은 풍차를 바람이 많이 부는 해안에 설치하는 것이 스코틀랜드 내륙에 설치하는 것보다 전기를 생산하는 데 더 좋은 방법이라는 읽기 지문에 제시된 생각을 반박한다.

INDEPENDENT TASK Q2

환경 보호
Environmental Protection

Question What is the most important thing to do for the government to protect the environment?
(1) To invest in alternative energy sources such as solar and wind power
(2) To protect forests and wildlife species
(3) To pass and enforce laws to reduce pollution
Use specific reasons and details to support your opinion.

정부가 환경을 보호하기 위해 할 가장 중요한 것은 무엇인가?
(1) 태양열과 풍력 같은 대체 에너지원에 투자하는 것 (2) 숲과 야생 동물 종을 보호하는 것 (3) 오염을 줄이는 법안을 통과시키고 강화하는 것
의견을 뒷받침하는 세부 사항과 구체적인 근거를 이용하시오.

Outline

(1) 태양열과 풍력 같은 대체 에너지원에 투자하는 것

1 지구 온난화를 막을 수 있음	2 대중의 건강에 도움이 됨 [Storyline: Health]
– 대체 에너지는 지구 온난화 물질을 방출하지 않음 – 화석 연료를 이용한 발전소들은 이산화탄소와 같은 지구 온난화 물질을 많이 방출함 예) USC의 대체 에너지와 화석 연료에 관한 연구 결과	– 대체 에너지는 오염 물질을 방출하지 않음 – 화석 연료는 대기 및 수질을 오염시킴 → 질병을 야기함 예) 환경 오염이 질병을 야기하는 예

30점 TIP

항상 채점자가 미국인이라는 점을 명심하자!
1. 채점자가 잘 모르는 한국 내 경제 상황, 정치 상황을 주된 논리로 사용하지 않는다.
2. 국가 및 정부 관련 주제가 나오면 일반적인 논리로 접근한다. (전 세계 누구나 이해할 수 있는 논리)
   좋지 않은 예) 한국이 IMF 지원을 받은 얘기, 한국 전직/현직 대통령 및 정치적인 이슈를 가지고 전개
3. 환경 문제는 한국의 환경 상황을 예시로 드는 것은 괜찮지만, 기본적인 논리는 전 세계인들이 이해할 수 있는 것이야 한다.
   예) 한국의 미세 먼지 문제를 예시로 사용하는 것은 OK, 하지만 글을 이끄는 주된 논리로 사용하지 말 것

Sample Essay

서론
도입
주장
근거 소개

[도입] Some believe that the government should invest in the protection of forests and wild animals or pass regulations on environmental issues for protection of the environment. **[주장]** However, I believe that supporting alternative energy is the most effective way to save the environment. **[근거 소개]** The rationale behind this is that alternative energy sources can prevent the green house effect and improve environmental quality for public health.

본론 1
근거 1
설명
예시

[근거 1] First of all, the government support to the renewable energy can make it possible to solve global warming problems. **[설명]** This is mainly because the majority of electricity is generated by coal-fired and natural gas-fired plants which produce a vast amount of carbon dioxide and other global warming emissions trapping heat and raise global temperatures. However, most alternatives to fossil fuels such as solar and wind power produce little or no global warming gases. **[예시]** This point can be

proven by research conducted at University of Southern California in the US. If we use alternative energy 25 percent more, 70 coal-power plants will disappear and, of course, CO_2 emissions will be dramatically reduced. Thus, environmental impacts associated with the alternative energy are strong. The research also states that global emissions related to installing, maintaining, and operating solar and wind power systems are minimal.

Moreover, the government funding for solar and wind energy can contribute to reduction in pollution, improving public health. **To be more specific,** wind and solar power farms do not cause air pollution emissions and do not pollute water resources either because they are operated without water. However, coal and natural gas plants emit air pollutants and require large amounts of water for cooling, which can lead to air and water pollution linked to health problems. **For instance,** my uncle, a doctor at a general hospital in a city, tells me that many of his patients suffer adverse health effects from pollution. They come to him for pollution-related ailments and complaints. He has found a relationship between the polluted environment and environmental diseases such as headaches, asthma, and lung cancer.

Admittedly, some might argue that passing environmental laws or protecting the ecosystem is the most important. **However,** based on the ideas related to global warming and health, **we can conclude that** the government should first spend money developing the environmental friendly energy.

도입 몇몇의 사람들은 환경을 보호하기 위해 정부가 숲과 야생 동물을 보호하는 데 투자하거나 환경 관련 법안을 통과시켜야 한다고 주장한다. 주장 하지만 나는 대체 에너지를 지원하는 것이 환경을 보호하는 가장 좋은 방법이라고 믿는다. 근거 소개 이것의 논리적 근거는 대체 에너지원이 온실 효과를 막고 환경의 질을 개선할 수 있기 때문이다.

근거 1 우선 재생 가능한 에너지에 대한 정부의 지원은 지구 온난화 문제를 해결하는 것을 가능하게 할 것이다. 설명 이것은 주로, 전기의 대부분이 엄청난 양의 이산화탄소와 열을 가두고 지구의 온도를 높이는 온실 가스 배출물을 발생시키는 화력 발전소와 천연가스 발전소에서 발전되기 때문이다. 그러나 태양열과 풍력 에너지와 같은 화석 연료에 대한 대부분의 대체 에너지는 온실 가스를 거의 만들지 않는다. 예시 이것은 미국의 서던캘리포니아 대학에서 실시한 연구에 의해 증명될 수 있다. 우리가 재생 에너지를 25퍼센트 더 사용하면, 석탄 발전소 70개가 없어질 것이고, 당연히, 이산화탄소의 배출도 급격하게 줄 것이다. 따라서 대체 에너지와 관련된 환경 영향은 엄청나다. 또한 그 연구는 태양열과 풍력 발전소를 건설하고, 유지하고, 그리고 가동시키는 것과 관련된 온실 가스의 배출은 매우 적다고 진술하였다.

근거 2 게다가 태양열과 풍력 에너지에 대한 정부의 재정 지원은 오염의 감소에 기여할 것이고, 그래서 대중의 건강을 개선할 수 있을 것이다. 설명 더 구체적으로 말하자면, 풍력과 태양열 발전소들은 대기 오염 물질을 야기하지 않고, 물 없이 작동되기 때문에 수원 또한 오염시키지 않는다. 그러나 석탄이나 천연가스 발전소들은 대기 오염 물질을 방출하고, 열을 식히기 위해 많은 양의 물을 필요로 하는데, 이는 결과적으로 건강 문제와 관련된 대기와 수질 오염을 이끌 수 있다. 예시 예를 들어, 도시의 한 종합 병원의 의사인 나의 삼촌은 내게 말하길 많은 그의 환자들이 오염으로 인한 건강 악화로 고생한다고 말한다. 그들은 오염과 관련된 질병과 질환으로 그를 찾아온다. 그는 오염된 환경과 두통, 천식, 그리고 폐암과 같은 환경성 질환 간의 상관관계를 발견했다.

상대 입장 물론 어떤 사람들은 환경법 통과나 생태계 보호가 가장 중요하다고 주장할 수도 있다. 근거 요약 및 재주장 그러나 지구 온난화 및 건강과 관련된 생각을 바탕으로, 우리는 정부가 환경 친화적인 에너지를 개발하는 데 먼저 돈을 써야 한다고 결론 내릴 수 있다.

[Vocabulary] renewable 재생 가능한 little or no 거의 없는 conduct 실시하다, 수행하다 contribute to ~에 기여하다
operate 가동시키다 asthma 천식 lung cancer 폐암

TOEFL iBT
WRITING

영단기 TOEFL

ACTUAL TEST

TEST 20

Integrated Task   Question 1
Independent Task   Question 2

INTEGRATED TASK Q1 — Laocoön Sculpture

Reading Passage

[**Vocabulary**] statue 조각상   monumental 기념비적인   sculpture 조각품   forge 위조하다   stable 안정된

주제
라오콘 군상이 미켈란젤로의 위작이라는 근거

The statue of Laocoön and His Sons, also called the Laocoön Group, is a monumental sculpture in marble now in the Vatican Museums, Rome. The figures are near life-size and describing the Trojan priest Laocoön and his two sons, Antiphantes and Thymbraeus, being attacked by sea serpents. The sculpture has always been considered an antique, but it was later discovered that Michelangelo forged it. There are several reasons to support this theory.

근거 1
여러 작품들을 모작한 모작가였음

Firstly, Michelangelo was a brilliant forger. It was common that Roman sculptors produced copies of Greek sculptures at that time. During his early years of career, he started to forge great works done by ancient Greek and Roman artists, and Michelangelo became known for a great forger. Also, since he was obsessed with snakes, he may have been inspired by Laocoön, the high priest of Troy, and his sons being killed by snakes. Thus, many of his works including the Laocoön have been suspected as forgeries.

근거 2
조각상과 비슷한 스케치를 그림

Secondly, Michelangelo drew many sketches similar to this work, the Laocoön Group. When closely examined, the similar patterns, animals, and postures were found in his pen sketches. Also, some forgers have created false paper trails relating to a sculpture in order to make the work appear genuine. This shows the possibility that he had practiced the same procedure in his paintings and also in sculptures.

근거 3
경제적인 이유가 있음

Lastly, it is highly likely that he forged the sculpture out of financial motivation. Back then, artists like Michelangelo were only funded by so called sponsors. Without the help of them, he was not able to continue a stable lifestyle. Also, some forgeries at that time were typically sold to art galleries and auction houses, becoming a high financial gain. Thus, it is believed that the forgery was due to his financial difficulty.

Listening Script

[**Vocabulary**]　twisted 뒤틀린　　torso 몸통, 몸통으로 된 조각상　　coincidence 우연의 일치　　royalty 왕족

🔊 MP3 20

입장
라오콘 군상은 위작이 아님

Have you guys ever seen the Laocoön Group in the Vatican museum in person? Wasn't it marvelous? Some allege that Michelangelo forged the Laocoön statue, but I believe that the fabulous statue was not a fake at all. According to the reading, it gave us three reasons why Michelangelo forged the sculpture, Laocoön. However, it still misses a significant point and the reasons are doubtful.

여러분은 바티칸 박물관에 있는 라오콘 군상을 실제로 본 적이 있나요? 멋지지 않던가요? 어떤 이들은 미켈란젤로가 라오콘 조각을 위조했다고 주장하지만, 저는 그 멋진 조각은 절대 위작이 아니라고 믿어요. 읽기 지문에서는 미켈란젤로가 라오콘 조각을 위작한 이유 세 가지를 들고 있어요. 하지만 이 글은 중요한 사실을 놓치고 있으며, 그 근거들은 의심스럽죠.

근거 1
초기에만 모작 활동을 함

First, one overlooked fact is that Michelangelo engaged in forgery only during the early stages of his career. He was young then and he needed to create a statue to prove his talent by winning everyone's recognition. After he forged the older statue, he had no need to forge another one because he was recognized as one of the greatest artists. Thus, he could focus on making his own art work, not on forging something that already existed.

첫째로, 한 가지 간과된 사실은 미켈란젤로는 그의 경력 초기에만 모작 활동에 참여했다는 것이에요. 그는 그 당시 어렸고, 모든 사람들에게 인지도를 얻기 위해 그의 재능을 증명할 조각상을 만들 필요가 있었어요. 오래된 조각상을 모작한 이후, 그는 다른 모작을 할 필요가 없었는데, 그가 가장 위대한 예술가 중 하나로 알려졌기 때문이에요. 그래서 그는 이미 있는 작품을 모작하는 것이 아닌 자기 예술 작품을 만드는 데 집중할 수 있었어요.

근거 2
다른 점들이 있기 때문에 유사성은 우연

Moreover, it is true that his sketches are similar to the statue in some regards. However, there are many differences: the figure in the sketches is holding his left side, while the one in the statue is holding his right side; the one in the sketches has a straight torso while the other has a twisted torso. Therefore, these similarities between his sketches and the Laocoön statue are not the evidence of forgery but mere coincidences.

게다가, 그의 스케치가 어떤 면에서는 그 조각상과 비슷한 것은 사실이에요. 하지만 많은 차이도 있어요. 그러니까 스케치에서 인물은 왼쪽으로 자세를 잡고 있지만, 조각에서는 오른쪽으로 잡고 있죠. 그림에서는 몸통이 똑바른데 반해, 조각에서는 몸통이 뒤틀려 있어요. 그러므로 이러한 그의 그림과 라오콘 조각상의 유사성은 위조의 증거가 아닌 단지 우연일 뿐이죠.

근거 3
모작은 명성을 위태롭게 함

Lastly, it was too risky for Michelangelo to engage in forging practices. The people who purchased his works were royalty such as kings and queens. If they had found out that they bought forged statues, he would have lost all his customers and seen his career destroyed. Therefore, it is very unlikely that Michelangelo forged statues such as Laocoön to earn money, risking his reputation.

마지막으로 미켈란젤로가 위작을 하는 것은 너무 위험했어요. 그의 작품을 구입하는 사람들은 왕이나 왕비 같은 왕족들이었어요. 만일 그들이 위작된 조각상을 산 것을 알았더라면, 그는 그의 모든 고객들을 잃고 그의 경력이 끝나는 것을 봤을 거예요. 그러므로 미켈란젤로가 돈을 벌기 위해, 그의 명성을 위태롭게 하면서까지 라오콘 조각과 같은 조각상들을 위작했을 가능성은 매우 낮아요.

Note-taking

Reading	Listening
Mich.: forged L-statue	L-statue: × forgery
1 Mich. used to forge statues	1 forging early on only 　- to prove talent 　- forging older statue → no more 　- focus on his own work
2 many similar sketches 　- practiced the same procedure	2 some similarities OK' but! coincidence 　- holding his left side ↔ right 　- having a straight torso ↔ twisted
3 forging for money 　- funded by sponsors 　- for a stable life	3 forgery: risky 　- his works: for royalties 　- forge → losing customers & destroying his career

Reading Paraphrasing

1 became known for a great forger
　→ was good at forgery

2 Michelangelo drew many sketches similar to this work
　→ Michelangelo's sketches have many features akin to the sculpture

3 he forged the sculpture out of financial motivation
　→ Michelangelo forged the Laocoön statue to make his living stably

Summary

서론	**읽기 지문 주장** **While the author of the reading passage maintains that** Michelangelo faked the Laocoön statue for three reasons, **반박** **the lecturer objects to the reading's assertion with different opinions.**
본론 1	**반박 1** **First of all, the speaker argues that** the claim about a forger is wrong. **반박 근거** His career illustrates an opposing view. When Michelangelo was not popular, he had no choice but to copy a sculpture to show his talent and to gain public recognition. However, after he was accepted as a great artist, he did not need to make another one and could focus on his artwork. **읽기 지문과의 관계** **This calls into question the reading passage's argument that** Michelangelo used to forge some ancient Greek and Roman works and was good at forgery.
본론 2	**반박 2** **Second, the lecturer points out that** the argument regarding similar sketches is mistaken. **반박 근거** Although there are some similarities between his sketches and the Laocoön group, there is proof to show a different view. For example, the character in his painting is holding the opposite side to the one in the statue, and the torso of his painting is straight, different from twisted one of the statue. **읽기 지문과의 관계** **This goes against the reading passage's assertion that** Michelangelo's sketches have many features akin to the sculpture so he might have practiced the process when creating his works.
본론 3	**반박 3** **Finally, the professor contends that** the opinion about money is flawed. **반박 근거** The sponsors indicate another story. Since his main patrons were royal family members, forgery could have been dangerous. Therefore, had he created a fake sculpture, he would not have maintained his career. **읽기 지문과의 관계** **This contradicts the idea presented in the reading passage that** Michelangelo forged the Laocoön statue to make his living stably.

읽기 지문 주장 읽기 지문의 저자는 세 가지 이유로 미켈란젤로가 라오콘 조각을 위조했다고 주장하지만, **반박** 강연자는 다른 시각들로 그 주장에 반대한다.

반박 1 먼저 강연자는 모작가에 관한 주장은 잘못된 것이라고 주장한다. **반박 근거** 그의 경력은 반대 시각을 분명히 보여 준다. 미켈란젤로가 유명하지 않았을 때, 그는 그의 재능을 보여 주고 대중의 관심을 얻기 위해서 조각을 복제할 수밖에 없었다. 그러나 그가 훌륭한 예술가로 인정받은 후에, 그는 다른 것을 만들 필요가 없었고 그의 작품에 집중할 수 있었다. **읽기 지문과의 관계** 이것은 미켈란젤로가 고대 그리스와 로마의 몇몇 작품들을 위조하곤 했고, 위조에 능숙했다는 읽기 지문의 주장에 의문을 제기한다.

반박 2 둘째, 강연자는 비슷한 스케치에 관한 주장이 잘못되었다고 지적한다. **반박 근거** 비록 그의 그림들과 라오콘 군상 사이에 몇몇 유사점이 있지만, 다른 시각을 보여 주는 증거가 있다. 예를 들어, 그의 그림 속 인물은 조각상에 있는 것과는 다른 쪽으로 자세를 잡고 있고, 조각상의 뒤틀린 몸통과는 다르게 그림의 몸통은 곧다. **읽기 지문과의 관계** 이것은 미켈란젤로의 스케치가 조각상과 비슷한 특징이 많으므로 그가 작품을 창작할 때 그 과정을 연습했을 것이라는 읽기 지문의 주장을 반박한다.

반박 3 마지막으로 교수는 돈에 관한 의견에 결함이 있다고 주장한다. **반박 근거** 미켈란젤로의 후원자들은 다른 이야기를 나타낸다. 그의 주된 후원자들은 왕가였기 때문에 위조는 미켈란젤로에게 아주 위험했을 것이다. 따라서 그가 가짜 조각상을 만들었다면, 그는 그의 직업을 유지할 수 없었을 것이다. **읽기 지문과의 관계** 이것은 미켈란젤로가 그의 삶을 안정되게 하기 위해 라오콘 조각상을 위조했다는 읽기 지문에 제시된 생각을 반박한다.

INDEPENDENT TASK Q2

교수의 역할: 연구 vs 학생 교육
Professor: Researcher vs Educator

Question Do you agree or disagree with the following statement? **The main role of a university professor is to do research rather than to educate students.** Use specific reasons and details to support your opinion. 다음 진술에 동의하는가, 그렇지 않은가? 대학 교수의 주된 역할은 학생들을 가르치는 것보다 연구를 하는 것이다. 의견을 뒷받침하는 세부 사항과 구체적인 근거를 이용하시오.

Outline

찬성

1 성공적인 연구는 학교와 학생 모두에게 이득이 됨 – 학교 연구비를 지원 받고, 학교 명성에도 도움이 됨 예) 하버드 대학의 예	2 좋은 연구는 현실 사회에 도움이 됨 – 사회 문제들을 학문적으로 깊이 있게 연구함 → 전문적이고 현실적인 도움이 됨 예) 대학 교수들의 의학 연구가 도움이 되는 예

30점 TIP

benefit의 다양한 용법

1 자동사: (~에서) 이익을 얻다, 득을 보다
   예) We **benefit** from trade if we are able to obtain a cheaper goods from a foreign country.
   만약 우리가 해외에서 온 더 저렴한 제품을 얻을 수 있다면, 우리는 무역으로 득을 본다.
2 타동사: 유용하다, 도움이 되다
   예) The new road will **benefit** the people living in the hill.
   그 새로운 도로는 그 언덕 위에 사는 사람들에게 유용할 것이다.
3 명사: 이득, 혜택
   예) Volunteers collected donations for the **benefit** of the handicapped.
   자원봉사자들이 장애인들의 혜택을 위해 기부금을 모았다.

Sample Essay

서론
도입
주장
근거 소개

〔도입〕 **It is often said that** the primary role of faculty members is to educate students and help them to do research instead of doing research on their own. 〔주장〕 **However, it is clear that** professors should focus on conducting studies rather than on teaching students. 〔근거 소개〕 **This is because** great research has advantages on both a university and its students, and has a positive influence on the real world.

본론 1
근거 1
설명
예시

〔근거1〕 **To start with,** successful research of a professor benefits both the college and its students. 〔설명〕 **To be more specific,** thanks to the academic feats, the school will receive grants and funding for further research and the research facilities. Also, recognition of the research will improve the reputation and ranking of the university, thereby encouraging students there to be proud of themselves and to study hard. 〔예시〕 **As a case in point,** Harvard University is known for its professors who publish amazing research papers in many academic fields ranging from economics to medical science. Their papers and journals are acknowledged by numerous people in the same fields around the world and the impacts they have on the academic societies are tremendous. For the world-class prestige, Harvard University has become one of the best universities in the world and attracts more and more intelligent students who are willing to study and research.

본론 2
근거 2
설명
예시

근거 2 **Moreover,** studies of professors bring solutions to important problems in the real world. 설명 **This is mainly because,** in order to solve the problems ranging from diseases to global warming, a series of academic research needs to be conducted by professional people. Their academic and systematic approach to the problems can provide concrete and solid solutions which can be adopted in real life. Therefore, our world wants professors to remain researchers and advisors for the society rather than teaching only students. 예시 **For example,** in the field of medical science, professors keep doing research on cures for human diseases, which is of great importance for the human society, since there are always newly discovered threatening diseases such as AIDS, MERS, and Avian Influenza (AI). If they focus more on teaching students knowledge and overlook such research, our society will have less hope for curing diseases.

결론
상대 입장
근거 요약 및 재주장

상대 입장 **Admittedly, some might argue that** professors putting more emphasis on teaching deliver their instructions well. 근거 요약 및 재주장 **However,** based on the ideas related to being beneficial to a school and its students, and society, **we can conclude that** professors should concentrate more on conducting research.

도입 사람들은 종종 교수의 주된 역할은 그들의 연구를 하는 것 보다는 학생들을 교육하고 그들이 연구할 수 있도록 도와주는 것이라고 이야기한다. 주장 하지만 교수들이 학생들을 가르치는 것보다 연구를 수행하는 데 중점을 두어야 한다는 것은 분명하다. 근거 소개 이것은 훌륭한 연구는 대학교와 그 학생들 모두에게 이득이 될 것이고, 현실 사회에 긍정적인 영향을 미치기 때문이다.

근거 1 우선 교수의 성공적인 연구는 대학교와 그 학생 모두에게 이익을 준다. 설명 자세히 설명하자면, 학문적 업적 덕분에 학교는 추가적인 연구와 연구 시설을 위한 보조금과 재정 지원을 받을 것이다. 또한, 연구를 인정받는 것은 학교의 명성과 대학의 순위를 높일 것이고, 그로 인해 그곳에서 공부하는 학생들이 그들 자신을 자랑스러워하고 열심히 공부하도록 격려할 것이다. 예시 관련된 한 일화로, 하버드 대학은 경제학에서 의학에 이르는 다양한 학문 분야에서 놀라운 논문들을 발표하는 교수들이 있는 것으로 유명하다. 그들의 논문들과 저널들은 전 세계의 같은 분야에 있는 수많은 사람들에게 인정을 받고, 그 학문적 사회에 대해 그들이 가지는 영향력은 엄청나다. 세계적인 명성 덕분에, 하버드 대학은 세계 최고의 대학 중 하나가 되었고 공부와 연구를 원하는 더 많은 똑똑한 학생들을 끌어모으고 있다.

근거 2 더욱이 교수들의 연구는 현실 사회에 있는 중요한 문제들에 대한 해결 방법을 가져다준다. 설명 이것은 주로, 질병에서부터 지구 온난화에 이르는 문제를 해결하기 위해서, 전문가들이 시행한 일련의 연구가 필요하기 때문이다. 문제에 대한 그들의 학문적이고 체계적인 접근은 구체적이고 확실한 해결책을 제시할 수 있으며, 이는 실생활에 접목될 수 있다. 따라서 우리가 사는 세상은 교수가 학생만을 가르치기보다는 사회 문제에 대한 연구자이자 조언자로 남아있을 것을 원한다. 예시 예를 들어, 의학 분야에서 교수들은 인간 사회에 중요한 인간의 질병에 대한 연구를 계속하는데, 이는 에이즈, 메르스, 그리고 조류 독감과 같은 위협적인 질병들이 항상 새로 발견되기 때문이다. 만약 그들이 학생에게 지식을 가르치는 것에 더 집중하고 이러한 연구를 등한시 한다면, 질병 치료에 대한 우리 사회의 희망은 더 적어질 것이다.

상대 입장 물론, 어떤 사람들은 교수들이 가르치는 것에 더 중점을 두는 것이 그들의 지시를 잘 전달한다고 주장할 수도 있다. 근거 요약 및 재주장 그러나 학교와 그 학생, 그리고 사회에 이롭다는 것과 관련된 생각을 바탕으로, 우리는 교수들이 연구 수행에 더 집중해야 한다고 결론 내릴 수 있다.

[**Vocabulary**] academic 학문적   feat 업적   recognition 인식, 인정   tremendous 엄청난   prestige 명망, 위신
put emphasis on ~을 강조하다

2019 소비자가 뽑은
가장 기대되는 브랜드 대상
2년 연속 수상

영단기의 진심에
뜨겁게 보답해주셔서 감사합니다.

'국민 어학원'이라는 이름을 사용할 수 있는 자격, 여러분이 직접 주셨습니다.
앞으로도 1위의 책임감을 가지고 진정성 있는 교육 콘텐츠로 보답하겠습니다.

2018-2019
소비자가 뽑은
가장 기대되는
브랜드 대상

앞으로도 고객들이 진정으로 원하는 것이 무엇인지를 잘 살피고,
실질적으로 도움이 되는 혁신적인 서비스를 제공하기 위해 노력하겠습니다.

*2019 대한민국 퍼스트 브랜드 대상 온라인 외국어 교육 부문

네이버 검색 1위

영어공부를 시작하는 사람들이 가장 먼저하는 것은 '검색'입니다
이미 영어공부를 준비하는 학생들에게는 영어=영단기라는 공식이 존재합니다
조회수 1위, 압도적 조회수 차이로 대세를 입증했습니다.

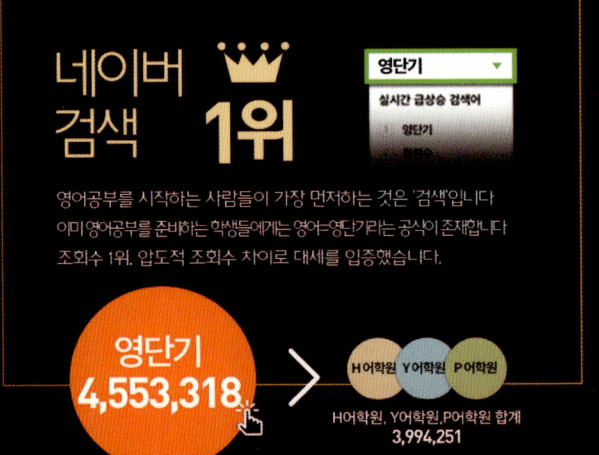

여러분이 만들어 주신 1위,
반드시 '단기 고득점'으로 보답하겠습니다.

영단기 TOEFL
ACTUAL TEST
WRITING

직접 시험 보고 연구한 저자의 REAL 콘텐츠

문제집

영단기

TOEFL iBT
WRITING

영단기 TOEFL

ACTUAL TEST

TEST **01**

Question 1 of 2

Directions You will be given 20 minutes to write an essay that reflects the points in the lecture you heard and the reading passage. Try to summarize the points in the listening passage and the relationships to the reading passage to the best of your ability. Any expression of personal opinions is not required. An effective essay generally consists of 150 to 225 words.

[읽기 제한 시간 3분]

Reading

The ancient Greeks used their native clay, which was easily shaped on a pottery wheel, to create numerous shapes each with a specific name and function for many practical purposes. They created clay vessels in order to store wine, olive oil, or water for cooking, and also for decoration. Recent digs have unearthed a ceramic disc whose bottom part has special decals and patterns while the upper portion is plain and without decorations. The disc seems to have been made for three purposes.

One interesting theory is that the ancient Greeks used the ceramic disc for cooking. Heat can remain in the disc for a long time, making it ideal for cooking. Also, the shape of the disc looks like a fry pan of today. Therefore, it is highly likely that the disc was used as a cooking pan for rice and other foods.

The next theory is that the disc was used as a drum, a musical instrument. If we take a closer look at the ceramic disc, we can see a cylindrical container with a flat top. The bottom portion of the disc is hollow allowing it to produce sound. This is very similar to that of a drum in shape and function. Therefore, it is not a farfetched notion to think that the disc was used as a musical instrument like a drum.

Lastly, some experts believe that the ceramic disc served as a mirror. The reason for this is that it has an undecorated, flat upper portion which could have been coated with polished copper to reflect light. Even though the copper has disappeared and has not been discovered, the plain and simple upper portion could have enabled the disc to function as a mirror.

Listening Now listen to part of a lecture on the topic you just read about. 🔊 MP3 01

Question Summarize the points made in the listening passage. Make sure you explain how the points are related to the points presented in the reading passage.

Writing

Question 2 of 2

Directions You will be given 30 minutes to plan, write your response on the question given and revise your essay. An effective essay will generally be at least 300 words. Your scores will be based on consistency and organization of ideas and the overall English competency shown in your essay.

Question Do you agree or disagree with the following statement?
Parents should express their disapproval towards the teachers of their children when the parents do not agree with the way the teachers are teaching.
Use specific reasons and details to support your opinion.

Writing

| Cut | Paste | Undo | Redo | Word Count:0 |

TOEFL iBT WRITING

영단기 TOEFL

ACTUAL TEST

TEST 02

Question 1 of 2

Directions You will be given 20 minutes to write an essay that reflects the points in the lecture you heard and the reading passage. Try to summarize the points in the listening passage and the relationships to the reading passage to the best of your ability. Any expression of personal opinions is not required. An effective essay generally consists of 150 to 225 words.

[읽기 제한 시간 3분]

Reading

Orcas, also known as killer whales, are recognized mostly by their black skin with white patches. Amazingly, scientists spotted an all-white adult near Alaska around 2000. In 2010, a similar sighting occurred again off the east coast of Russia and researchers named the white whale Iceberg. However, there is a controversy over whether Iceberg and the whale spotted before are of the same individual or not. Scientists gave reasons why those two are different beings.

The simplest reason for this is that the color of the newly spotted adult is completely different from that of the one discovered in 2000; this newly spotted orca is greyish white compared to the all-white orca found before, meaning that they are different killer whale.

Also, the distance between the spots where the two whales were found is around 1,500 miles, which is much too far for a single whale to travel along the coastal regions. Oceanographers concur that whales usually live in small groups and also move together during migratory seasons. Thus, this behavioral approach indicates that they cannot be the same whale.

Lastly, when the whale was first sighted in 2000, its age was estimated to be around 20 due to the size of the dorsal fin. The second sighting occurred in 2010, which would mean that if it were the same whale, then it would be around 30 years in age. However, the dorsal fins of the two whales were similar in size. This is not possible because the fins keep growing as getting older. Thus, it is highly unlikely that these two are the same whale.

Listening Now listen to part of a lecture on the topic you just read about. 🔊 MP3 02

Question Summarize the points made in the listening passage. Make sure you explain how the points are related to the points presented in the reading passage.

Writing

Cut Paste Undo Redo   Word Count:0

Question 2 of 2

Directions You will be given 30 minutes to plan, write your response on the question given and revise your essay. An effective essay will generally be at least 300 words. Your scores will be based on consistency and organization of ideas and the overall English competency shown in your essay.

Question Do you agree or disagree with the following statement?
College students should be required to take basic economics courses, even though their majors are not economics.
Use specific reasons and details to support your opinion.

Writing

Cut Paste Undo Redo   Word Count:0

TOEFL iBT
WRITING

영단기 TOEFL

ACTUAL TEST

TEST 03

Question 1 of 2

Directions You will be given 20 minutes to write an essay that reflects the points in the lecture you heard and the reading passage. Try to summarize the points in the listening passage and the relationships to the reading passage to the best of your ability. Any expression of personal opinions is not required. An effective essay generally consists of 150 to 225 words.

[읽기 제한 시간 3분]

Reading

Moths are a species of insects that are related to the butterflies and belong to the Lepidoptera order. Entomologists believe that the reason why moths are attracted towards unnatural bright lights is because these lights interfere with their internal navigation systems. Initially, they did not evolve around unnatural bright lights as electricity and manmade illumination were invented recently. Therefore, the only lights they were exposed to were those of the stars, moon, and also the sun. Here are some of the reasons why moths are attracted towards artificial light.

Firstly, this attraction towards artificial light can be explained by observing the relationship between the moth and the moon. Moths use the moon's light as a navigational tool when confronted with predators. When attacked, they look to the moon and fly towards it to escape. This tendency to fly towards artificial light; therefore, could be explained by this natural reaction towards danger and a search for safety.

Also, in the dark of night, flowers may be able to reflect some light off from the moon, making them brighter than their surroundings. Moths see this glowing effect and fly towards them to feed from the nectar of the flowers. This is done so by hovering over the flowers while they sip on the nectar present inside, thus making this another reason why they are attracted to artificial light.

Lastly, moths fly to artificial light because they need to heat themselves. Moths are able to regulate their body temperatures during the day time. However, during the night, the temperature drop can sometimes be too much, especially in places of higher altitudes. Therefore, the in order to find another source of heat, the moths then fly towards artificial light in the hope of being able to warm them.

Listening Now listen to part of a lecture on the topic you just read about. MP3 03

Question Summarize the points made in the listening passage. Make sure you explain how the points are related to the points presented in the reading passage.

Writing

Question 2 of 2

Directions You will be given 30 minutes to plan, write your response on the question given and revise your essay. An effective essay will generally be at least 300 words. Your scores will be based on consistency and organization of ideas and the overall English competency shown in your essay.

Question Do you agree or disagree with the following statement?
The most important investment of a company is to improve the skills of its employees.
Use specific reasons and details to support your opinion.

Writing

Cut Paste Undo Redo   Word Count:0

TOEFL iBT WRITING

영단기 TOEFL

ACTUAL TEST

TEST 04

Question 1 of 2

Directions You will be given 20 minutes to write an essay that reflects the points in the lecture you heard and the reading passage. Try to summarize the points in the listening passage and the relationships to the reading passage to the best of your ability. Any expression of personal opinions is not required. An effective essay generally consists of 150 to 225 words.

Reading

[읽기 제한 시간 3분]

Amphibians are important to an ecosystem due to their nature as prey for many predators both on land and in water. Usually such prey needs to finds way to avoid their predators or find areas where there are less of them in order to reproduce and survive. This balance could be completely ruined if humans place a new predator into the ecosystem. On top of this, wildlife such as the yellowed-legged mountain frogs can decrease by the use of pesticides and fungal diseases in their habitat.

First, some experts believe that the introduction of trout caused the decline of frogs. In the late 1800s, trout were introduced to the bodies of water throughout Sierra Nevada in order to increase recreational fishing. These fish feed on the tadpoles of the frogs as the main source of food. Therefore, this introduction has changed the distribution of many species including the yellow-legged frogs in the local ecosystems.

Also, environmental pollutants such as pesticides are considered to be hugely responsible for the decline in the amphibians. These amphibians have permeable skin meaning that their skin allows gasses and chemicals to quickly move through and into their internal organs. Also, they lay their eggs with a soft, jelly-like covering that has very little and sometimes no protection at all to external environments. Therefore, frogs that have been placed into lakes or rivers are unable to survive due to the wide use of pesticides. Authorities are now considering the use of pesticides is a greater threat to the frog than the trout population.

Finally, the yellow-legged mountain frogs can be damaged by a fungal disease like Chytridiomycosis. This fungal disease attacks keratinized parts of the frog's body and is especially worse for adult frogs that have keratin-rich skin. Studies have shown that it takes about two weeks for a healthy adult frog to be infected by being with an infected frog. It takes longer in tadpoles, which is about seven weeks. Also, these frogs can develop the disease even more quickly if their immune system has been weakened by some other factors such as pesticides.

Listening Now listen to part of a lecture on the topic you just read about. 🔊 MP3 04

Question Summarize the points made in the listening passage. Make sure you explain how the points are related to the points presented in the reading passage.

Writing

Question 2 of 2

Directions You will be given 30 minutes to plan, write your response on the question given and revise your essay. An effective essay will generally be at least 300 words. Your scores will be based on consistency and organization of ideas and the overall English competency shown in your essay.

Question Do you agree or disagree with the following statement?
Great artists are more influential on and beneficial to society than politicians.
Use specific reasons and details to support your opinion.

Writing

Cut Paste Undo Redo   Word Count:0

TOEFL iBT
WRITING

영단기 TOEFL

ACTUAL TEST

TEST 05

Question 1 of 2

Directions You will be given 20 minutes to write an essay that reflects the points in the lecture you heard and the reading passage. Try to summarize the points in the listening passage and the relationships to the reading passage to the best of your ability. Any expression of personal opinions is not required. An effective essay generally consists of 150 to 225 words.

Reading

[읽기 제한 시간 3분]

A spaceship has a vast number of uses including observation and exploration. Yet, these very beneficial uses are sometimes overshadowed by the risks involved. As travelling in space is still a new concept and we push the boundaries of science and technology to further enhance our understanding of the universe, sometimes accidents do occur. Here are three ways to prevent such accidents.

One of the most efficient methods to avoid collisions with asteroids or space debris is for the scientists to track these potentially harmful objects. Currently, they are tracking more than 500 pieces of debris in space that are large enough to pose a risk to a spaceship. The scientists will be able to steer the spaceship away from them by creating a route that does not intersect with the path of the debris.

Another way to ensure the safety of crew members as well as the safety of a spaceship is to build a superior outer shield on the spaceship that can endure collisions with debris. The outer shell should be made out of a special metallic material that can withstand both extremes of temperature and huge amounts of physical assault. Placing this on the exterior portion of the ship would definitely make itself a safe vessel in which astronauts can travel through space without the risk of a crash.

Lastly, one more method of ensuring safety of both vessel and crew would be the implementation of a ground-based laser system. This system would propel lasers that are strong enough to blast away debris out of the path of the spaceship. The US military already have prototype lasers that can do this on a smaller scale. Therefore, it is a very practical and efficient method.

Listening Now listen to part of a lecture on the topic you just read about. 🔊 MP3 05

Question Summarize the points made in the listening passage. Make sure you explain how the points are related to the points presented in the reading passage.

Writing

Question 2 of 2

Directions You will be given 30 minutes to plan, write your response on the question given and revise your essay. An effective essay will generally be at least 300 words. Your scores will be based on consistency and organization of ideas and the overall English competency shown in your essay.

Question Do you agree or disagree with the following statement?
We should use alternative energy sources (solar, wind), even though they are more expensive than fossil fuels.
Use specific reasons and details to support your opinion.

Writing

Cut Paste Undo Redo   Word Count:0

TOEFL iBT
WRITING

영단기 TOEFL

ACTUAL TEST

TEST 06

Question 1 of 2

Directions You will be given 20 minutes to write an essay that reflects the points in the lecture you heard and the reading passage. Try to summarize the points in the listening passage and the relationships to the reading passage to the best of your ability. Any expression of personal opinions is not required. An effective essay generally consists of 150 to 225 words.

[읽기 제한 시간 3분]

Reading

> The Asian carp have been cultivated in aquaculture in China for over a thousand years and recently have been introduced to the North American Great Lakes. In the USA, the Asian carp are considered to be an invasive species as they are highly detrimental to the local environment in which they live. Thus, many US departments have declared the Asian carp as harmful and have started programs to get rid of them. There are three main measures taken.
>
> The first strategy that the US government used in preventing the further invasion of the Asian carp is by building an underwater wall. By building the wall, the Asian carp are not able to cross over to the other side and thus cannot negatively affect the environment there. Since the carp are not able to jump very high or get around the walls, they cannot cross over to the other side.
>
> Another strategy is to use an electric barrier in order to prevent the carp from damaging the ecosystem of the Great Lakes. This method is similar to the wall above, but is also able to help bring down the population of the carp. This electric barrier is like an underwater electric fence which can potentially kill carp that try to get through. This not only prevents the carp from entering the Great Lakes but also reduces the number of the carp.
>
> Finally, the last strategy is to use a two-step method where first all the carp are killed, and second, local species are reintroduced. Poison is used to get rid of them. After the carp are removed, the original local species of the Great Lakes are reintroduced. This keeps the ecosystem of the Great Lakes intact and healthy.

Listening Now listen to part of a lecture on the topic you just read about. MP3 06

| | VOLUME |
| HIDE TIME | 00:20:00 |

Question Summarize the points made in the listening passage. Make sure you explain how the points are related to the points presented in the reading passage.

Writing

[Cut] [Paste] [Undo] [Redo]   Word Count:0

Question 2 of 2

Directions You will be given 30 minutes to plan, write your response on the question given and revise your essay. An effective essay will generally be at least 300 words. Your scores will be based on consistency and organization of ideas and the overall English competency shown in your essay.

Question Do you agree or disagree with the following statement?
It is reasonable for athletes and entertainers to earn millions of dollars every year.
Use specific reasons and details to support your opinion.

Writing

Cut Paste Undo Redo   Word Count:0

TOEFL iBT WRITING

영단기 TOEFL

ACTUAL TEST

TEST 07

Question 1 of 2

Directions You will be given 20 minutes to write an essay that reflects the points in the lecture you heard and the reading passage. Try to summarize the points in the listening passage and the relationships to the reading passage to the best of your ability. Any expression of personal opinions is not required. An effective essay generally consists of 150 to 225 words.

[읽기 제한 시간 3분]

Reading

The ashen light is a subtle glow that can be viewed from the night side of the planet Venus. Some claim that this ashen light is similar to that of earthshine on the Moon, but not as bright. It was first discovered by the astronomer Giovanni Riccioli in 1643. Although no one is sure what exactly causes this light, there are three main hypotheses.

The first theory is that the glow came from carbon dioxide which is known to be of high concentration in the atmosphere. When the molecules from this carbon dioxide are split up by the ultraviolet rays from the Sun, they become carbon monoxide and oxygen which create a green light. Some scientists believe that this is what may cause the ashen light to be visible to humans on Earth.

Another hypothesis for what causes the ashen light is lightning. If lightning strikes many times on the night side of Venus in a short amount of time, the sequence of strikes may give off a glow in the skies. As lightning is a very powerful source of light, it would be able to travel all the way to Earth. Also, the combined lightning strokes would give off a similar glow effect as the ashen light.

The weather conditions of different places on Earth may also cause people to claim to have seen the ashen light. Weather can highly affect what is seen in the telescope so some may think that they see the light when they really do not. Also, there may be problems with the telescopes or how amateur astronomers use the telescopes. This may also be a reason why people claim to see the ashen light.

Listening Now listen to part of a lecture on the topic you just read about. MP3 07

Question Summarize the points made in the listening passage. Make sure you explain how the points are related to the points presented in the reading passage.

Writing

Question 2 of 2

Directions You will be given 30 minutes to plan, write your response on the question given and revise your essay. An effective essay will generally be at least 300 words. Your scores will be based on consistency and organization of ideas and the overall English competency shown in your essay.

Question Do you agree or disagree with the following statement?
Good looks are more important for success than good ideas.
Use specific reasons and details to support your opinion.

Writing

Cut Paste Undo Redo

Word Count:0

TOEFL iBT
WRITING

영단기 TOEFL

ACTUAL TEST

TEST 08

Question 1 of 2

Directions You will be given 20 minutes to write an essay that reflects the points in the lecture you heard and the reading passage. Try to summarize the points in the listening passage and the relationships to the reading passage to the best of your ability. Any expression of personal opinions is not required. An effective essay generally consists of 150 to 225 words.

[읽기 제한 시간 3분]

Reading

> The gopher tortoise is native to the southeastern United States. The tortoise lives in the longleaf forest and digs burrows that provide shelter. Recently, large populations of the tortoises have been wiped out quickly so they must be protected. Also, the tortoise population must be allowed to grow back to healthy levels in order to help the environment. There are three ways to protect and repopulate the gopher tortoises.
>
> One of the main reasons for the decline in the tortoise population of the longleaf forest is wildfires. Because of this problem, the tortoises lose their natural habitats and consequently are not able to protect themselves and survive. Therefore, wildfires need to be prevented to save the gopher tortoises and their environment. This is the first thing that should be done to prevent more tortoises from dying.
>
> The second solution is breeding the tortoises artificially. 90 percent of clutches in the wild may be destroyed by predators such as armadillos, raccoons, foxes, skunks, and alligators before the eggs hatch, and less than 6 percent of eggs are expected to grow into tortoises. Therefore, it is necessary to bring the gopher tortoise out of the forest and put them in ideal conditions where human experts care for them. Furthermore, tortoises that are injured and dying need to be cared for and fed outside the forest.
>
> After all of this is done, the gopher tortoises that have been raised up outside of the forest need to be reintroduced into different areas where they can live. It takes a long time for the forest to regrow so the tortoises need to be given new homes. This needs to be done to keep these tortoises from just dying again. These are the ways that the tortoise population can be saved from extinction.

Listening Now listen to part of a lecture on the topic you just read about. 🔊 MP3 08

Question Summarize the points made in the listening passage. Make sure you explain how the points are related to the points presented in the reading passage.

Writing

Question 2 of 2

Directions You will be given 30 minutes to plan, write your response on the question given and revise your essay. An effective essay will generally be at least 300 words. Your scores will be based on consistency and organization of ideas and the overall English competency shown in your essay.

Question Do you agree or disagree with the following statement?
Increasing the price of gasoline and electricity is the best way for the government to conserve fossil fuels.
Use specific reasons and details to support your opinion.

Writing

TOEFL iBT WRITING

영단기 TOEFL

ACTUAL TEST

TEST 09

Question 1 of 2

Directions You will be given 20 minutes to write an essay that reflects the points in the lecture you heard and the reading passage. Try to summarize the points in the listening passage and the relationships to the reading passage to the best of your ability. Any expression of personal opinions is not required. An effective essay generally consists of 150 to 225 words.

[읽기 제한 시간 3분]

Reading

> The rootworm is one of the most devastating pests to crops, especially in corn growing areas of the world. If left untreated, rootworm larvae can destroy huge amounts of corn. Although most of the damage to corn is due to the larvae, when they grow into adulthood, they continue to feed on the primary roots of the plant. In order to combat these pests, there are three main methods that farmers use.
>
> The most commonly used method to get rid of the rootworm is the use of strong pesticides. These pesticides kill the larvae and are very effective for killing large populations of rootworms. Unfortunately, a negative impact of these pesticides is that they are bad for the environment. Recently, many environmental groups have been clamoring to reduce the use of pesticides by farmers.
>
> Another option that farmers have when trying to remove rootworms is to plant corn earlier than normal. Therefore, rootworms do not have food during their critical larvae period. This is because the roots of the corn plants will be more mature so that the younger rootworms cannot feed on the thick roots. Using this method, farmers can minimize damage to their crops.
>
> The final option for farmers is that they can alternate in the planting of crops. For example, they could plant corn one year and then soy the next. This alternating of crop planting will starve rootworms to death because they cannot eat soy. So when corn is planted the next year, there will be no rootworms to damage it. This method is good for keeping the soil fertile and getting rid of the bugs.

Listening Now listen to part of a lecture on the topic you just read about. 🔊 **MP3 09**

Question Summarize the points made in the listening passage. Make sure you explain how the points are related to the points presented in the reading passage.

Writing

Cut Paste Undo Redo   Word Count:0

Question 2 of 2

Directions You will be given 30 minutes to plan, write your response on the question given and revise your essay. An effective essay will generally be at least 300 words. Your scores will be based on consistency and organization of ideas and the overall English competency shown in your essay.

Question Do you agree or disagree with the following statement?
It is better for the government to spend money on building new structures than preserving historic or traditional buildings.
Use specific reasons and details to support your opinion.

Writing

Cut Paste Undo Redo   Word Count:0

TOEFL iBT WRITING

영단기 TOEFL

ACTUAL TEST

TEST **10**

Question 1 of 2

Directions You will be given 20 minutes to write an essay that reflects the points in the lecture you heard and the reading passage. Try to summarize the points in the listening passage and the relationships to the reading passage to the best of your ability. Any expression of personal opinions is not required. An effective essay generally consists of 150 to 225 words.

[읽기 제한 시간 3분]

Reading

Between 900 and 1150 AD, the Chaco Civilization was a major civilization of North America. Using sandstone blocks and timber, the Chaco people made 15 major complexes which remained as the largest buildings in North America until the 19th century. Furthermore, the Chaco people also constructed wide roads, but as there are no written records, it is unclear why they built and maintained these roads. There are three possible explanations.

The first theory is that these roads were used for the same purpose we use roads today: for the purpose of transportation of merchandise and people. Evidence for this can be seen in the fact that the timber used in making the buildings had to be brought in from far away forests. Many speculate that using these roads, timber and other supplies were brought to the civilization.

Next, some archaeologists argue that all of the roads were more symbolic than practical, and that they may have been primarily religious in function. This is a similar manner to the native peoples of southwest America today. The native southwest Americans built long roads heading north because they believed that their god would find them through these roads. Although these roads are largely symbolic and cultural to modern day Native Americans, back then they would have served a religious purpose.

The last theory is that the Chaco people used these roads as an escape route for their troops and civilians when enemies attacked. With these large wide roads, the Chaco people would be able to escape very quickly. In other words, they used these roads to protect themselves from aggressors. This is the third theory of why the Chaco people built and maintained the Chaco roads.

Listening Now listen to part of a lecture on the topic you just read about. 🔊 **MP3 10**

Question Summarize the points made in the listening passage. Make sure you explain how the points are related to the points presented in the reading passage.

Writing

Question 2 of 2

Directions You will be given 30 minutes to plan, write your response on the question given and revise your essay. An effective essay will generally be at least 300 words. Your scores will be based on consistency and organization of ideas and the overall English competency shown in your essay.

Question Do you agree or disagree with the following statement?
People's leisure time (free time) will increase twenty years later.
Use specific reasons and details to support your opinion.

Writing

Cut Paste Undo Redo   Word Count:0

TOEFL iBT WRITING

영단기 TOEFL

ACTUAL TEST

TEST **11**

Question 1 of 2

Directions You will be given 20 minutes to write an essay that reflects the points in the lecture you heard and the reading passage. Try to summarize the points in the listening passage and the relationships to the reading passage to the best of your ability. Any expression of personal opinions is not required. An effective essay generally consists of 150 to 225 words.

[읽기 제한 시간 3분]

Reading

Wolves, for some reasons, have been isolated from the wild. Recently, some zoologists and the congress have suggested an idea of releasing wolves back into the national parks such as Yellowstone National Park and forests where they once lived. However, the idea has provoked controversies among many different entities ranging from environmental groups to local industries. There are three reasons for which the reintroduction is dangerous.

First of all, reintroducing wolves back into the wild will disrupt the balance of the ecosystem. The wolves will reduce the population of animals such as elks. Although they are often considered mere killers with no valuable role in the ecosystem, the primary purpose of moving wolves out of the wild is to keep the balance between animals which could be broken by the hunting of the wolves. When the wolves are sent back into the forests, they will relentlessly hunt for other vulnerable animals.

Furthermore, wolves coming back to the wild will negatively affect the local economy. A number of farmers argue that wolves may harm the livestock such as sheep. Wolves are known as the most dangerous predators of the sheep as well as the abovementioned elks. Therefore, releasing them will hurt the livelihood of many ranchers who rely on the sheep. To keep the economy of the ranchers stable, they should not be released.

Lastly, although there were no recorded wolf attacks on humans in the US, local people will be afraid of wolves and the animals can be dangerous to them. Safety is the most important factor for those who live near the forests. If wolves are reintroduced, many people will fear that wolves will eventually injure someone. In other words, the reintroduction of wolves severely compromises people's safety.

Listening Now listen to part of a lecture on the topic you just read about. 🔊 MP3 11

Question Summarize the points made in the listening passage. Make sure you explain how the points are related to the points presented in the reading passage.

Writing

Question 2 of 2

Directions You will be given 30 minutes to plan, write your response on the question given and revise your essay. An effective essay will generally be at least 300 words. Your scores will be based on consistency and organization of ideas and the overall English competency shown in your essay.

Question Do you agree or disagree with the following statement?
We should donate to charities regardless of our income.
Use specific reasons and details to support your opinion.

Writing

Cut Paste Undo Redo   Word Count:0

TOEFL iBT
WRITING

영단기 TOEFL

ACTUAL TEST

TEST **12**

Question 1 of 2

Directions You will be given 20 minutes to write an essay that reflects the points in the lecture you heard and the reading passage. Try to summarize the points in the listening passage and the relationships to the reading passage to the best of your ability. Any expression of personal opinions is not required. An effective essay generally consists of 150 to 225 words.

[읽기 제한 시간 3분]

Reading

Richard III (2 October 1452~22 August 1485) was King of England from 1483 until his death in 1485. He was the last king of the House of York. There are some theories to suggest that Richard actually eliminated his two nephews in the Tower of London to seize the throne, when his brother King Edward IV died. The murder may have occurred some time around 1483.

First of all, Richard could have easily killed his nephews including the successor. After King Edward IV's death, he became the protector and escorted them, so he would have had many chances to murder them easily. For his nephews, they would not ever expect the plan of Richard III because they were known to have close relationships. However, it was necessary for him to eliminate them to gain the throne.

Secondly, there is a history play, *Richard III* also known as *The Tragedy of Richard the Third*, written by William Shakespeare. The play depicts that Richard executed his nephews by ordering two murderers to kill the nephews in the tower. In fact, literary work in the past represents the reality of those days. Many works describe the story of Richard III back then and many of them depict the scene of the murder by Richard III.

Lastly, a wooden box containing two small human skeletons was found in the tower where the nephews were murdered by Richard III in an attempt to secure his hold on the throne. The bones were widely accepted at the time as those of the princes. Therefore, the skeletal remains of the children can be the most convincing evidence to prove that they were killed by Richard III.

Listening Now listen to part of a lecture on the topic you just read about. 🔊 MP3 12

Question Summarize the points made in the listening passage. Make sure you explain how the points are related to the points presented in the reading passage.

Writing

Directions You will be given 30 minutes to plan, write your response on the question given and revise your essay. An effective essay will generally be at least 300 words. Your scores will be based on consistency and organization of ideas and the overall English competency shown in your essay.

Question Do you agree or disagree with the following statement?
Children in the past were more independent on their parents than those now.
Use specific reasons and details to support your opinion.

Writing

Cut Paste Undo Redo

Word Count:0

TOEFL iBT WRITING

영단기 TOEFL
ACTUAL TEST

TEST **13**

Question 1 of 2

Directions You will be given 20 minutes to write an essay that reflects the points in the lecture you heard and the reading passage. Try to summarize the points in the listening passage and the relationships to the reading passage to the best of your ability. Any expression of personal opinions is not required. An effective essay generally consists of 150 to 225 words.

Reading

[읽기 제한 시간 3분]

The Falkland Islands are located about 300 miles (480 km) east of South America's southern coast. The Falkland Islands wolf-dog, also known as the warrah, became extinct in the late 1800's but thrived as a predator on the island before then. While the origin of this animal is a mystery, most historians agree that the warrah wolf-dog was brought to the Falkland Islands by South Americans thousands of years ago. There are three main reasons for this theory.

First of all, canoes found as evidence show that South Americans were the ones to settle on this island. The canoes were used by South American people and were believed to be thousands of years old. And although there are no particular wolf-dogs in present day South America, many believe that South Americans brought wolves and foxes by sailing and they evolved on the island. Therefore, the warrah has the same ancestry as the wolves and foxes of South America.

Another reason is that historians and scientists believe that the wolf-dogs were brought to the islands by South American because the wolf-dogs could not have gone to the island using natural methods. Although some may speculate they crossed to the island by way of ice during the ice age, if they had so, other animals would have been present on the island as well. However, the wolf-dogs are the only ones that were present on the island.

Finally, there is proof that the wolf-dogs were brought by South Americans, for the wolves aren't afraid of people. This means that the wolf-dogs were domesticated at one point and were brought to the island by people. They are not afraid of humans because they were once the pets of humans. This is the third reason for the theory that the wolf-dogs of the Falkland Islands were brought by South Americans.

Listening Now listen to part of a lecture on the topic you just read about. 🔊 MP3 13

	VOLUME
	HIDE TIME 00:20:00

Question Summarize the points made in the listening passage. Make sure you explain how the points are related to the points presented in the reading passage.

Writing

Cut Paste Undo Redo   Word Count:0

Question 2 of 2

Directions You will be given 30 minutes to plan, write your response on the question given and revise your essay. An effective essay will generally be at least 300 words. Your scores will be based on consistency and organization of ideas and the overall English competency shown in your essay.

Question Do you agree or disagree with the following statement?
It is better for people to raise children in rural areas than in cities.
Use specific reasons and details to support your opinion.

Writing

| Cut | Paste | Undo | Redo |

Word Count:0

TOEFL iBT
WRITING

영단기 TOEFL

ACTUAL TEST

TEST **14**

Question 1 of 2

Directions You will be given 20 minutes to write an essay that reflects the points in the lecture you heard and the reading passage. Try to summarize the points in the listening passage and the relationships to the reading passage to the best of your ability. Any expression of personal opinions is not required. An effective essay generally consists of 150 to 225 words.

[읽기 제한 시간 3분]

Reading

> Single stream recycling is a recycling system in which all paper, plastics, metals, and other containers are mixed into one collection truck instead of being sorted into separate parts and handled separately during the collection process. In single stream recycling, both the collection and processing systems are able to handle the mixed recyclables. However, this system has been under attack recently for three distinct disadvantages.
>
> To begin with, this type of single stream recycling poses a threat for the workers that must collect and process these recyclables. Since there is metal and other dangerous recyclables mixed in with paper and relatively harmless materials, workers can be accidentally injured. Such a safety issue cannot go ignored. When recyclables are properly separated in advance, this does not pose a problem.
>
> In addition, waste contamination is also a big problem with single stream recycling. Since all of the different recyclables are collected and processed together, it is hard for workers to figure out if there is any waste that does not belong. Usually, workers would be able to spot the waste easily if things are well separated, but the single stream system makes such waste hard to spot. This aspect causes the land to be polluted.
>
> Lastly, there is also an economical factor in the issue of single stream recycling. The machines and factories that are able to handle single stream recycling are very complex and expensive to build. Therefore, it would be difficult for many local governments to build such a factory, which may hinder recycling overall. It is much better to have the older and cheaper recycling systems than having none at all.

Listening Now listen to part of a lecture on the topic you just read about. 🔊 MP3 14

Question Summarize the points made in the listening passage. Make sure you explain how the points are related to the points presented in the reading passage.

Writing

Question 2 of 2

Directions You will be given 30 minutes to plan, write your response on the question given and revise your essay. An effective essay will generally be at least 300 words. Your scores will be based on consistency and organization of ideas and the overall English competency shown in your essay.

Question Do you agree or disagree with the following statement?
Drivers should pay an additional fee for driving where there is the greatest amount of traffic.
Use specific reasons and details to support your opinion.

Writing

| Cut | Paste | Undo | Redo | | Word Count:0 |

TOEFL iBT WRITING

영단기 TOEFL

ACTUAL TEST

TEST **15**

Question 1 of 2

Directions You will be given 20 minutes to write an essay that reflects the points in the lecture you heard and the reading passage. Try to summarize the points in the listening passage and the relationships to the reading passage to the best of your ability. Any expression of personal opinions is not required. An effective essay generally consists of 150 to 225 words.

[읽기 제한 시간 3분]

Reading

The ivory-billed woodpecker is one of the largest woodpeckers in the world. The bird is native to the virgin forests of the southeastern United States. Although these birds were believed to have gone extinct decades ago, people now believe that they are still alive. However, there seems to be no clear evidence proving that these birds still exist. There are three main arguments supporting that they are, in fact, extinct.

First of all, the woodpeckers' nests are not found in large areas in the forests. Due to habitat destruction and illegal hunting by human beings, its numbers have come sharply down to the point where it is uncertain whether any could remain. It is stated that almost no forests today can maintain an ivory-billed woodpecker population, and no one yet has discovered their nests.

Next, recently, people have not provided exact photographs of the ivory-billed woodpecker. Numerous projects have been launched to locate and identify this specific bird, but the pictures taken in these projects were not clear and were hard to distinguish from other woodpeckers or birds. Since there is no clear recorded sound or video, it seems hard to say that they are still alive.

Finally, the sound of the woodpecker is one of the easiest ways to prove that these birds are still alive. But, as mentioned before, there are no apparent sounds that prove the ivory-billed woodpeckers are alive. Many have claimed that they have heard or recorded the sound of these birds, but, as the sound has interference with surrounding noises it is difficult to determine if it is actually the voices of the ivory-billed woodpeckers or the voices of other birds.

Listening Now listen to part of a lecture on the topic you just read about. 🔊 MP3 15

Question Summarize the points made in the listening passage. Make sure you explain how the points are related to the points presented in the reading passage.

Writing

Question 2 of 2

Directions You will be given 30 minutes to plan, write your response on the question given and revise your essay. An effective essay will generally be at least 300 words. Your scores will be based on consistency and organization of ideas and the overall English competency shown in your essay.

Question **Which of the following is the most important for high school teachers to have?**
(1) The ability to give students advice about planning for the future
(2) The ability to recognize students that need help
(3) The ability to encourage students to learn outside of the classroom by themselves
Use specific reasons and details to support your opinion.

Writing

Cut Paste Undo Redo   Word Count:0

HIDE TIME 00:30:00

TOEFL iBT WRITING

영단기 TOEFL

ACTUAL TEST

TEST 16

Question 1 of 2

Directions You will be given 20 minutes to write an essay that reflects the points in the lecture you heard and the reading passage. Try to summarize the points in the listening passage and the relationships to the reading passage to the best of your ability. Any expression of personal opinions is not required. An effective essay generally consists of 150 to 225 words.

[읽기 제한 시간 3분]

Reading

> Pine beetles, as their name imply, are beetles that inhabit various types of pine trees and live on them to survive. They can usually be found inside the bark of the pine tree they are feeding off of. The pine beetle inhibits the growth of pine trees because they absorb nutrients from the roots of the trees. However, pine forests are naturally protected from pine beetles due to three factors.
>
> Pine trees use their environment to protect themselves from the pine beetle. As pine trees flourish in areas with very low temperatures, very few beetles are able to survive the cold. Because of this, the number of pine beetles stays very low as most of them end up freezing to death. Thus, the pine trees use their surrounding environment to keep the number of pine beetles in check.
>
> There are also biological processes that protect the pine trees from the pine beetles. Since the pine beetles live inside the bark of the pine trees, the trees use their sap to naturally flush out the beetles. The sticky substance is ideal for getting rid of the beetles as the beetles get stuck to the sap and leave the tree with it. The sap is a good defense mechanism against the harmful beetles.
>
> Also, forest fires can remove both old pine trees and pine beetles, and help the growth of young pine trees. The beetles attack old pine trees only and they are not interested in the young trees or saplings. When wildfires occur, the old trees and the pine beetles inhabiting such trees are wiped out together. Therefore, with more room cleared from the fires, young pine trees are more likely to grow well.

Listening Now listen to part of a lecture on the topic you just read about. 🔊 **MP3 16**

	VOLUME
	HIDE TIME 00:20:00

Question Summarize the points made in the listening passage. Make sure you explain how the points are related to the points presented in the reading passage.

Writing

Cut Paste Undo Redo   Word Count:0

Question 2 of 2

Directions You will be given 30 minutes to plan, write your response on the question given and revise your essay. An effective essay will generally be at least 300 words. Your scores will be based on consistency and organization of ideas and the overall English competency shown in your essay.

Question Do you agree or disagree with the following statement?
A college should focus more on improving facilities (libraries, computers, or labs) for students than on hiring famous professors.
Use specific reasons and details to support your opinion.

Writing

TOEFL iBT
WRITING

영단기 TOEFL

ACTUAL TEST

TEST **17**

Question 1 of 2

Directions You will be given 20 minutes to write an essay that reflects the points in the lecture you heard and the reading passage. Try to summarize the points in the listening passage and the relationships to the reading passage to the best of your ability. Any expression of personal opinions is not required. An effective essay generally consists of 150 to 225 words.

[읽기 제한 시간 3분]

Reading

Great Zimbabwe, also called the Great Enclosure, is a ruined city in the southeastern hills of Zimbabwe, and it was built by the Shona-speaking people between the 11th and 14th centuries. The stone ruins of Great Zimbabwe have a series of walled areas as well as a solid conical structure whose function is still unknown. The main walls of the Great Enclosure are as high as 10 m (32 ft.) and as thick as 5 m (17 ft.). Three plausible functions of the ruins are explained here.

First, the conical tower inside the Great Enclosure was built to store grain. This conical tower has space which could have served as a warehouse in which grains were stored in order to feed the people as well as cattle and livestock. Also, people who built Great Zimbabwe primarily were farmers, so some experts believe that the tower is a symbolic representation of good harvests and prosperity.

Second, many archaeologists have speculated that the city was used as a gold mining facility. During the 14th century, it was a central city of a major state which extended over the gold rich plateau. Also, archaeological evidence for such domestic use of gold is abundant at Great Zimbabwe and related sites. Therefore, it is highly likely that the Great Enclosure was a gold mining facility.

Finally, some researchers found some evidence that Great Zimbabwe was an astronomical observatory. They claim that Great Zimbabwe was similar in function to Stonehenge in England, and the conical tower lines up precisely with the supernova known to have exploded 700 to 800 years ago. Thus, it is possible that ancient astronomers in the Great Enclosure may have used these towers to watch the sky tracking the movements of the sun, moon, and stars to mark the changing of seasons.

Listening Now listen to part of a lecture on the topic you just read about. MP3 17

Question Summarize the points made in the listening passage. Make sure you explain how the points are related to the points presented in the reading passage.

Writing

Question 2 of 2

Directions You will be given 30 minutes to plan, write your response on the question given and revise your essay. An effective essay will generally be at least 300 words. Your scores will be based on consistency and organization of ideas and the overall English competency shown in your essay.

Question Do you agree or disagree with the following statement?
Your job has a stronger effect on your happiness than your social life does.
Use specific reasons and details to support your opinion.

Writing

Cut Paste Undo Redo

Word Count:0

TOEFL iBT WRITING

영단기 TOEFL

ACTUAL TEST

TEST **18**

Question 1 of 2

Directions You will be given 20 minutes to write an essay that reflects the points in the lecture you heard and the reading passage. Try to summarize the points in the listening passage and the relationships to the reading passage to the best of your ability. Any expression of personal opinions is not required. An effective essay generally consists of 150 to 225 words.

Reading

[읽기 제한 시간 3분]

The first settlers of New Zealand have been a highly researched topic recently. Most believe that the first human settlers were the Māori people in 1300 AD. Arriving on the island through boats, these people were the dominant settlers of the island until the arrival of Europeans shortly after. There are three main pieces of evidence that the Māori people were the first to arrive in 1300 AD.

To begin with, according to the spoken records of the Māori people, the Māori people were the first to arrive. In the Māori custom, everything about their ancestors is transmitted in stories. These stories have been passed on for 24~27 generations which calculate back to 1300 AD. Through dating the stories of ancestors of the different generations, it is apparent that the Māori people were the first to arrive in New Zealand.

Second, further evidence can be found in the natural environments of New Zealand. Scientists have been able to find evidence of changed plants and pollen showing that, around 1300 AD, a big change took place in the environment. This is because during this time, the Māori people burned down large areas of forest in order to build houses and farms. The devastating forest fires by them changed the surroundings.

Finally, another main piece of evidence can be found by carbon-dating the tools that some of the first Māori people had used. Carbon dating is a system in which scientists examine how much carbon is left in a piece of organic material by using half-lives. Using this system of calculation, scientists found that the oldest tools date back to around 1300 AD.

Listening Now listen to part of a lecture on the topic you just read about. 🔊 MP3 18

Question Summarize the points made in the listening passage. Make sure you explain how the points are related to the points presented in the reading passage.

Writing

Directions   You will be given 30 minutes to plan, write your response on the question given and revise your essay. An effective essay will generally be at least 300 words. Your scores will be based on consistency and organization of ideas and the overall English competency shown in your essay.

Question   Do you agree or disagree with the following statement?
Attending a large party with many people is better than attending a small celebration with a few close friends and family members.
Use specific reasons and details to support your opinion.

Writing

Cut　Paste　Undo　Redo　　　　　　　　　　　　　　Word Count:0

TOEFL iBT
WRITING

영단기 TOEFL

ACTUAL TEST

TEST **19**

Question 1 of 2

Directions You will be given 20 minutes to write an essay that reflects the points in the lecture you heard and the reading passage. Try to summarize the points in the listening passage and the relationships to the reading passage to the best of your ability. Any expression of personal opinions is not required. An effective essay generally consists of 150 to 225 words.

[읽기 제한 시간 3분]

Reading

Black Law Wind Farm is a wind power facility, located in the middle of the land of Scotland. Although many are praising Scotland for using wind power energy as a source of electricity and claim the further development of the facility, the outcome may not be as great as expected. This is because there are many different negative impacts on the surrounding areas that will occur as a result of these windmills. There are three main reasons why this development should not be pursued.

First of all, there will be a negative effect on Scotland's economy. Specifically, tourism will be brought down significantly. This is because the original ecology and beautiful landscape which attract tourists will be ruined by these windmills. The surrounding environment will be damaged by the electrical engines and the landscape will lose its beauty. Overall, this will bring down tourism, as well as Scotland's economy.

Furthermore, these windmills are not as green and environmentally friendly as one may think. This is because a large surface area including forests and farms will be destroyed due to the construction of the windmills. Also, producing the concrete for wind-turbine foundations will emit more carbon dioxide into the air adding to global warming.

Lastly, the development of Scotland's windmills should be on the seashore not inland. Since windmills need wind to generate energy, placing them in areas where there is a lot of wind would be much more efficient overall. This is why the current development plan of Black Law Windmills is a bad idea.

Listening Now listen to part of a lecture on the topic you just read about. MP3 19

Question Summarize the points made in the listening passage. Make sure you explain how the points are related to the points presented in the reading passage.

Writing

Question 2 of 2

Directions You will be given 30 minutes to plan, write your response on the question given and revise your essay. An effective essay will generally be at least 300 words. Your scores will be based on consistency and organization of ideas and the overall English competency shown in your essay.

Question **What is the most important thing to do for the government to protect the environment?**
(1) To invest in alternative energy sources such as solar and wind power
(2) To protect forests and wildlife species
(3) To pass and enforce laws to reduce pollution
Use specific reasons and details to support your opinion.

Writing

Cut Paste Undo Redo   Word Count:0

TOEFL iBT
WRITING

영단기 TOEFL
ACTUAL TEST

TEST **20**

Question 1 of 2

Directions You will be given 20 minutes to write an essay that reflects the points in the lecture you heard and the reading passage. Try to summarize the points in the listening passage and the relationships to the reading passage to the best of your ability. Any expression of personal opinions is not required. An effective essay generally consists of 150 to 225 words.

Reading

[읽기 제한 시간 3분]

> The statue of Laocoön and His Sons, also called the Laocoön Group, is a monumental sculpture in marble now in the Vatican Museums, Rome. The figures are near life-size and describing the Trojan priest Laocoön and his two sons, Antiphantes and Thymbraeus, being attacked by sea serpents. The sculpture has always been considered an antique, but it was later discovered that Michelangelo forged it. There are several reasons to support this theory.
>
> Firstly, Michelangelo was a brilliant forger. It was common that Roman sculptors produced copies of Greek sculptures at that time. During his early years of career, he started to forge great works done by ancient Greek and Roman artists, and Michelangelo became known for a great forger. Also, since he was obsessed with snakes, he may have been inspired by Laocoön, the high priest of Troy, and his sons being killed by snakes. Thus, many of his works including the Laocoön have been suspected as forgeries.
>
> Secondly, Michelangelo drew many sketches similar to this work, the Laocoön Group. When closely examined, the similar patterns, animals, and postures were found in his pen sketches. Also, some forgers have created false paper trails relating to a sculpture in order to make the work appear genuine. This shows the possibility that he had practiced the same procedure in his paintings and also in sculptures.
>
> Lastly, it is highly likely that he forged the sculpture out of financial motivation. Back then, artists like Michelangelo were only funded by so called sponsors. Without the help of them, he was not able to continue a stable lifestyle. Also, some forgeries at that time were typically sold to art galleries and auction houses, becoming a high financial gain. Thus, it is believed that the forgery was due to his financial difficulty.

Listening Now listen to part of a lecture on the topic you just read about. 🔊 MP3 20

Question   Summarize the points made in the listening passage. Make sure you explain how the points are related to the points presented in the reading passage.

Writing

Directions You will be given 30 minutes to plan, write your response on the question given and revise your essay. An effective essay will generally be at least 300 words. Your scores will be based on consistency and organization of ideas and the overall English competency shown in your essay.

Question Do you agree or disagree with the following statement?
The main role of a university professor is to do research rather than to educate students.
Use specific reasons and details to support your opinion.

Writing

Cut Paste Undo Redo   Word Count:0

TOEFL iBT
WRITING

APPENDIX

TOEFL WRITING

독립형 예상 주제 리스트

독립형 출제 예상 주제

- ○ 아이들의 미래를 결정할 때는 부모님의 도움이 필요하다.
- ○ 친구들에게 완전히 정직할 수는 없다.
- ○ 리더의 가장 중요한 자질은 정직성이다.
- ○ 급여는 높지만 가족과 멀리 떨어져서 지내야 하는 직업과, 급여는 낮지만 가족이나 친구들과 가깝게 지낼 수 있는 직업 중 어떤 직업을 선호하는가?
- ○ 경제 위기 시에 정부가 줄여야 하는 예산은 다음 중 어느 분야라고 생각하는가?   1) 교육 2) 건강 3) 실업자 지원
- ○ 훌륭한 학생들을 끌어들이기 위해, 대학은 학생들의 사교 활동을 재정적으로 지원해야 한다.
- ○ 휴일을 보내거나 휴가를 갈 때는 핸드폰이나 스마트폰을 집에 두고 떠나야 한다.
- ○ 교육의 가장 중요한 목적은 사람들이 자기 스스로 배울 수 있도록 돕는 것이다.
- ○ 정계 인사들보다 훌륭한 예술가들이 우리 사회에 많은 이익을 가져다준다.
- ○ 정부는 사람들에게 건전하고 건강한 생활의 중요성을 충분히 알려 주고 있지 않다.
- ○ 요즘 사람들은 과거에 비해 이웃에게 덜 의존한다.
- ○ 어떤 지역에 남는 땅이 있을 때 어떤 용도로 개발해야 한다고 생각하는가?   1) 쇼핑몰 2) 공연장 3) 호텔
- ○ 소셜 미디어나 문자 같은 전자 기술을 통한 인간관계에 많은 시간을 투자하는 것은 바람직하지 않다.
- ○ 성공하기 위해서는 열린 마음을 가지고 자신의 생각을 바꿀 수 있어야 한다.
- ○ 아이들이 가족을 도와 요리나 청소 등의 집안일을 하는 것이 바람직한가? 혹은 공부와 놀이에 대부분의 시간을 보내는 것이 나은가?
- ○ 새로운 친구들을 많이 사귀는 것보다 소수의 친구들과 오래도록 관계를 유지하는 것이 더 중요하다.
- ○ 학생들에게 토론 수업은 매우 중요하다.
- ○ 부모들은 그들의 아이들과 놀아주는 데 시간을 보내야 하는가 아니면 같이 공부하는 데 시간을 보내야 하는가?
- ○ 대학은 유명한 교수를 고용하는 것보다 시설들(도서관, 컴퓨터실 등)을 개선하는 데 더 많은 투자를 해야 한다.
- ○ 이사 갈 지역을 정할 때 가장 중요하게 고려해야 하는 것은 무엇이라고 생각하는가?   1) 집값(월세) 2) 친척들과의 거리 3) 주변 상점들과 식당들
- ○ 정부는 아름다운 것보다 실용적인 것에 투자해야 한다.
- ○ 대기 오염을 줄이는 가장 좋은 방법은 정부가 기름값과 전기값을 올리는 것이다.
- ○ 자신의 방을 깔끔하게 정돈하는 학생들이 그렇지 않은 학생들보다 더 성공한다.
- ○ 고등학생이 반드시 들어야 할 수업은 다음 중 어떤 수업이라고 생각하는가?   1) 요리 2) 개인 재무 관리 3) 자동차 수리
- ○ 기업은 직원의 능률과 효율 개선을 최우선순위로 삼아야 한다.
- ○ 동년배에게 구하는 조언보다 연장자에게 구하는 조언이 더 가치 있다.
- ○ 자기 자식을 가르치는 교사의 교육 방식이 마음에 들지 않을 때, 부모는 교사에게 그 불만을 표시해야 한다.
- ○ 돈을 많이 가질수록, 많은 돈을 기부해야 한다.
- ○ 성적을 결정할 때, 가벼운 과제를 많이 내는 것이 몇 번의 큰 시험으로 점수를 결정하는 것보다 낫다.
- ○ 아이들이 숙제를 하도록 강제해야 하는가 아니면 그들이 하고 싶은 것을 하도록 내버려 두어야 하는가?
- ○ 정부가 돈을 쓴다면, 시민들을 위한 공원을 짓는 것이 나은가 아니면 학생들을 위한 운동장을 짓는 것이 나은가?
- ○ 우리와 직접적인 관계가 없을 지라도, 전 세계에서 일어나는 일들을 꼭 알아야 하는가?
- ○ 효과적인 교육을 위해서는 일 년에 11개월은 수업을 들어야 한다.

○	휴식을 취하는 데 가장 좋은 방법은 운동 보다는 독서나 영화 감상이다.
○	자신이 좋아하는 스포츠 팀의 경기를 찾아다니며 응원하는 것이 우리의 삶에 안 좋은 영향을 끼치는가?
○	새로운 직장에서 성공하려면, 직업에 관한 탁월한 지식보다 환경에 적응하는 능력이 더 중요하다.
○	복잡한 현대 사회에서, 아이들이 계획을 세우고 체계화하는 능력을 갖추는 것은 필수적이다.
○	영화나 TV는 아이들에게 좋은 영향보다는 안 좋은 영향을 더 많이 끼친다.
○	참는 것은 좋은 전략이 아니다. 나중보다는 당장 조치를 취하는 것이 더 낫다.
○	한 학기에 3~4개의 과목을 듣는 것이 좋은가 아니면 더 많은 과목을 듣는 것이 좋은가?
○	같은 일을 반복적으로 할 때보다 다양한 일을 할 때 사람은 더욱 행복을 느낀다.
○	다른 사람이 반대할 것을 알더라도 솔직한 의견을 말해야 한다.
○	사람들은 돈이 따라오지 않더라도, 대중들에게 인정받는 것을 중요시한다.
○	교사는 학생들에게 매일매일 숙제를 내주어야 한다.
○	짧은 즐거움을 주는 여행보다는 오랜 시간 간직할 수 있는 보석을 사는 데 돈을 사용하는 것이 좋다.
○	TV의 목적은 교육이지 오락이 아니다.
○	스트레스를 푸는 최고의 방법은 혼자서 시간을 보내는 것이다.
○	다른 사람에게 무례하게 굴어야 할 어떠한 이유도 이 세상에는 없다.
○	자동차는 비행기보다 사회에 더 많은 영향을 미쳤다.
○	기술의 발달이 삶을 간단하게 만들었나, 아니면 오히려 복잡하게 만들었나?
○	과학 기술의 발달은 계속되고 있지만, 우리 삶의 질은 이미 좋아졌다.
○	고등학교 졸업 후에 여행이나 일을 꼭 해 보아야 한다.
○	국가를 위해 정부는 아이들에게 투자해야 하는가 아니면 대학생들에게 투자해야 하는가?
○	교육하는 것은 과거보다 어려워졌다.
○	운동은 젊은 사람들보다 나이 든 사람들에게 더 중요하다.
○	정부는 예술가들을 재정적으로 지원해야 한다.
○	교사의 월급은 학생의 성적에 따라 결정되어야 한다.
○	문제를 해결할 때, 다른 사람의 조언을 구하는 것보다 자신의 경험과 지식으로 해결하는 것이 낫다.
○	정부는 예술가보다 운동선수에게 돈을 더 투자해야 한다.
○	가격이 비싸더라도 국산품을 애용해야 한다.
○	다수의 사람이 모이는 큰 파티가, 소수의 친한 사람만이 모이는 작은 파티보다 더 좋다.
○	20년 후에는 여가시간이 늘어날 것이다.
○	교사가 학생을 가르칠 때 할 수 있는 최고의 동기 부여는, 학교 밖에서 그것이 매우 유용할 것임을 알려 주는 것이다.
○	20년 후에는 종이책은 사라질 것이다.
○	학교 과제를 할 때, 그 분야의 전문 교수에게 물어보는 것보다, 그 분야를 잘 아는 친구에게 물어보는 것이 낫다.
○	가장 중요한 것은 가족으로부터 배운다.
○	부모의 엄격한 규칙은 아이의 성공에 필수적이다.
○	정부는 전통적이고 역사적인 건물을 유지하기보다 새로운 집을 짓는 데 더 많은 투자를 해야 한다.

○	대학을 선택할 때는 교수진을 보는 것보다 미래의 직업을 보장받을 수 있는지를 보는 것이 더 낫다.
○	요즘은 아이들이 부모에게 배운다기보다는 부모가 아이들에게 배운다.
○	책이나 영화 선호도를 통해서 한 사람을 알 수 있다.
○	요즘 사회적 규칙들은 너무 엄격하다.
○	직업보다는 사는 환경이 행복에 더 많은 영향을 미친다.
○	교사에 대한 평가는 다른 교사들이 아닌 학생들에 의해 행해져야 한다.
○	요즘은 교사는 과거에 비해 덜 존경받는다.
○	학교의 단체 활동에 참가하는 것은 수업을 듣는 것만큼 중요하다.
○	사회, 사교 활동보다는 직업이 행복에 더 많은 영향을 끼친다.
○	학교는 학생들의 식사 개선보다는 사교 활동에 더 많은 투자를 해야 한다.
○	현실적인 목표를 추구하는 것과 이상적인 꿈을 추구하는 것 중 무엇이 더 바람직한가?
○	아이들의 학교생활을 위해, 부모는 그들의 TV 시청 시간을 제한해야 한다.
○	자신이 행복해지기 위해서는 다른 사람들을 행복하게 해 주어야 한다.
○	한 곳에 머무르는 것보다 여러 곳으로 여행을 다니는 것이 더 성공적이고 행복하다.
○	아이들의 책임감을 길러주기 위해서 애완동물을 키우는 것이 좋다.
○	만족스런 직업을 기다리기보다는 안정된 직업을 서둘러 구하는 것이 낫다.
○	싸움이 일어날 수 있는 민감한 사안을 다룰 때, 전화나 음성 메시지를 이용할 것인가 아니면 이메일이나 문자 메시지를 이용할 것인가?
○	요즘 사람들은 애완동물을 위해 너무 많은 돈을 쓴다.
○	일을 하는 이유는 사회적 지위 향상이라기보다는 돈을 벌기 위함이다.
○	대학은 학생들의 취업 준비에 좀 더 신경을 써야 한다.
○	가족을 부양하기 쉬운 곳은 도시보다는 시골이다.
○	요즘은 과거에 비해 교육 받기가 쉬워졌다.
○	돈을 쓰며 여행을 하는 것이 저축을 하는 것보다 가치 있는 일이다.
○	교육의 질 향상을 위해 대학 교수의 월급을 올려야 한다.
○	직장이나 학교에서 중요한 과제를 앞두었을 때, 조금씩 매일 하는 것이 좋은가 한 번에 몰아서 하는 것이 좋은가?
○	경제적으로 차이가 나면 친구가 될 수 없다.
○	신제품이 출시되었다. 바로 살 것인가 기다렸다가 살 것인가?
○	여러 가지 일을 할 때, 하나씩 순차적으로 처리할 것인가 여러 가지를 동시에 처리할 것인가?
○	친구를 보면 그 사람을 알 수 있다.
○	자신의 실수를 인정할 줄 아는 리더가 최고의 리더이다.
○	요즘 아이들은 과거의 아이들에 비해 독립심이 강하다
○	빠른 도시 발전이 사회에 긍정적인 효과를 가져다 주었다.
○	많은 기술을 가지고 있는 사람이 하나의 기술을 집중적으로 연마한 사람보다 성공하기 쉽다.
○	직업과 다른 취미 생활을 해야 한다.
○	영화나 TV의 주제는 항상 권선징악이어야 한다.

○	아이들이 아르바이트를 하는 것이 인생을 준비하는 데 도움이 된다.
○	적은 월급과 많은 휴가가 있는 직업과 많은 월급과 적은 휴가가 있는 직업 중 무엇을 선택할 것인가?
○	스포츠는 인생에 대해 가르쳐 준다.
○	안정되고 급여가 적은 일과 위험하지만 급여가 많은 일 중 무엇을 선택할 것인가?
○	학교나 직장에서 유니폼을 입어야 한다.
○	성공하기 위해 중요한 것은 성적보다는 인맥이다.
○	재택근무가 회사에서 근무하는 것보다 낫다.
○	과학자들은 그들의 연구가 가져온 안 좋은 영향에 대해 책임을 져야 한다.
○	성공하기 위해서는 남들과 달라야 한다.
○	아이들에게 스포츠는 즐거움이 되어야지 경쟁심을 유발하는 수단이 돼서는 안 된다.
○	시험에 통과할 수 있다면 수업을 들을 필요가 없다.
○	정부는 경제 발전보다는 환경 보호에 더 많은 투자를 해야 한다.
○	아이들이 예술(음악, 미술)을 추가적으로 배워야 하는가?
○	그룹으로 일할 때는 다른 사람의 비판을 받아들이는 것이 중요하다.
○	성공하는데 있어, 외모나 옷이 아이디어보다 더 중요하다.
○	TV보다 전화가 사회에 미친 영향이 더 크다.

영단기가 함께한
토플 단기 고득점 STORY

'두 달 만에 102 달성!' — 102점 달성
문제유형부터 단어, 문제 풀이 노하우 등 처음 토플을 공부하는 저도 잘 이해할 수 있도록 선생님들께서 잘 지도해주셨어요.

민ㅇ연 수강생 | 신은미, 마크 김, 수리, 민상홍 선생님

'단기 고득점, 저도 가능하더라구요!' — 93점 달성
잘못된 문법과 논리구조들을 첨삭을 통해서 교정한 것이 단기간 실력향상에 큰 도움이 됐어요!

정ㅇ연 수강생 | 영단기 토플

'직장인도 시간 낭비말고 영단기 토플에서 시작하세요!' — 93점 달성
영단기 토플의 실제 강의와 동일한 인강 시스템은 저처럼 지방에 거주하는 직장인에게 안성맞춤인 강의였어요.

전ㅇ진 수강생 | 박세연, 크리스틴 한, 빅토리아 신, 최종훈 선생님

'첫 토플 108점 달성! — 108점 달성
영단기 토플이 특별했던 건 선생님께서 1:1로 제가 부족한 부분을 꼼꼼하게 체크해주신다는 거였어요!

김ㅇ영 수강생 | 영단기 토플

'MBA 진학 도전도 이제 자신 있어요!' — 95점 달성
특강 예상문제가 실제 시험에 출제되어 놀라움과 감사함을 동시에 느꼈어요!

문ㅇ수 수강생 | 영단기 토플

'선생님만 믿고 따라갔더니!' — 101점 달성
매주 주말마다 실전 시험과 구성도 똑같고 성적도 잘 분석해주는 영단기 ETS 모의고사를 풀면서 실전 시험에 대비했어요.

김ㅇ규 수강생 | 영단기 토플

더 이상 남들의 이야기가 아닙니다.
영단기와 함께라면 당신도 단기 고득점의 주인공이 될 수 있습니다.

영단기 TOEFL

ACTUAL TEST
무료 해설 강의

최신 출제 경향 반영 & 비교할 수 없는 압도적 강의력,
지금 '영단기 토플'에서 무료 해설 강의로 확인하세요.

ACTUAL TEST READING
01. 초빈출 600단어 이용 Voca 문제 만점 공략 학습법
02. 단숨에 정답을 골라내는 '3초 오답 소거법'으로 고효율 Reading 전략
03. 고난도 문항의 전형적인 오답 유형 분석 및 대응 학습법 제시

ACTUAL TEST LISTENING
01. ETS가 실제 출제하는 유형만 집중 공략! 문제 유형 딱 4개로 파악되는 출제 포인트
02. 전 토플러에게 꼭 필요한 리스닝 오답 논리 패턴 완벽 학습
03. Academic Conversation 유형 등 신경향 완벽 대비 해설 강의

ACTUAL TEST SPEAKING
01. 고득점 대비 Speaking 전달력 훈련으로 1점 더 챙기는 파이널 전략
02. 고득점 표현 반복 말하기 연습으로 채점자 설득 전략
03. 고득점용 Note-taking 전략으로 통합형 완벽 대응

ACTUAL TEST WRITING
01. '만능 에세이 템플릿'으로 독립형 문항을 빠르고 쉽게 접근하여 검토 시간 5분 버는 실전 전략
02. Writing 만점을 위한 유용한 표현 완벽 정리
03. 초빈출 통합형 주제 학습으로 최신 경향 및 실전 완벽 대비 해설 강의

ACTUAL TEST Reading
해설 강의 샘플 수강권
No. SXO4-YDYO-V2G2-YGP9

ACTUAL TEST Listening
해설 강의 샘플 수강권
No. SXO4-ZFG8-2PFP-6ZOZ

ACTUAL TEST Speaking
해설 강의 샘플 수강권
No. SXO5-16HL-87Z4-1S9O

ACTUAL TEST Writing
해설 강의 샘플 수강권
No. SXO5-1U7C-J4T5-EZW2

- 쿠폰 번호 입력 시 등록되며 등록된 강의는 30일 동안 수강 가능합니다.
- 영단기 로그인 → 내 회원 정보 → 쿠폰 등록 후 내 강의실에서 등록된 강좌를 확인하실 수 있습니다.
- 무료 해설 강의 제공은 당사의 사정에 따라 예고 없이 중단될 수 있으며, 관련 문의는 영단기 홈페이지(eng.conects.com)에서 문의 가능합니다.